1921-2021
厦门大学
XIAMEN UNIVERSITY

厦门大学百年校庆系列出版物

百年学术论著选刊

老子古微

缪 篆 著

厦门大学出版社
XIAMEN UNIVERSITY PRESS
国家一级出版社
全国百佳图书出版单位

图书在版编目(CIP)数据

老子古微/缪篆著.—厦门:厦门大学出版社,2021.3
(百年学术论著选刊)
ISBN 978-7-5615-7900-8

Ⅰ.①老… Ⅱ.①缪… Ⅲ.①道家 ②《道德经》—研究 ③法家—研究—先秦时代 Ⅳ.①B223.15 ②B226.05

中国版本图书馆 CIP 数据核字(2020)第 173034 号

出 版 人 郑文礼
责任编辑 薛鹏志 林 灿
美术编辑 蒋卓群
技术编辑 朱 楷

出版发行 厦门大学出版社
社 址 厦门市软件园二期望海路 39 号
邮政编码 361008
总 机 0592-2181111 0592-2181406(传真)
营销中心 0592-2184458 0592-2181365
网 址 http://www.xmupress.com
邮 箱 xmup@xmupress.com
印 刷 厦门兴立通印刷设计有限公司

开本 720 mm×1 000 mm 1/16
印张 35.75
插页 3
版次 2021 年 3 月第 1 版
印次 2021 年 3 月第 1 次印刷
定价 178.00 元

厦门大学出版社
微信二维码

厦门大学出版社
微博二维码

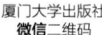

总序

厦门大学

党委书记　张彦

校　　长　张荣

二〇二一年四月六日，厦门大学百年华诞。百载风雨，十秩辉煌，这是厦门大学发展的里程碑，继往开来的新起点。全校师生员工和海内外校友满怀深情地期盼这一荣耀时刻的到来。

为迎接百年校庆，学校在三年前就启动了『百年校庆系列出版工程』的筹备工作，专门成立『厦门大学百年校庆系列出版物编委会』，加强领导，统一部署。各院系、部门通力合作，众多专家学者和相关单位的工作人员全身心地参与到这项工作之中。同志们满怀高度的责任感和紧迫感，以『提升质量，确保进度，打造精品』为目标，争分夺秒，全力以赴，使这项出版工程得以快速顺利地进行。在这个重要的历史时刻，总结厦大百年奋斗历史，阐扬百年厦大『四种精神』，抒写厦大为伟大祖国所做出的突出贡献，激发厦大人的自豪感和使命感，无疑是献给百岁厦大最好的生日礼物。

『百年校庆系列出版工程』包括组织编撰百年校史、百年组织机构史、百年院系史、百年精神文化、百年学术论著选刊、校史资料与学生名录……有多个系列近一百五十种图书将与广大读者见面。从图书规模、涉及领域、参编人员等角度看，此项出版工程极为浩大。这些出版物的问世，将为学校留下大量珍贵的历史资料，为学校深入开展校史教育提供丰富生动的素材，也将为弘扬厦门大学『自强不息，止于至善』校训精神注入时代的新鲜血液，帮助人们透过『中国最美大学校园』的山海空间和历史回响，更加清晰地理解厦门大学在中国发展进程中发挥的独特作用、扮演的重要角色，领略『南方之强』的文化与精神魅力。

百年校庆系列出版物将多方呈现百年厦大的精彩历史画卷。这些凝聚全校师生员工心血的出版物，让我们感受到厦大人弦歌不辍的精神风貌。图文并茂的《厦门大学百年校史》，穿越历史长廊，带领我们聆听厦大不平凡百年岁月的历史足音。《为吾国放一异彩——厦门大学与伟大祖国》浓墨重彩地记述厦门大学与全国三十四个省级行政区以及福建省九市一区一县血浓于水的校地情缘，从中可以读出厦门大学在中华民族伟大复兴征程中留下的深深烙印。参与面最广的『厦门大学百年院系史系列』、《厦门大学百年组织机构史》，共有三十多个学院和直属单位参与编写，通过对厦门大学各学院和组织机构发展脉络、演变轨迹的细致梳理，深入介绍厦门大学的党建工作、学科建设、人才培养、组织管理、社会服务等方面的发展历程，展示办学成就，彰显办学特色。《厦门大学校史资料选编（一九九二—二〇一七）》和《南强之星——厦门大学学生名录（二〇一〇—二〇一九）》，连同已经出版的同类史料，将较完整、翔实地展现学校发展轨迹，记录下每位厦大学子的荣耀。『厦门大学百年精神文化系列』涵盖人物传记和校园风采两大主题，其中《陈嘉庚传》在搜集大量史料的基础上，以时代精神和崭新视角，生动展现了校主陈嘉庚先生的丰功伟绩。此次推出《林文庆传》《萨本栋传》《汪德耀传》《王亚南传》四部厦门大学老校长传记，是对他们为厦大发展所做出了突出贡献的深切缅怀。厦大校友、红军会计制度创始人、中国共产党金融事业奠基人之一高捷成的传记《我的祖父高捷成》，则是首次全面地介绍这位为中国人民解放事业做出杰出贡献的烈士的事迹。新版《陈景润传》，把这位『最美奋斗者』、『感动中国人物』，令厦大人骄傲的杰出校友、世界著名数学家不平凡的人生再次展现在我们眼前。抒写校园风采的《厦门大学百年建筑》、《厦门大学餐饮百年》、《建南大舞台》、《芙蓉园里尽芳菲》、《我的厦大老师》（百年华诞纪念专辑）、《创新创业厦大人二》、《志愿之光》、《让建南钟声传响大山深处》、《我的厦大范儿》以及潘维廉的《我在厦大三十年》等，都从不同的角度，引领我们去品读厦门大学的真正内涵，感受厦门大学浓郁的人文精神和科学精神。

此次出版的『厦门大学百年学术论著选刊』，由专家学者精选，重刊一批厦大已故著名学者在校工作期间完成的、具有重要价值的学术论著（包括讲义、未刊印的论著稿本等），目的在于反映和宣传厦门大学百年来的学术成就和贡献，挖掘百年来厦门大学丰厚的历史积淀和传统资源，展示厦门大学的学术底蕴，重建『厦大学派』，为学校『双一流』建设提供学术传统的支撑。学校将把这项工作列入长期规划，在百年校庆时出版第一辑共四十种，今后还将陆续出版。

『自强！自强！学海何洋洋！』一百年前，陈嘉庚先生于民族危难之际，抱着『教育为立国之本，兴学乃国民天职』的信念，创办了厦门大学这所中国历史上第一所由华侨独资建设的大学。一百年来，厦大人秉承『研究高深学术，养成专门人才，阐扬世界文化』的办学宗旨，在实现中华民族伟大复兴的征程上书写自己的精彩篇章。我们相信，当百年校庆的欢庆浪潮归于平静时，这些出版物将会是一串串熠熠生辉的耀眼珍珠，成为记录厦门大学百年奋斗之旅的永恒坐标，成为流淌在人们心中的美好记忆，并将不断激励我们不忘初心继承传统，牢记使命乘风破浪，向着中国特色世界一流大学目标奋勇前行！

张彦 张荣

二〇二〇年十二月

『厦门大学百年学术论著选刊』编纂说明

为反映和宣传厦门大学百年来的学术成就和贡献，挖掘厦大学术丰厚的历史积淀和传统资源，为学校『双一流』建设提供学术传统的支撑，『厦门大学百年校庆系列出版物』丛书下设『百年学术论著选刊』系列，以精选、重刊一批我校学者在校期间撰著的、具有重要价值的学术论著。

为此，学校设立『百年学术论著选刊』编纂组，在以校党委书记张彦、校长张荣为主任的『厦门大学百年校庆系列出版物』编委会指导下具体负责这项工作。编纂组组长：洪峻峰；成员：朱水涌、钞晓鸿、高和荣、蒋东明、石慧霞。

鉴于学校将把收集、整理和重刊我校学术论著列入长期规划，今后分辑继续此项工作，『百年学术论著选刊』系列划定选稿范围，内容为百年来在我校工作过的已故学者在校期间撰写或出版的论著，时间以『文革』之前刊印或完成（稿本）为限；确定刊印形式，为原书、原稿影印出版。编纂组于二〇一九年三月向全校各学院、研究院征集选题，同时利用图书馆及图书数据库检索渠道搜索相关文献、查找合适选题。论著的遴选侧重名家名著，同时关注民国时期稀见版本和未刊稿本，包括未曾正式出版的油印本教材。

经学院推荐、文献检索和专家筛选，学校『百年校庆系列出版物』编委会确定了四十种入选论著。我们随即展开对论著影印底本的选择和寻访，工作得到了有关图书馆、藏书家的支持和帮助。同时，约请我校各学科相关专业的专家学者分别为各书撰写出版前言，介绍作者生平学术和论著内容价值，揭示其学术史意义及在我校的学术传承。各书前言还将汇编成集，同时出版。

论著选刊工作得到了原著作者的亲属、弟子多方面的支持。部分作品的著作权尚在保护期内，我们也征得其继承人的支持并签约；个别作品无法联系到著作权继承人，我们将公布联系方式，敬请他们与出版社联系。

本系列丛书从启动到编成历时两年整。在编纂过程中，学校图书馆、社科处和出版社作为这项工作的协作单位，分别承担了大量的繁杂事务；编纂组秘书黄援生、林灿，以及朱圣明、刘心舜和校图书馆古籍特藏与修复部有关人员，做了许多具体工作。

『厦门大学百年学术论著选刊』的编纂，是对我校百年来学术文献资源的一次大规模的搜集、梳理和开发。厦大的学术底蕴和文献资源极为丰厚，第一次选刊难免挂一漏万。经过这次编纂工作的探索，学校今后的分辑整理出版规划将会更加完善。

厦门大学百年学术论著选刊　编纂组

二〇二〇年十二月

厦门大学百年学术论著选刊（四十种）

《中国文学变迁史略》 刘贞晦 著

《教育学原理》 孙贵定 编

《中国古代法理学》 王振先 著

《石遗室诗话》 陈衍 著

《历史哲学》 朱谦之 著

The Development, Significance and Some Limitations of Hegel's Ethical Teaching（《黑格尔的伦理学说》） 张颐 著

《汉文学史纲要》 鲁迅 著

《马哥孛罗游记》 张星烺 译

《闽南游记》 陈万里 著

《厦门音系》 罗常培 著

《教育概论》 庄泽宣 著

《艺术家的难关》 邓以蛰 著

The Li Sao: An Elegy on Encountering Sorrows（《离骚》） 林文庆 译

《老子古微》 缪篆 著

《教育与学校行政原理》 杜佐周 著

《教育社会学》 雷通群 著

《国际私法》 徐砥平 著

《地理学》 王成组 著

《货币银行原理》 陈振骅 著

《文化人类学》 林惠祥 著

《教育之科学研究法》 钟鲁斋 著

《厦门大学文学院文化陈列所所藏中国明器图谱》 郑德坤 编著

《因明学》 虞愚 著

《实用微积分》 萨本栋、郑曾同、杨龙生 编著

《大学普通化学讲义》 傅鹰 著

《中国文学史》 林庚 著

《史学方法实习题汇》 谷霁光 编

《语言学概要》 周辨明、黄典诚 译著

《英美法原理》 [美]阿瑟·古恩 著，陈朝壁 译述

《中国官僚政治研究》 王亚南 著

《西洋经济思想》 郭大力 著

《古音学说述略》 余謇 著

《明清农村社会经济》 傅衣凌 著

《隋唐五代史纲》 韩国磐 著

《会计基础知识》 葛家澍 主编

《文昌鱼》 金德祥 著

《泛函分析》 李文清 著

《胚胎学讲义》 叶毓芬及山东大学胚胎学教研组、汪德耀 编

《浮游生物学概论》 郑重 著

《海水分析化学》 陈国珍 主编

前言

乐爱国

一、缪篆的生平与著述

缪篆（一八七七—一九三九），字子才，江苏泰州人，民国时期厦门大学著名教授，他所撰《老子古微》是这一时期最为重要的老子学著作之一。关于缪篆的生平与著述，民国期刊《制言》一九三九年第五〇期在刊登缪篆逝世的消息时，载：『泰县缪君子才，以疾卒于香港，噩耗遽传，闻之怆痛。民国二年，章公筹边东三省，缪君因吉林民政司韩公紫石介，从章公问业。君绘吉林、黑龙江二图，较旧东三省图为精，章公爱之。其后教授厦门、中山诸大学，著述益富，有《齐物论释注》《国故论衡注》《检论注》《老子古微》等书，皆成巨帙。君又从同县黄锡朋游，所著《显道》《原道》如干卷，间涉黄学，亦别有利解。然勤阐师说，征引广博如君者，吾同门中不多觏焉。《老子古微》将于次期续完。《齐物论释注》《国故论衡注》《检论注》亦拟由《制言》次第付印，聊述数语，以志人琴之感。民国廿八年三月沈延国谨识。』

缪篆的外孙、当代画家范曾所编《南通范氏诗文世家》，对缪篆的生平与著述也作了简述：『缪篆，原名学贤，字子才，江苏泰州人，生于清光绪三年（一八七七年），逝于一九三九年，享年六十二。哲学家，范曾外祖父。

早年留学日本。一九二六年始任厦门大学哲学系副教授、教授，中山大学哲学系教授。先后出版著述六十余种，涉及老庄、周易、考古、诗词、多种外语语法诸多领域，著有《老子古微》《显道》《邻德》《礼人十一书》《齐物论释注》《国故论衡子部注》《检论注》《周易大象简义注》《马氏文通答问》《英德拉丁法国动字变化表》《缪氏考古录增补》《先祖余园诗抄校本》《文存诗存》等。」①

据『厦门大学百年学术论著选刊』编纂组提供的资料，缪篆，字子才，江苏泰州人，哲学史家，章太炎弟子，一九二四年到厦门大学任教，聘为国文系和哲学系副教授，一九三〇年起任教授。又据一九三〇年四月六日印制的《厦门大学九周年纪念刊》记载，当时厦门大学文学院教职员中，缪子才，中国文学史哲学教授，『曾任奉天交涉使署编纂，吉林民政司疆理科科长，东三省筹边公署艺术处处长，内务部主事』。

近年来，有学者对缪篆的生平与著述做了深入研究，姚彬彬的《『章门弟子』缪篆的平生交游与著述》②考证详尽可靠。以下主要依据该文对缪篆任教于厦门大学的经历与著述作一简要叙述，并有所增补订正。

据一九二五年十二月十九日出版的《厦大周刊》第一三二期所载『国学研究院筹备总委员会』，包括校长（主席）、毛常、王振先、秉志、孙贵定、徐声金、涂开舆（书记）、陈灿、黄开宗、陈定谟、刘树杞、缪子才、钟心煊、戴密微、龚惕庵等，可以看出，缪子才为当时成立的国学研究院的筹备委员。据一九二七年厦门大学布告（第五卷第四册 一九二六—一九二七），当时缪篆作为文科教员，任中国文学史、哲学副教授，又任厦门大学编译委员会委员。如上所述，缪篆于一九三〇年起任教授。另据一九三〇年十一月一日出版的《厦大周刊》第二四二期载，缪篆在当时文学院担任该学期的课程有『目录学』『中国伦理学』『中国哲学』『诸子哲学』『中国论理学』。

据一九二六年五月二十九日出版的《厦大周刊》第一五二期载缪篆《送戴密微教授归省序》一文，『篆游闽南，获交戴密微先生，籍瑞士，通十数国言文，而习中国书已十载。恒闻其述堂上二老年登七十，欲谋归省，篆钦其务本，服其天性真挚，详查所治书，则孜孜于经子，叩其所得，则曰：忠信之人，可以学礼。先生于一九二六年七月买舟回瑞士，篆曰：孔子所志，老安、少怀、友信耳，先生归省，合于仲尼安老之训。濒行，以译《尹文子》质诸篆，应之曰：「名家言，可译者也。」若夫孔孟老庄，读中国原文久，身体而力行之，且有师授，念念重其为人，然后精神乃与孔孟老庄通，则其书自不待译』。可见，缪篆与当时任教于厦门大学的外国学者戴密微教授，多有交往，友谊深厚。

据《海潮音》一九二六年第七卷第八期载，缪篆曾有书信致太虚，说：『太虚法师台鉴：敬肃者，不亲道貌已及数年。近在闽南授课之余，整理旧稿，草成《显道》三篇，邮呈座前伏乞斧。斯缘关于佛书之处，定有不妥协者，敬祈进而教之。批席之后仍希掷下，以便修正也。闻法师讲道庐山，规摹宏远，东亚学者，前途沾溉无穷，曷胜企佩！春风有便，尚祈赐我数行，实为感感！』

一九三三年，缪篆邀约诗人陈石遗一起，为马相伯发起的在抗日前线实地救护伤兵难民的『不忍人会救护队』卖文捐款。『章太炎先生闻之，亦极嘉许，并介绍云：泰县缪篆子才，学问精博，兼能文章，尝为余所著《齐物论释》等作法，皆萃十余年之精力为之，近在厦门作教，并愿为不忍人会救护队卖文，以资土壤之助，予亦深表同情云』[3]。为此，一九三三年六月二日《天津益世报》『宗教与文化』栏目还发表了缪篆的《国难罪己篇》，并有编者按：『缪子才先生，系厦门大学教授，最近约名诗家陈石遗先生，鬻文捐助不忍人会救护队，沪报一致颂其「以文章报国」；兹特介绍其近作，以饷我邦人君子！』一九三三年六月十三日《天津商报画刊》第八卷第二十八期发文《缪子才之忠孝论》，对缪篆《国难罪己篇》中力言『孝其亲者，始能忠其国』一段作了节录，称『立意非常纯正，援引尤见精神』。

一九三九年缪篆逝世，蔡元培在当年二月十六日的《日记》中记有：题缪君子才遗像一绝，寄其子孝威：『远自函关参大道，近皈蓟汉演微言，等身著作承贻赠，追展遗容已九原。』[4]应当说，缪篆与蔡元培也有很深的交谊。

关于缪篆任教于厦门大学时的著述，学术著作主要有：

《齐物论释注》，油印本，一九二九年。二〇一八年由上海大学出版社据上海图书馆藏本影印出版。

『缪篆丛书』，第一集十二种：《原学注》；《原儒注》；《原道注》；《原名注》；《明见注》；《辨性注》；《争教注》；《订孔注》；《道本注》；《齐物论释前四行注》；《显道篇》；《名学十书》。油印本，一九三〇年。

《显道》，油印本，一九三一年。

《马氏文通答问》，连载于《厦大周刊》一九三一年第一一卷第一期至一九三三年第一三卷第三期，分十四次刊出。

《周易大象简义注》，油印本，未知年份。

《老子古微》上篇，油印本，一九三三年。

《明惪三篇》，其中上篇载《新民月刊》一九三五年第一卷第三期，中篇载《新民月刊》一九三五年第一卷第四至六期、《新民月刊》一九三六年第二卷第一期。

发表的学术论文，主要有：

《订孔篇注》，《华国》第二卷第一一期，一九二六年一月［《订孔篇注》（续），《华国》第三卷第一期，一九二六年四月］。此文后经增补成为一九三〇年『缪篆丛书』油印本的《订孔注》。

《道家哲学：显道（上）『道体』》，《国学专刊》第一卷第一期，一九二六年三月［《道家哲学：显道（中）『道相』》，《国学专刊》第一卷第二期，一九二六年五月；《道家哲学：显道（中）『道相』》（续），《国学专刊》第一卷第三期，一九二六年九月］。

《显道（上）『道体』》，《厦门大学季刊》第一卷第一期，一九二六年［《显道（中）『道相』》，《厦门大学季刊》第一卷第二期，一九二六年七月］。

《止于至善》，《厦大周刊》第一五〇期，一九二六年五月十五日。

《送戴密微教授归省序》，《厦大周刊》第一五二期，一九二六年五月二十九日。

《争教篇注》，《华国》第三卷第三期，一九二六年六月［《争教篇注》（续），《华国》第三卷第四期，一九二六年七月］。此文后经增补成为一九三〇年『缪篆丛书』油印本的《争教注》。

《尹文子校释》，《厦大集美国专学生会季刊》第一期，一九二九年六月。

《王壬秋巫山高诗笺》，《厦大周刊》第九卷第四期（第二三〇期），一九三〇年四月二十六日。

《中国目录学叙》，《厦大周刊》第九卷第六期（第二三二期），一九三〇年五月十日。

《跋绵绛书屋重雕樊绍述集》，《厦大周刊》第九卷第一〇期（第二三六期），一九三〇年六月八日。

《行易知难学说中所论文法文理浅释》，《厦大周刊》第一〇卷第二一期（第二五七期），一九三一年四月二十五日。⑤

《国难罪己篇》，《天津益世报》，一九三三年六月二日。

《大学有救国难之道》，《厦大周刊》第三〇卷第九期（第三二七期），一九三三年十一月二十五日。

《国语罗马字的四百六十四字文》，《语言文学专刊》第一卷第一期，一九三五年三月。

《读张横渠东铭西铭》，《新民月刊》第一卷第二期，一九三五年六月。

《道家哲学：道本》，《仁爱》第一卷第二期，一九三五年六月［《道家哲学：道本》（续），《仁爱》第一卷第三期，一九三五年七月］。此文为一九三〇年『缪篆丛书』油印本的《道本注》节选。

《孔子的人生观》，《真光校刊》第二卷第六期，一九三五年六月二十九日。

《吊余杭先生文》，《制言》第二四期，一九三六年九月一日。

《老子绝圣弃智绝仁弃义解》，《制言》第二九期，一九三六年十一月十六日。

《淇澳诗备五悳说》，《制言》第三五期，一九三七年二月十六日。

二、《老子古微》的成书与概要

（一）《老子古微》的成书

一九二三年七月出版的《学衡》第一九期刊载了缪篆的《老子古微：卷首》，该文分为『原道（上）「道体」』『原道（中）「道相」』『原道（下）「道用」』。该文后附有说明：『卷首已完，全书续登。』可见，此前缪篆已撰有《老子古微》的书稿，包括卷首与正文。

一九二六年，缪篆发表《显道（上）「道体」》《显道（中）「道相」》，可见此时缪篆已将原《老子古微》卷首的『原道（上）「道体」』『原道（中）「道相」』『原道（下）「道用」』三篇，改为《显道（上）「道体」》《显道（中）「道相」》《显道（下）「道用」》三篇，而且内容也有较多扩充。如前所述，这一年，缪篆还将《显道》三篇寄给太虚法师求教。

一九二九年缪篆的《齐物论释注》油印本，目录后附言：『本书及《老子古微》、「缪篆丛书」等，储藏各国图书馆者，已达千份，盖愿与世界学者相见，以诚不为空间时间所隔阂云尔。』[6]而且该油印本最后附缪篆的《显道》三篇，分为『道体』『道相』『道用』。

又据一九二九年六月出版的《厦门大学己巳年刊》插缪篆所著书的购书广告（见下页）：

第一，『缪篆丛书』第一集十二种，共二十本，合成四册。第二，《老子古微》附《显道》篇，共五本。第三，《齐物论释注》附《显道》篇，共二十六本。并有言：『以上三书，为厦门大学哲学教授缪篆所著，系油印本，原为遍藏各国图书馆而设，本非卖品，尚余数部，亦可出售。……』

一九二九年六月八日出版的《厦大周刊》第二〇七期刊登了由四川华阳罗运贤于一九二八年十二月为缪篆《老子古微》所作序。此前，罗运贤曾在章太炎主持的《华国》一九二五年第二卷第八期和一九二六年第二卷第一一期上发表《老子余谊》。罗运贤『老子古微叙』的结尾说道：『今年春，泰县缪君子才，邮以所著《老子古微》，上自周秦，下讫李唐，凡一言一词关联聃书者，壹是钩用，其穷搜旁罗，亦云广矣。……君曩见拙著《老子余谊》，乃邮书万里，索叙于愚。因举治道家言当观其会通，及籀绎故籍之术，与夫君书恉意之所寄，而识其大凡如此。戊辰十月望后七日华阳罗运贤孔昭甫叙。』

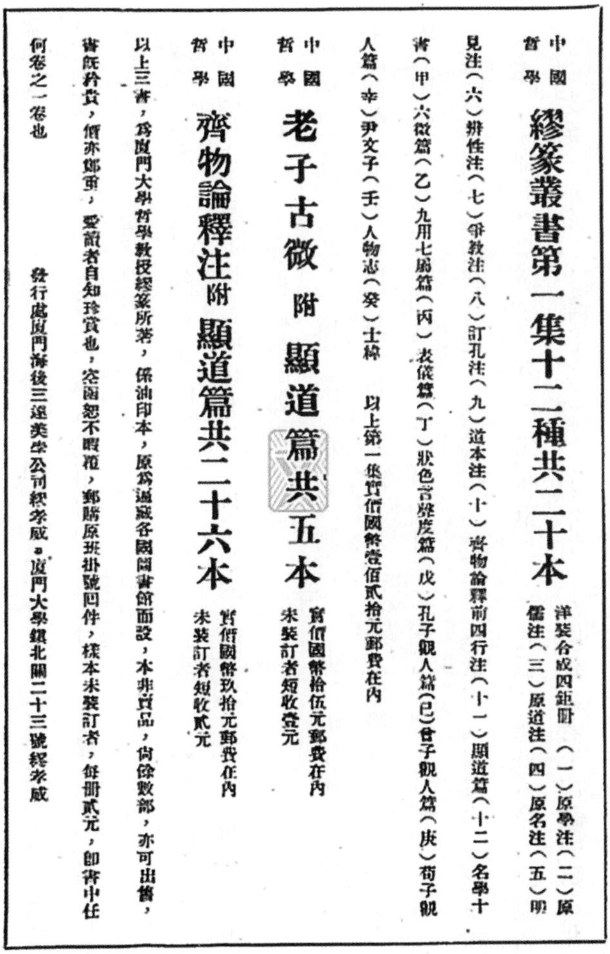
中國哲學 繆篆叢書第一集十二種共二十本 洋裝合成四鉅冊（一）原學注（二）原儒注（三）原道注（四）原名注（五）明見注（六）辨性注（七）爭教注（八）訂孔注（九）道本注（十）齊物論釋前四行注（十一）顯道篇（十二）名學十書（甲）六微篇（乙）九用七屈篇（丙）表儀篇（丁）狀色言聲度篇（戊）孔子觀人篇（己）曾子觀人篇（庚）荀子觀人篇（辛）尹文子（壬）人物志（癸）士緯 以上第一集實價國幣壹佰貳拾元郵費在內

中國哲學 老子古微 附 顯道篇 共五本 實價國幣拾伍元郵費在內 未裝訂者短收壹元

中國哲學 齊物論釋注附 顯道篇共二十六本 實價國幣玖拾元郵費在內 未裝訂者短收貳元

以上三書，爲廈門大學哲學教授繆篆所著，係油印本，原爲遍藏各國圖書館而設，本非賣品，倘餘數部，亦可出售，書既矜貴，價亦鄭重，愛讀者自知珍賞也，容函恕不暇覆，郵購原班掛號回件，樣本未裝訂者，每冊貳元，卽書中任何卷之一卷也

發行處廈門海後三迎美亭公司繆孝威。廈門大學鎮北關二十三號繆孝威

从一九三一年缪篆的《显道》油印本可以看出，这一时期，缪篆的《显道》三篇，或单独成书，或作为《老子古微》的卷首，又或作为《齐物论释注》的附录。

一九三三年，缪篆的《老子古微》上篇由厦门大学油印成书，应当看作是正式定稿。该油印本前有蔡元培题词『道通为一』，又有华阳罗运贤所作『老子古微叙』，书稿包括卷首——《显道》三篇、正文——《老子古微》上篇三十七章，以及《老子古微》上篇附录。

自一九三五年起，缪篆《老子古微》的正文，陆续在《制言》上发表。《制言》由章太炎主编，于一九三五年创刊。一九三六年六月十四日章太炎逝世，自同年七月一日出版的《制言》第二〇期起，改由章氏国学讲习会编印。缪篆《老子古微》在《制言》上的连载情况如下：

《制言》一九三五年第一期载《老子古微》第一章；《制言》一九三五年第二期载《老子古微》第二章；《制言》一九三五年第四期载《老子古微》第三章；《制言》一九三五年第五期载《老子古微》第四至五章；《制言》一九三五年第七期载《老子古微》第六至八章；《制言》一九三六年第一三期载《老子古微》第九至一一章；《制言》一九三六年第一四期载《老子古微》第一二至一三章；《制言》一九三六年第一七期载《老子古微》第一四至一五章；《制言》一九三六年第二六期载《老子古微》第一六章；《制言》一九三六年第二七期载《老子古微》第一七至一八章；《制言》一九三六年第二八期载《老子古微》第一九章；《制言》一九三六年第三〇期载《老子古微》第二〇至二四章；《制言》一九三六年第三一期载《老子古微》第二五至二六章；《制言》一九三七年第三二期载《老子古微》第二七至二八章；《制言》一九三七年第三三期载《老子古微》第二九至三〇章；《制言》一九三七年第三四期载《老子古微》第三一至三五章；《制言》一九三七年第三九期载《老子古微》第三六至三七章（《老子古微》上篇至第三七章）；《制言》一九三七年第四二期载《老子古微》第三八章；《制言》一九三七年第四三期载《老子古微》第三九至四〇章；《制言》一九三七年第四四期载《老子古微》第四一至四四章；《制言》一九三七年第四六期载《老子古微》第四五至五〇章；

《制言》一九三七年第四七期载《老子古微》第五一至五七章（《老子》共八十一章）。《制言》一九三九年第五〇期载《老子古微上下篇引用书目》，其中说：「《老子古微》将于次期续完。」但经查，此后各期并没有继续刊载。

尚需指出的是，一九三八年，马相伯为缪篆《老子古微》作序，称：「老夫之役有缪篆者，行年六十矣而色若孺子。既辑《道德经古微》，又著《道论》《德论》，复谓道德所以未坠于地者在人，乃辑注《礼人十一书》殿于后。教授闽、粤大学廿年。欧西学会曾译其书，高材弟子有传其学于法美大学校者。其持论谓周秦书道德二字连文、德行二字连文者甚鲜；道乃三公所职，德乃大司徒所职，行乃乡长、乡大夫所职。道乃哲学，属知难类；德乃伦理，属行易类。观其所著，斯而析之，至于无伦，在《法言》《中说》等书上矣。」⑦

由此可见，早在一九二三年，缪篆《老子古微》就已有完成的书稿，到一九三三年，《老子古微》上篇有了正式定稿；自一九三五年起，《老子古微》陆续发表，至一九三九年缪篆逝世。也就是说，《老子古微》是缪篆至晚年仍不断修改的书稿，并没有完整出版。而且，根据一九三三年缪篆的《老子古微》上篇油印本，正文之后有附录，可以推断，《老子古微》应当有下篇，或中、下篇，并且都应当有附录。

（二）《老子古微》的内容概要及学术价值

一九三三年缪篆《老子古微》上篇油印本，继蔡元培题词「道通为一」、罗运贤「老子古微叙」之后，有卷首、正文、附录三部分。

卷首为《显道》三篇，有言：「惟初太极，道立于一。六玉之方，有泽有光。澹无不治，曰为无为。百家同轨，爰立纲纪。述体、相、用三篇。」⑧

《显道》（上）「道体」，说：「老子五千言，无道体名称，而第言得一。圣谟洋洋，其规摹宏远矣。」⑨又说：「道体标识，既已为一画矣，且得有言乎？既已谓之一画矣，且得无言乎？欲以言显，此不可名言之道体。……老子道体之说，著在「德经」，曰：「昔之得一者，天得一以清，地得一以宁，神得一以灵，谷得一以盈，万物得一以生，侯王得一以为天下贞。」德者，得也。万变亿化，皆各得其所得。故曰：「同于道者，道亦乐得之；同于德者，德亦乐得之；同于失者，失亦乐得之。」……老子者，穷则思变，变乃辟通，以一画定天等所得之标识，则得一者，得所以为万变亿化之道体也。」⑩

《显道》（中）『道相』，说：『知佛家性相之说，则知儒、道所称道与仁智之说矣。大道不称，有名者，未必有形。无相之相也，总相也，道是也。』⑪又说：『道有实相，不易觉，不易言。能觉德相，即觉道相；能言德相，即言道相。』⑫

《显道》（下）『道用』，说：『秉要执本者，以虚无为本，以因循为用是；清虚以自守者，有之以为利，无之以为用是；卑弱以自持者，反者道之动，弱者道之用是；一谦而四益者，道冲而用之或不盈，保此道者不欲盈是。老子所务，则在定神以治天下，尊身以应寄托，治人事天、积德久国而已矣。』⑬又通过论证老子『为无为则无不治』『不主愚民』『不尚阴谋』，以阐释老子之道用，并认为，老子之道用，『关系国家大计至钜，故有为之局定，则政治责任明，机变之念消，则良善政群起，愚民政策不行，则制而用之谓之法，庶几开物成务，与民同患矣』⑭。《显道》最后说：『昔老子谓孔子曰：「夫道，窅然难言哉！将为汝言其崖略。」篆尝试议，夫其将《逍遥游》之「无待」、《齐物论》之「自取」，盖言道体也；《养生主》为正报、《人间世》为依报，盖言道相也；德充于内，应符于外，内圣则《大宗师》，外王则《应帝王》，盖言道用也。……《淮南子·原道训》曰「夫道者，覆天载地，廓四方，柝八极」，乃至「麟以之游，凤以之翔」，盖说道体也；「无为为之而合于道，无为言之而通乎德，恬愉无矜而得于和，有万不同而便于性，神托于秋毫之末而大与宇宙之总」，盖说道相也；「是故圣人内修其本，而不外饰其末，保其精神，偃其智故，漠然无为而无不为也，澹然无治也而无不治也」，盖说道用也。此三垠咢者，布在方策，万目莫不比方，然亦上下无常，刚柔相易，不可为典，要唯变所适。』⑮应当说，《老子古微》卷首之《显道》三篇，是缪篆解读《老子》的基本思想。

正文为《老子古微》上篇三十七章，开宗明义，说：『解释《老子》之书，理证则《韩非·解老》《淮南·原道训》是；事证则《韩非·喻老》《淮南·道应训》是。然仍不晐不偏也。窃考始自姬周，迄于李唐，散见诸子，未经纂辑者，尚有多家，足供证明《老子》之用。萃而录之，得如干条，名曰：《老子古微》。庶有达者，理而董之。』⑯《老子古微》依据《老子》各章，通过引述相关诸子文献，予以解读，并由此阐发经典原文之意。

如《老子古微》上篇第一章解《老子》『道可道，非常道。名可名，非常名。无名天地之始；有名万物之母。……』。缪篆通过解读《韩非·解老》云：『道者，万物之所然也，万理之所稽也。理者，成物之文也；道者，万物之所以成也。故曰：「道，理之者也。」……』⑰阐发《老子》经典原文之意，同时又解读《庄子》《淮南子》《文子》等相关篇章。

又如《老子古微》上篇最后第三七章解《老子》『道常无为而无不为。侯王若能守之，万物将自化。……』。⑱缪篆通过解读《庄子》《吕氏春秋》《淮南子》《史记》等相关篇章，阐释《老子》经典原文之意。《老子古微》上篇附录，依据《老子》各章，分别引述清末民初学者的相关论述，进行辨析和阐释。如附录第一章，引述章太炎《蓟汉微言》以及清王筠《说文释例》卷一六《存疑篇》的相关论述；最后第三七章，引述严复的相关论述，并作出解释，以阐发《老子》经典原文之意。

中国《老子》研究源远流长，至二十世纪初到了新旧交替的时期，一方面仍然沿用传统的研究方式解读《老子》文本，另一方面又要采用新的研究方法特别是吸取各种学术资源阐发《老子》。缪篆的《老子古微》正是这种新旧交替的产物。需要指出的是，缪篆的《老子古微》以『道体』『道相』『道用』概念展开对于《老子》『道』的阐释，是有新意的。马一浮注『道可道，非常道。名可名，非常名』，曰：『诸法实相，缘生无性。以缘生，故可道；无性，故非常道。一切言教，假名无实。以假名，故可名；无实，故非常名。真常之体，不可名邈。』⑲显然是用佛学的『相』『缘』『性』阐发老子的『道』。熊十力说：『老子所谓道，决不是超脱现象界之外而别有物，乃谓现象界中一切万有皆道之显现。易言之，一切万有皆以道为其体。』⑳显然是用他的『体用不二』概念阐发老子的『道』。应当说，缪篆的《老子古微》以佛学的『体』『相』『用』阐发老子的『道』，与马一浮、熊十力是一致的。

然而，由于种种原因，缪篆的《老子古微》虽得到不少学者的高度评价，且有部分内容已在民国时期的学术杂志连续刊载，但至今尚未能得到正式出版，因而被忽视，甚至为当今老子学界所遗忘，这不能不说是学术界的一大憾事。厦门大学百年校庆选定出版缪篆《老子古微》，不仅有助于展现厦门大学百年来的学术成就，而且对于今人了解民国时期的学术发展，尤其是《老子》研究的发展，乃至推动当今的《老子》研究，应当都会有所助益。

注释：

①范曾编：《南通范氏诗文世家》第一七册，石家庄：河北教育出版社，二〇〇四年，第二二一页。

②姚彬彬：《『章门弟子』缪篆的平生交游与著述》，《中国文化》二〇一九年第五〇期。

③时敏：《还我山河》，上海：中国自强学社，一九三三年，第二六二页。

④《蔡元培全集》第一七卷，杭州：浙江教育出版社，一九九八年，第二九一页。

⑤此文收入厦门大学编译委员会编辑：《厦门大学演讲集》第二集，一九三一年。

⑥章太炎释，缪篆注：《齐物论释注：外一种》，上海：上海大学出版社，二〇一八年，第四页。

⑦范曾编：《南通范氏诗文世家》第一七册，石家庄：河北教育出版社，二〇〇四年，第二二四页。

⑧缪篆：《老子古微》，厦门大学图书馆藏油印本，一九三三年，『卷首』第一页。

⑨缪篆：《老子古微》，厦门大学图书馆藏油印本，一九三三年，『卷首』第一页。

⑩缪篆：《老子古微》，厦门大学图书馆藏油印本，一九三三年，『卷首』第四～六页。

⑪缪篆：《老子古微》，厦门大学图书馆藏油印本，一九三三年，『卷首』第一二页。

⑫缪篆：《老子古微》，厦门大学图书馆藏油印本，一九三三年，『卷首』第一四页。

⑬缪篆：《老子古微》，厦门大学图书馆藏油印本，一九三三年，『卷首』第四四页。

⑭缪篆：《老子古微》，厦门大学图书馆藏油印本，一九三三年，『卷首』第五八页。

⑮缪篆：《老子古微》，厦门大学图书馆藏油印本，一九三三年，『卷首』第五八~五九页。
⑯缪篆：《老子古微》，厦门大学图书馆藏油印本，一九三三年，第一页。
⑰缪篆：《老子古微》，厦门大学图书馆藏油印本，一九三三年，第一页。
⑱缪篆：《老子古微》，厦门大学图书馆藏油印本，一九三三年，第一八〇页。
⑲马一浮：《老子注》，武汉：崇文书局，二〇一六年，第二页。
⑳熊十力：《十力语要》，长沙：岳麓书社，二〇一一年，第一三二页。

作者乐爱国，厦门大学人文学院哲学系教授、博士生导师。

老子古微

江蘇泰縣繆篆子才述

缪篆著《老子古微》，影印底本：厦门大学图书馆藏一九三三年油印本。

道通為一

子才先生屬題

蔡元培

老子古微敍

九流之可觀者道儒墨名法尚矣、而道家之書故號難治、苟揭維綱、腧蝝復可迹也、蓋自老聃道家之宗、闡無為無不為之題、其義閎綽、其言難知、至莊周而論齊物、視聃書益恢譎、然諔瑋倜儻、未易髣髴、有漢淮南王劉安著書二十一篇、窮天人之奧、衍老莊之緒、闡道以與化消息、語事以資世浮湛、然後無為齊物之恉、光昭縣寓、夫不達齊物、則無為之義昧、不籀鴻烈、而齊物之恉亦晦薶矣、故持莊劉以會聃書、參之韓非、校之呂覽、而道家精誼可明也、諸箸錄於漢志者、有伊尹太公以下九百餘篇、或載籍亡佚、或情偽襍糅、其存於今而有徵者、莫五千言若、魏世王弼為之注、義在表舉宗會、融通玄恉、雖仁知殊見、無方體以同歸、而浮虛駢詞、非訓釋之常軌、自時厥後、解者紛紜、似像之辭既多總覈之用尤少、以視漢學諸儒、迪斟勘以定異本、究聲音以通文字、道訓詁以明誼理者、虛實詳略、較然有別焉、自陸德明、焦竑以訖畢沅、盧文弨之倫、肆力校定、而王念孫洪頤煊宋翔鳳俞樾孫詒讓諸家、於聃書訓詁、亦嘗勤求之矣、若乃誼理旁通、非一端之閾、辭气相屬、有奇觚之條、其猶諸家所未逮乎、夫誼理為考據之原、辭气乃訓詁之輔、舍誼理而言考據、其失也誕、廢辭气而窮訓詁、其失也鑿、愚以款啟、蓋嘗肄業及之、掇隊誼於已亡、補諸家之未諦、誼訓亦稍稍備矣、獨惜參會老莊韓非呂覽淮南之作、尚未或睹、今年春、泰縣繆君子才、郵以所箸老子古微、上自周秦、下訖李唐、凡一言一詞、闕聯聃書者豈是鉤用、其窮搜旁羅、亦云廣矣、夫老莊韓非呂覽淮南、道法襍家異也、宗主勿必畢同、然學者執君是書以參伍之、而文詞同異、大誼嬗變之迹、將洞然可尋焉、君曩見拙著老子餘誼、迺郵書萬里、索敘於愚、因舉治道家言當觀其會通、及籀繹故籍之術、與夫君書恉意之所寄、而識其大凡如此、戊辰十月望後七日華陽羅運賢孔昭甫敘、

繇道 三篇

江蘇泰縣繆篆子才述

惟初太極道立於一。六王之方、有澤有光。濬無不治、曰爲無爲百家同軌爰立綱紀。述體相用三篇。

繇道上 道體

人之生也受天地之委形、總十二屬而成體。段玉裁云首身手足之屬各三、所控摶者彊陽之氣。所任持者暗醷之物、知北游自唯識宗觀之是妄以無體爲人體也。物質者、受人制裁、似可摶索、然有方分推及無方分原子說、進爲電子說、海西恒河諸師、咸驚疑乎尺極日半萬世不竭、自極微學觀之、是叚以無體爲物體也。今若證道有體、誠非言文思慮之力所克勝任、故老子五千言無道體

名僻、而第言得一老子三十九章聖謨洋洋其規摹閎遠矣。昔顧亭林以體用二
字出於佛法問李二曲、李云寶物出於異國、自可採取、到
漢微言曰、佛書言體相用、由勝論實德業轉變其名耳。
若乃名非常名。文字之始、無慮其於圖畫、別於標識、玄奘譯說無垢稱經
菩薩行品云、雖觀諸法永無庖犧八卦、始於一畫圖也、虞翻說日月在
標識、而於了義安文佛種
天成八卦、在天八卦生於四時、然後庖犧則天乃作八卦、八卦
乃四象所生(四時)非庖犧所造也、故曰象者、象此者也、廣說見
張惠言著周易虞氏消息標識云者、神農使民結繩而用之也、說文敘保氏教
六書、以一為指事、禮運解禮藏、必本於太一、莊生說道家、主之
以太一、天下篇、淮南要略說原道訓、象太一之容、惠施談名學、至大無外謂之大一、
至小無內謂之小一、以上諸一、皆標識也、非數字也、後人從形借標識之
一為數字一、猶從聲借蟲名之萬為數字萬也、
黃帝之正名、段物能鳴、極訓屋棟、非為易家言太極造也、阮籍通老

論道家法自然而爲化，侯王能守之，萬物將自化。易謂之太極，春秋謂之元，老子謂之道，鐔津文集六卷云：黃帝之道，其在易矣。易也者，萬物之本，六藝之原。司馬遷之先黃老，會道之所歸，尊始也。又十四卷云：道惪在書則洪範皇極也（卷四云：天下中正之謂皇極）在詩則思無邪也，在禮則中庸也，誠明也，在春秋則列聖大中之道也。篆又按周茂叔太極圖說，其義本於九皇真經中卷道人呂洞賓無極太極注，其圖本於道士陳希夷，而其文貌用儒書習慣，則本於壽涯和尚改頭換面之教耳。然是說養生術，非說周易也。學者不可不知。檢論通程篇曰：宋世高材，掾摭六籍以成已義，徒循舊貫，其意固不悉與六籍同指，信

夫，道訓道路，術字亦訓邑中道，非爲道家言道惪造也，是終古無道之正字明矣。老子者，生於周室，嫻習禮經，於偁名偁字之情，知之有素。檀弓篇：幼名，冠字，五十以伯仲。郊特牲曰：冠而字之，敬其名也。又段玉裁且字考云：凡冠而字，祇有一字耳，如韓非書偁孔子曰尼，五十以前偁且字，必五十而後以伯仲某言某甫，是偁其且字，言伯其仲其，是偁其字，故尼甫孔子之且字也，仲尼孔子之字也。其道經云：吾不知其名，字之曰道，強爲之名曰大。二十五章尒則大爲本名，道爲附麗於名之字。字也者，敬其名也。篆曰

蒼頡史籀之設教也、本於人事、折之中道、大篆人象臂脛、而儿形側 二
是凡有百骸四體者之通偁也。古文奇字儿象形、詘卪形詰、孔子曰、
在人下、故詰詘、許慎曰、仁人也。若大之古文籀文、則皆象人形、
矣。說文其象人形也。非僅象人之形。乃象人而能大之形。故古籀
二大文大古文介籀文體雖微異。其乾爲首、艮爲手、震爲足。象之外箸。
與人同也。其左法春仁、右法秋義、前法夏忠、後法冬聖。象所內
蘊。烏虖異已。格於上下。橫被四表。南面而立。旁礴萬物之人也。
之道。也。聖人。不。足。以。當。之。莊子則陽篇、客、大人也、聖人不足以當之。故莊子云、中國
有人焉。非陰非陽。處於天地之閒。直且爲人。將反於宗。知北游○矢夭
變大字之首、交處其厚實曰大丈夫。三十八章不失赤子之心曰大
介變大字之足、大小之大、亦終古無正字、從人之猶殊
人、即謂道丈夫道人也。義意引伸也、吳季札曰、能嬰則大、許慎

曰。𡕒、中國之人也、从夊、从頁、从臼、臼兩手、夊兩足也

老子曰、有物混成、先天地生、寂兮寥兮、獨立不改、二十五章此即圖繪道體、慓識道體也、近世劉沅云、老子曰、有物混成、謂太極也、而不以太極名、孔子衍其義曰、易有太極、是生兩儀、是孔子始言太極、天地未分、天地在太極之中、天地既分、天地仍太極之體、無名天地之始、太極也、有名萬物之母、天地也、原夫人為萬物中之一物、物物為果、道為因、由果體以求因體、因本無體、但既在物中言說、則不妨暫段果體之名曰物、有之云者、從心變現也、唯識宗謂天地萬物本無、由阿賴耶識段相轉變而有、約成唯識論義說文曰、有、不宜有也、春秋傳曰、日有蝕之、兩說相通、說文有不宜有也、是中國造字聖人、早具唯識宗精義混成云者、未開天以前之一畫也、先天地生者、天地既有業識、即是有生、惟年先於人、名後於人、子丑無名、待寅立名、故天地二名、皆近取諸身、從人

體加憟識而起請嘗言之、天顛也、人頂為顛、即大頂為顛、由大得會意字為𠀘為天、小篆作𠀘、龜甲文作𠀘、殆即一字、二古文上字、許書从一、猶帝示字从二亦从一也、得象形字為𠀘盂鼎為吳龜甲文字皆後大而起、即後道而起矣、虞翻說卦曰、坤為牝、說文、也、女会也、古人席地而坐、惟隱蔽處與土切近、故地從土從也也亦聲、說文、地、從土、也聲、篆按宜作從土、從也、也亦聲、徐鍇通論作迆省、迆亦聲、然非最初造字之義○足雖人體之最下者、然足有高舉之時、不得謂之最下、如就足論、則義見立字、說文、立、住也、從大在一之上、徐鍇曰大、人也、一、地也、近也之土為地、與在顛之上為天、其義相匹、其後於道、道、即大、即人、亦然、是故管子云、道生天地、四時篇莊子云、自本自根、未有天地、自古以固存也、大宗師○縱橫家罕知道、獨鬼谷陰符篇云、道者天地之始、一其紀也、道者神明之源、一其化端、蓋屬耳食、儒家陸賈新語道基篇云、先聖仰觀天文、俯察地理、圖畫乾坤、以定人道、服食家抱朴子道意篇云、道者涵乾括坤、其本無名、儒家唐張弧素履子履道篇云、道本無名、無名居天地之始、寂兮寥兮者，王弼云：寂寥，無形體也。獨立不改者，惟初太極。虞翻注繫辭傳曰：太極，即太一、道立於一、說文於無形體中段作形體，謂之立。文猶建也。王弼老子四十一章注、建猶文也。獨者，一也。管子云抱蜀。形勢篇。方言云：一，蜀也。南楚謂之獨。至老子乃云抱一。二十二章 不改者，不易也，不變也，絕待無對也。周易乾鑿度：易有三義，簡易、不易、變易。佛書亦說心真如為不變隨緣，為絕待無對。莊子天運篇：而一不可待。成玄英疏：至一之理，絕視絕聽，不可待之以聲色。文子曰：一也者，無敵之道也。（原書敵作適，同）

道體幖識，既已為一畫矣，且得有言乎？既已謂之一畫矣，且得無言乎？欲以言縣此不可名言之道體，雖以老子猶難之。擁惟含悳而言道體，道體愈不可方物。老子道體之說，著在悳經，曰：昔之得一者，天得一以清，地得一以寧，神得一以靈，谷得一以盈，萬物得一以生，侯王得一以為天下貞。三十九章 悳者，得也。樂記 萬

四

變億已皆各得其所得。故曰同於道者、道亦樂得之、同於悳者、悳亦樂得之、同於失者、失亦樂得之、二十三章韓非曰、得之以死、得之以生、得之以敗、得之以成、解老莊生亦云、悳總乎道之所一、道之所一者、悳不能周也。徐無鬼由斯而談、六書中指事象形以一為慓識者、不可殫述、就數學論、華嚴經以不可思議為數名、以無量數為數名、其義非僅極多之特偁、以為過此以往、言思路盡、若不叚道圖形、利瑪竇考幾何原本、亦偁造自天竺則必藉遷慓識矣、其在中國、則法借一根、立天地人物元一、為西國代數之祖、皆於問題未立之先、早有一畫為之慓識、斯非數學問題之太極耶、立天地人物四元有、算式則布上下左右為四直畫而已、凡直畫橫畫、其理無異、董仲舒曰、三畫而連其中謂之王、孔子曰、一貫三為王、可見王字中間之一直、是連其中之圖畫、雖非橫寫、孔子亦偁且貫之曰一、西國代數、則又變一直畫為未知數之字母矣。

一、為二次、三次、或多次式之積，則能容得種種奇情異采，多次式之一、褋竟有似數非數之標識。似標識非標識之數焉，如負一開偏次方之類。此其義非鄭玄五行按天地生物成物之次所能析也。月令孟春之月其數八注儒家有程泰意、似已心知其義矣，曰一者、最有之宗也、一之變大矣。在三而三、在九而九，有萬不同、而管於一術、通乎一術、無一之不知，睽乎一術、無一之能知、子華子大道篇孟子曰、萬物皆備於我。我者、一也。我無二身、則數字之一是我。能備物、則標識之一是我。本不變、則媾壹之一是我。亦隨緣、則又標識之一是矣。再就易理論、虞翻曰、太極、太一也。動貫夫一、天一也、天一即太一、謂乾元。張惠言曰、帝出乎震、帝、太乙也。太乙即太一姚配中曰、天一地二天三地四天五地六天七地八天九地十、何也。一

也、一者元也元者易之原也陽始於一其動也直丨是也陰始
於一其動也闢二是也、以丨遍一貫而成十十亦一也因始壯
究、而改其改其名也、篆按乾鑿度曰物有始有壯有究 陽動也直在地上爲丄
在地下爲丅貫地中通上下則爲十爲屮、皆丨也其始生之難
也則爲屯宛曲而不得伸也則爲乙、以言其覆則下垂而爲冂
回轉而爲口爲回皆一也、廣說見姚氏贊元篇釋數篇定名篇、又見曹元弼周易會通孝經義論語
篇
治天下必自人道始、侯王得道以爲天下貞一語是已、得道即得大即得人
以人說天地神谷萬物、體有萬殊、物無一量、紛紜糅雜、形難
爲狀、設强以道爲天等之且字、天等固不言、若言、亦決不引人
中廣運之嘉名、爲天等高厚之稱號、老子者、窮則思變、變乃辟

通以一畫定天等所得之慓識、則得一者、得所以為萬變億匕之道體也、易以變化顯道、其策萬有一千五百二十、而大衍之數、產一不用、王弼曰、不用而用以之通、非數而數以之成、斯易之太極也、故莊子曰、天不得不高、地不得不廣、日月不得不行、萬物不得不昌、知北遊天地固有常、日月固有明、星辰固有列、禽獸固有群、樹木固有立、天道篇其則不遠、請觀中篇五有六理所成點線面體之圖、

往者義和禹益、嘗曆象授時、奠高山大川矣、太祝宗伯、六府之有司、亦能守清廟而饗庶物、以老子之聖、豈不可曰天得如何而清、地得如何而寧等也、如莊子至樂篇天無為以之清云云乃必曰得一者、則以人智窮推、不足以盡萬變億匕之極、且萬載億祺、後顧無窮、彼義和輩雖知秋豪之末哉、以論全體則末也、所謂一者、上通

九天、下毋九野、淮南子其猶龍乎、能巨能細、能短能長、說文神變無常、能幽能章、賈誼新書方之道體、約而能張、幽而能明、弱而能強、柔而能剛、淮南原道訓至矣盡矣、不可以加矣、

然而天地等果得一與否、實無誠證、吾觀洚水、即以橫流為本性、說文洚水不遵其道也、莊子天地篇云、行於萬物者道也、漁父篇云、道者萬物之所由也、劉向說苑辨物篇云、道也者物之動莫不由道也、楊子法言問道篇云、道也者通也、無不通也、若塗若川、必曰天之得一、譬諸人之得道、斷斷不然、但以人而證天地神谷萬物、人以清寧靈生為美為樂、以列發歐謳藏為惡為苦、天而果清、人或楊其言曰、天得一矣、天而果列、民或詬而呼曰、天不得一、故曰、人無法以知天、以四時寒暑日月星辰之所行知天、若四時寒暑日月星辰之所行當、則諸生血氣之類、皆得其處而安其產矣、王士元政道篇

即此云得一者、從天地等與人之関係上號而讀之、亦猶立天之道曰陰與陽、立地之道、曰柔與剛、明明言天道地道順人理立也、則清寧靈盈生者、非求一算術之真正答數、僅其略近之答數耳、返觀莊生之論、聖有所生、王有所成、皆原於一、此以一爲純正鮮明之標識、故答數爲聖爲王、又曰天下大亂、聖賢不明、道德不一、天下多得一察焉以自好、(天下篇)此以一爲正負雜糅之標識、其答數爲儒墨名法、老子道家出於史官、本以經世、意在發揮侯王得道貞而不蹶、非若惠施黃繚、偏說天地所以不墜不陷風雨雷霆之故、(天下)及巫咸祒上皇九洛神道設教者比矣、(天運篇按九洛在洪範稱九疇、書孔安國傳、天與禹洛出書、神龜負文而出、列於背有數至於九、)故本章云神得一以靈、六十章足其義曰、以道蒞天下其鬼不神、老子又申說之曰、天無以清將恐裂、地無以寧將恐發、神無以靈將恐歇、谷無以盈將恐竭、萬物無以生將恐滅、侯王無以貴高將恐蹶、故貴以賤為本、高以下為基、是以侯王自謂孤寡不穀、此非以賤為本邪非乎、三十九章纂曰、此說侯王、言甚易知、此說天地神谷萬物、非天下之至材、其孰與焉、竊欲知之、則必壞大以為小、削遠以為近矣、歷時甚久、晉人王輔嗣深湛之思、直與唐賢唯識宗段想之慧、默然相契、待以發明斯義、益信老子經訓、超越周秦漢人、且夫韓非莊子淮南贊道之文、其意在引申老子得一之旨、而語多曼行、義少宣稿矣、 七

韓非子解老云、天得之以高、地得之以藏、維斗得之以成其威、日月得之以恒其光、五常得之以常其位、列星得之以端

其行、四時得之以御其變氣、軒轅得之以擅四方、赤松得之
與天地統、聖人得之以成文章、
莊子大宗師云、狶韋氏得之以挈天地、伏戲得之以襲氣母、
維斗得之終古不忒、日月得之終古不息、堪壞得之以襲崐
崙、馮夷得之以游大川、肩吾得之以處大山、黄帝得之以登
雲天、顓頊得之以處玄宮、禺強得之立乎北極、西王母得之
坐乎少廣、莫知其始、莫知其終、彭祖得之上及有虞、下及五
伯、傅説得之、以相武丁、奄有天下、乘東維、騎箕尾、而比於列
星、
淮南子原道訓、山以之高、淵以之深、獸以之走、鳥以之飛、日
月以之明、星曆以之行、麟以之游、鳳以之翔、

三子意謂、人與非人、咸具道體、然而三子云得之、僅泛指之詞、老子云、得一、有實包之體、韓莊偁之、即代道字、淮南子偁之、即指自然、老子明云道法自然、道與自然不能無別、隨舉一事、皆能相應、以故文多華飾、三子於天得之以高後、並不繼云天無以高將恐若何、臚列多端、各各同此缺憾、以故義不甫咸、老子者、據行事、仍人道、希言自然。二十三章今於天得一以清後、必繼云天無以清將恐列、凡皆為詳解侯王得一貞而不蹶地也、且與他章可相發明焉、

本章曰、昔之得一者、五十二章曰、天下有始、以為天下母、

本章曰、侯王得一以為天下貞、五十二章曰、既得其母、以知其子、纂按華嚴宗所謂一即一切也、

本章曰、侯王無以貴高、纂按依王輔嗣說、無訓毋、以訓用、輔嗣本章深具精義、纂推其說曰、用一

以致貴高耳、非用貴高以貴高也、守一、則貴高不失、用貴高
則恐蹶也、是以無用貴高、恐喪貴高之母、貴不足尚、高不足
多、貴高在其母、而母無貴高形、貴乃以賤為本、高乃以下為基、
五十二章曰、既知其子、
復守其母、纂按華嚴宗所謂一切即一也、
本章曰、將恐蹶、　五十二章曰、沒身不殆、
老子之說晐矣備矣、鶡冠子環流篇無不備之謂道、荀卿禮論曲容備物之謂道、貴高以前、
以得一為得母、一者何、以賤為本下為基也、貴高以後、仍以得
一為守母、一者何、自謂孤寡不穀、仍以賤為本下為基也、莊子在宥篇賤而不可不任者物也、卑而不可不因者民也、
殆哉岌岌乎、居上則尊嚴易絶、百姓
則卑賤如神、譬緣木之務高、斯畏下焉滋甚、昔者三皇之道大、
以母用貴高復守其母大、昔者五帝之道常、以母用貴高復守
其母常、彼韓非云聖人得之以成文章、莊子云狶韋氏得之以

爲道上
挈天地、其成文章挈天地後、若何守毋、則不復計矣、孰與老子
得一之慄識、得其環中、以應無窮乎、
問侯王得一以爲天下貞、侯王毋用貴高者、將恐蹶也、固已、若
天地得一以清寍、天地毋用清寍者、將恐列發也、輔嗣之說、其
果有謂乎、其果無謂乎、篆曰、世以天地等爲不毀者非也、高而
局、厚而蹐、用鄭箋義故不常清寍、有時列發、世以天地等爲無待者
非也、待如莊子消搖游云列子御風猶有待之待、故始卒若環、清寍列發、更相對待、
世以天地等爲實有境界者尤非也、喻如幻事、列子偁幻人漢書偁眩人實
無有義、攝大乘論所知相分第三之二可以清寍、可以列發、可以清寍列發俱
見、世以天地等爲在人心外者尤非也、唯有內心、無心外境、窺基
唯識二十論述記卷一
夫天地與谷、本屬器界、神及侯王、則屬情界、萬物

云云、或情或器、設非人心衆多分別、如何能起一切有情世間
及器世間、瑜伽師地論三十六卷 聖如老子、既已燎知自性段立差、別段
立、同上 猶不憚多方備說者、為欲訓誡侯王也、曰天地得一、以清
盜者、天地自得其所以為萬變億匕之自體、而吾心於介時認
許之為清盜莊生和之曰、是天地與我並生也、齊物論 云天無以
清地無以盜者、謂毋於吾心認許之天地、且毋於吾心認許之
清盜、恃為用之不足既之天地、且恃為用之不足既之清盜、是
以大禹務趨時、淮南子原道訓禹之趨時也履遺而弗取冠桂而弗顧 而太公貴日中、六韜
日中不𦅸、是謂失時、後人 且立天不可信地不可信之說、王士元用道篇天不可信書君
韜文 云將恐列將恐發者、其在天地、清列無礙、盜發自在、消息原
靈靡窮本體詎有增損、若夫人處其間、不畏于天、甚者惟曰怨

縣道上　一〇

浴之小民耳。聖人者、敬逆天威、乾乾因其時而惕、不執目前森羅萬象為定形、而認有真君之存在、是知情器皆吾心毀設、唯識宗之論、其無以易之矣、儒家公孫尼子亦曰、心者衆智之要、物皆求於心、意林。○宋儒指孔子逝者如斯不舍晝夜二句為道體、可謂誤解聖論、此僅指阿賴耶恒轉如瀑流耳、非指真如心也、宋儒既不知唯識精義、以禪概佛、又好闢佛以裝孔孟門面、所以多缺掌失據之詮、至王陽明尚不悟、惜哉。堯舜禹之授受也、其心法曰惟一也、詩人之詠鳲鳩在桑也、刺用心之不壹也、夫然、就心論一、就天地論一、其諸通天人相與之際者歟、荀卿正名曰、心也者、道之工宰也、解蔽曰、心生而有知、知而有異、異也者、同時兼知之、同時兼知之、兩也、然而有所謂一、不以夫一害此一、馬氏文通云、夫猶彼也、謂之壹、俗作壹、未得道而求道者、章氏明見蒿謂道者即道、猶之言道體耳、作之、則將事道者之壹、壹則盡、王引之云、作之絶句、將語詞也、事、如請事斯語之事、按荀卿言壹則盡者、略言之、即中庸至誠無息、天地之道可壹言而盡、其為物不貳、則其生物不測之義、大學壹是鄭玄注、專行是詳言之、即繫辭天地壹壺、說文壺部引易經、萬物匕醇、男女媾精、萬物匕生、一人行則得其友、言致一也之義、段玉裁云許尗重據易孟氏作壹壹他書作絪縕、氤氳、烟煴者皆俗字、其轉語為抑鬱、虞翻以否之閉塞釋絪縕、趙岐亦以閉塞釋志壹氣壹、寓言之、即齊物論天地一指、萬物一馬、厲與西施、道通為一之義、知其解者、晚近有小學家段王兩氏、

說文壹部云、壹壹壺專壹也、从壺吉聲、从王筠本

說文壺部云、壺、壹壺也、从凶、从壺、壺不得渫也、易曰、天地壹壺、从段氏本

段氏曰、不得渫也者、謂元氣渾然、吉凶未分、故其字从吉凶

在壺中會意、合二字爲準叏聲壹韻、實合二字爲一字也

王氏曰、壹壹者、天地訢合之氣也、天氣昜地氣侌、本不相合

以成壽壹、惟當地氣上騰、天氣下降、訢合相扶、固結交密、不

復分其孰爲侌孰爲昜、則壽壹矣、故孔子以天地壹壺男女

文嬬精比類爲言、段云皆釋致一之義乃舉人所知、使之推知所不能知

也、廣說又見說文釋例卷十八存疑篇

詳此一解、金聲玉振、高蹈太虛、聖人之情見乎辭、夫婦之愚、不

肖可以與知能行焉、乾以易知、坤以簡能、故在宥曰、一而不可

不易者、道也。天作曰、彼徂矣、岐有夷之行、從鄭箋

（緜道上篇完）

第二頁下面第九行下「將反於宗」下双行注應爲知北游〇矢夭變大字之首、交允変大字之足、

㬎道中　道相

問曰、易曰、仁者見之謂之仁、智者見之謂之智。長孫無忌曰、仁者資道以成仁、道非仁之謂也、智者資道以爲智、道非智之謂也。隋書然則道也、仁也、智也。其互資也何謂耶、其各非也又何謂耶。篆曰、知佛家性相之說、則知儒道所備、道與仁智之說矣。大道不備、有名者未必有形、（尸子文）無相之相也、總相也、道是也。衆有必名、有形者必有名、有相生於無相也、別相也、仁智是也。聞者疑吾說乎、請嘗爲汝妄言之。

道相二字、九流書中實與、而文不與、（公羊）旁參佛家言心之書、則心體、心相、心用之說、開卷即見。（如大乘起信論云、心真如相、示大乘體、心生滅相、示大乘自體相用、）之類、且堂堂法相成爲大宗、六經十一論中、（成唯識論述記卷一說○篆按華嚴經、解深密經、大乘入楞伽經、大乘密嚴經、如來出現功德莊嚴經、阿毗達磨經、（後二經未譯）十一論者：彌勒菩薩瑜伽師地論、大乘莊嚴經論、辨中邊論、分別瑜伽論、（未譯）無著菩薩攝大乘論、大乘阿毗達磨雜集論、顯揚聖教論、世親菩薩百法明門論、大乘五蘊論、二十唯識論、唯識三十論、

廣說

五法、相、名、分別、正智、如如、

三自性、解深密經一切法相品云、徧計所執相、依他起相、圓成實相。

八識、眼識、耳識、鼻識、舌識、身識、意識、末那識、阿賴耶識、大乘百法明門論所謂八種心法也。

二無我、百法明門論云、言無我者略有二種、㈠補特伽羅無我（人無我）㈢法無我。

洪纖悉備焉。成唯識論料簡卷一、篆曰、華書言象、梵書言相、一實也。明象忘象、（王弼易略例）圓相破相、亦一實也。翻譯名義集說相分云、㈠實相名相、體即真如、是真實相故、㈢境相名相、為能與根心而為境故、㈢相狀名相、此唯有為法有相狀故、通影及質、唯是識之所變、㈣義相名相、即能詮下所詮義相分、是此四相中、取後三相而為相分、又相分有二、㈠識所頓變、即是本質、㈢識等緣境唯變影緣、不得本質、廣說見成唯識論等。今命名曰

道相篇、禪宗六祖慧能壇經付囑品云、外於相離相、內於空離空、若全著相、即長邪見、若全執空、即長無明、篆按易經大象小象、與梵書總相別相相埒、象者相也、道體道用、皆於道相表明之、日月為易、縣象著明、象者想也、伏羲想像天象、擬八

卦而道體明焉（依虞翻義）。體象雖明，大用未現，相者想也（約成唯識論義），文王因相生想，作卦辭而道用著焉。今夫以剛柔文本為總相，六子則別相也，以八純為總相，五十六卦則別相也。乾者健也，坤者順也，總相也。為天為圜為君為父為玉為金為寒為冰為大赤為良馬為老馬為瘠馬為駁馬為木果，皆別相也，坤等七卦說視此矣。孔子曰：鳳鳥不至，河不出圖，懷羲文也，重道相也。後儒單言道體道用，不言道相，豈曰知本（胡渭云：河圖為易興先至之祥，河圖之象，自古無傳，陳邵所作，特妄為擬議耳）。

原相之義，赤白謂顯色，方圓謂形色，宮徵謂聲，薰蕕謂香，甘苦謂味，堅柔燥溼輕重謂觸。凡前五識中有一識遇而可知歷而可證者，皆謂有相。（百法明門論所謂色法十一種，眼根乃至身根，色塵乃至法塵，是也。）反是者謂無相。（大乘起信論言心體亦白，言真如者亦無有相，而近世唯物論者，謂無相者無有，則大謬矣。）老子曰：視之不見名曰夷，聽之不聞名曰希，搏之不得名曰微（十四章），是謂道不可求諸色相、聲相、觸相也。（金剛經偈云：若以色見我，以音聲求我，是以行邪道，不得見如來。）

一三

又曰樂與餌，過客止，道之出言，淡兮其無味，從傳奕本三十五章莊子齊物論亦
曰、大言淡淡、是謂道至矣無倫無聲無臭也。然既曰大像無形矣、四十
一章又曰、執大像天下往、何哉。三十五章既曰古之善為道者深不可
識矣，傳奕本十五章又曰彊為之容、何哉。既曰芴芒矣，俗作惚恍又曰無狀
之狀，無物之像，何哉。十四章由前之說就體言，故離名言相，離心
緣相。由後之說就相言，故不踐斯道之迹，亦不入善人之室。
後儒以象代相、厥有朱氏，曰，瞻之在前，忽焉在後者，恍惚不可為
相也。朱子文集卷六十七元亨利貞說，程子言心體理用並稱，
朱子言心主性用並稱（朱子別集卷八釋氏論）程以理
代相字、朱以主性代體相字、又朱子中庸首章說以體化用並
稱、則又以化代相字也、又朱子定性說、以體用貞並稱、則又以
貞代相字也、總之以體用二字、儒書恒見、如易无體藏諸用之
類、是體相用三字連文、僅見佛書、故不惜多方回泬展轉代用
至論語此註、不得不以高文顯精義、是以以象代相也、從論通
程篇曰、宋世高材、心有自得而言議或丕胡、不可繩以名家、僧

夫

斯義極精，原本於老子迎不見首隨不見後爾。蓋孔子聖之

時，時也者，無相者也，清任和、皆相也、唯識宗云：時非實有，故時無相，廣說見齊物論釋、國故論衡明見篇、原名篇。

宙之有長而無本剽者也，頗予屢空，空也者，庶幾無相者也、齊物論釋云所感覺之真空屬相識，以真空亦有空一顯色故。宇之有實而無乎處者也。

庚桑楚篇我之前聞也，苟不至惪至道不凝，道有實相，不易覺不易

言，能覺惪相，即覺道相，能言惪相，即言道相。韓非曰：道有積而

積有功，惪者道之功。解老莊子曰：惪者道之欽也、庚桑楚賈誼曰：道

者惪之本也。新書道惪說、儒家文中子王道篇至惪其道之本乎、要道其惪之行乎、禮不云乎、至惪為道本、易不云乎、顯道神惪行

自古博達之士，悉不敢正言道相，儒家有賈生，年少

通書，多識前言往行，賈誼新書、漢書藝文志儒家〇注中賈誼新書序云、經典序錄所次，本劉向別錄，其

序左氏傳云、荀卿授陽武張蒼、蒼授洛陽賈誼（據百官公卿表、蒼於高后八年、由淮南丞相入為御史大夫、明年而文帝即位、賈

衆道中

一四

生受學於蒼，必在其時矣。是時賈生年約二十二，然則生固荀氏再傳弟子也。故其學長於禮。又云：春秋者，秉周禮而謹其變者也。吾於荀氏、賈氏之言禮也，益信劉子駿稱漢朝之儒惟賈生而已，豈虛也哉。又云：蓋仲尼既沒，六藝之學其卓然著於世用者，賈生也。傳曰：循先王。詩曰：秩秩大猷，聖人莫之，賈生有焉。

箸道惪說，詳陳惪有六理，玉有六像，就玉相以說惪相，就惪相以測道相，洞知被褐懷玉之至聖，直發乾天為玉之秘藏，推厥本原，根於儒道。蓋道家管仲、漢書漢文志道家管子八十六篇。儒家孔子，有說以開其先矣。

管子水地篇，夫玉之所貴者，九惪出焉。夫玉溫潤以澤，仁也。鄰以理者，知也。房玄齡注：鄰，近也。玉文相適近，理各自適。堅而不蹙，義也。蹙，屈聚也。廉而不劌，行也。鮮而不垢，潔也。折而不撓，勇也。瑕適皆見，精也。瑕適，玉病也。以其精神，故不掩瑕適。茂華光澤，並通而不相陵，容也。叩之，其音清摶。篆按段玉裁云：摶，古專壹字。徹遠，純而不殺，辭也。象古君子之辭也。

荀子法行篇、孔子告子貢曰、夫玉者、君子比惪焉、溫潤而澤、仁也、楊倞注、鄭康成云、色柔溫潤、似仁○篆按禮記聘義同、說文玉部作潤澤以溫、仁之方也、（方者比也）

縝、密而理、知也、鄭云、栗堅貌也、理有文理也、似智者處事堅固、又有文理○篆按聘義作縝密以栗、知也、說文作鰓理、自外可以知中、義之方也、義字誤、當作知、

堅剛而不屈、義也、似義者剛直不同也、

廉而不劌、行也、劌、傷也、雖有廉棱、而不傷物、似有惪行者、不傷害人○篆按聘義行作義誤、說文作銳廉而不忮、絜之方也、絜字誤、當係行、

析而不撓、勇也、雖摧折而不撓屈、似勇者、篆按說文作不撓而折、勇之方也、

瑕適並見、情也、瑕、玉之病也、適、玉之美澤調適之處也、瑕適並見、似不匿其情者也、○篆按聘義作瑕不拵瑜、瑜不拵瑕、忠也、

扣之、其聲清揚而遠聞、其止輟然、辭也、扣與叩同、似有辭辯者、誤言則人樂聽之、言畢更無繁辭也、○篆越聘義作叩之、其聲清越以長、其終詘然、樂也、說文作其聲舒揚、專以遠聞、智之方也、智字誤、應作辭、

詩曰、言念君子、溫其如玉、此之謂也、秦風小戎、○篆按聘義尚有數語、垂之如隊、禮也、孚尹旁達、信也、氣如白虹、天也、精神見於山川、地也、圭璋特達、直也、天下莫不貴者、道也、

釋道中

是知道家表吾所傳、原有九悳、仁、知、義、行、潔、勇、精、容、辭、是也、儒家孔子、擯去潔容二者、約為七悳、子貢識之，荀卿述之。此其守先待後、功莫大焉。顧皆不贊一詞，引而未發。江出於濫山，其源可以濫觴。以其善下之，故能為百谷王。 一五

賈生者，荀卿再傳之弟子也，懷敳眇玄通之才，成發揮光大之業，青勝於藍，冰寒於水，有可畏焉。賈生著道悳說，曰，悳有六理，道。悳。性。神。明。命。（荀子正名篇形體色理以目異注理文理也。）悳有六美，道。仁。義。忠。信。密。又著道術說，輔之以五十六品善。今為好學君子正襟危坐鄭重莊語曰、管荀所稱仁。義。精。三者。（管子作精荀子作情。禮記聘義作忠義同。）賈生退焉入六美中、仁、義。忠、知。行。潔。勇。容。辭。六者，賈生退焉入品善中。

深知禍福謂之智，敎理潔靜謂之行，厚志隱行謂之潔。持節不恐謂之勇，包眾容易謂之裕，辭令就得謂之雅。其意謂。

此九悳者，道家之糟粕，道家以道為極則，故曰大道廢有仁義，十八章 失道而後悳，失悳而後仁，失仁而後義，失義而後禮，三十八章 今管荀僅以悳為九者七者之通號，而所究亶乃局于仁智義等，體秦膚公、勵能就玉相以說仁知義等相，尚不違中測悳相、更奚由上頌道相耶，賈生弘毅任重，不敢讓師，於時悳有六理玉有六像之說作。

秩秩大猷，其揆則一，然遽謂賈生言道即道家常道，言悳即道家上悳，膚引比方，其失也罔，則進而求儒家道家之大疆索迺中矣、儒家論而不議，議而不辯，故曰性與天道不可得聞，雅言詩書，段年學易，獨有道家，未始有封，未始有常，玄之又玄，樂維嚴眇，罔之末，老子為道，於相得真現量，以身自證。漢之初，賈生兼善儒道家言者也，而君子比惪于玉，則又儒道所共許也，溝而通之，是謂存雄。

今試舉老子書略釋之，老子曰，孔惪之容，惟道是從，道之為物，惟芒惟芴，芴兮芒兮，其中有像，芒兮芴兮，其中有物，窈兮冥兮，其中有精，其精甚真，其中有信。二十一章孔惪之容惟道是從者，謂大惪之狀，河上公章句，孔，大也，簡文云，容，狀也，從道發生，惪相從道相出也。惟芒惟芴窈兮冥兮者，道相非無非有，觀妙也，有像有物有精有信者、惪相是有，觀徼也。芒芴窈冥，老莊列子淮南，反覆推闡，而世人視若道家八面鋒之游談，不復求其所謂，蒙以為著科之極，即是玄科，具象太明，乃解抽象，著科莫若醫，而素問徵四失論則云，窈窈冥冥，孰知其道，剖體莫若鍼，而靈樞外揣篇則云，芒芴無窮，流溢無極，此皆近取諸身，實事求是，倘能以玄言概之耶，蒙以內經寶命全形論八正神明論證之，而芒芴窈冥之精意躍如也，岐伯說刺鍼曰，人有虛實，五虛勿近，五實勿遠，至其當發，間不容瞚，手動若務，鍼耀而勻，靜意視義觀適之變，是謂冥冥莫知其形，見其鳥鳥，見其稷稷，從見其飛，不知其誰，伏如横弩，起如發機，又曰：觀其冥冥者，言形氣榮衛之不形於外，而工獨知之，以日之寒溫，月之虛盛，四時氣之浮沉，參伍相合而調之，工常先見之，然而不形於外，故曰觀其冥冥焉。又曰：請言形，形乎形，目冥冥，問其所病，索之於經，慧然在前，按之不得，不知其情，故曰形。請言神，神乎神，耳不聞，目明心開而志先，慧然獨悟，口弗能言，俱視獨見，適若昏，昭然獨明，若風吹雲，故曰神。三部九候為之原，九鍼之論不必存也。觀峻伯之說及王冰之注，則知莊子庖丁解牛，官智神欲之說，實為芒芴窈冥而言也。諸書云：神而明之，存乎其人。大而化之之謂聖，聖而不可知之謂神。陰陽不測之謂神，神用無方謂之聖（見內經天元紀大論）。昭昭生於冥冥，有生於無，以不知知之，不知即知也。又如佛書云不思議業，惟佛窮了，悉皆聖智所行境界，初非無根影響之談也。知此，可與讀賈誼道惪說，其文曰：

惪有六理，何謂六理？曰道。惪。性。神。明。命。此六者，惪之理也。篆曰：此篇章顛，經篆前後遂易，取便閱者，非原本如是。

諸生者，皆生於惪之所生，篆按：應從下文總敘第三段作惪之所以生。而能象人惪者，獨玉也。寫抱經堂校本云寫疑爲即彔字惪體六理盡見於玉也，各有狀，是故以玉效惪之六理。纂按周易說卦、乾爲玉。又文言傳、君子黄中通理，虞注、坤爲理。澤者鑑也，謂之道。纂按澤者鑑也，即澤有若鑑也。說文、澤，光潤也。周禮司烜氏以鑒取明水於月，鄭注、鑒鏡屬，取水者，世謂之方諸。段玉裁云、蓋鏡主於照形，鑒主於取明水，本系二物。今按賈書照形取水二義皆通。道家東晉荀朗云、至人之道也如鏡，有明有照有引有致。腒如竊膏謂之惪。纂按腒疑當作漸。爾雅釋言、漸，變也。說文、漸，變污也。段玉裁曰，許慎謂漸而變污，此義與賈書下文全合，蓋傳寫時漸誤作漲，又誤作腒也。按賈上下文，此必是從水之字，故決非腒字。竊訓淺，見說文竊注、段玉裁云、膏謂人脂。王逸正部論說玉符曰，白如猪肪。魏文帝與鍾大理書偁美玉曰，白如截肪。又漸如淺脂之義，與淮南說寶劍相似。淮南子本經訓云，鍛錫文（按文、劍文也）鏡（鏡說文作鏡鐵也）作晦作明，高誘注、緣錯錫鏡文，如脂臈（段玉裁云臏即脂膏）不可刷，如連珠不可擬，故曰作晦作明也。湛而潤厚，纂按湛即下文專而爲一。潤厚者，下文云物得潤以生，又云，則其潤益厚矣。潤益厚，即生益厚也。而膠謂之性，纂按觀賁上下文，此而字應訓如。膠謂膠泰，莊子騈拇篇云，待膠泰而固者。康若濼流謂

一七

之神。篆按虞有濂之省。爾雅釋詁：濂，虛也。說文：濂，水虛也。段玉裁云：濼泊古今字，隸作洦，說文又作洦，洦，淺水也。光、輝謂之明、礐乎堅哉謂之命、篆按礐即寉確之同音段用字。此之謂六理。鑑生空竅而通之以道、篆按道應作目，又按鑱生空竅本於老子。老子云：常有欲以觀其徼。古本徼一作竅。段玉裁說文注云：竅，空也。空孔古今字。老子常有欲以觀其竅，竅，空竅也，今俗語所謂孔也。司空治水，必通其瀆，故司空猶司孔。悳生理通之以六悳之華離狀、周禮形方氏：無有華離之地。華當讀如曲禮為國君削瓜者華之之華。今人語猶謂離絕為華。○篆按曲禮鄭注：華，中裂之不四析也。孔疏云：謂半破也。爾雅瓜曰華之。郝懿行義疏云：華猶剖也，蓋言析之而不絕也。六悳者，總之有六理。理，理離狀也、篆按說文：理，治玉也。防，地之理也（從王筠本。攷工記注：防，謂脈理）。泐，水石之理也。永，象水經理之長永也。衇（或作脈），血理分袤行體中者。朸，木之理也（攷工記：陽木稹理而堅，陰木疏理而柔）。牛，理也。段玉裁云：謂其文理可分析也。說文敘曰：見鳥獸蹏迒之迹，知分理之可相別異也。篆曰：此上文所以云諸生者皆生於悳之所以生也。性生氣而通之以曉、篆按郊特牲云：灌以圭璋，用玉氣也。神生變而通之以化，明生識而通之

一乚

以智命，生形而通之以定。纂曰：此上原書總敍第一段。

道者無形、平和、纂按：二字句。而神道物，有載。纂按：道物即導物，下文云物所導始謂之道；有載，下文云神載於惪，老子云載營魄抱一，中庸云載華嶽而不重。物者、華以順理和適行。纂按：理即惪，和即道，而莊子繕性篇則云道，理也；惪，和也。故物有、纂按：三字句，或有下脫形字。清而澤。纂按：段玉裁云元潔曰清，同瀞。澤者鑑也、纂按：即謂澤者若鑑也。鑑、以道之神，模貫物形，潭本模作模，别本又譌樸。通達空竅，奉一出入、纂按：易繫辭上傳，利用出入，民咸用之謂之神。爲先、纂按：先疑應作光。故謂之鑑。鑑者所以能見也、舊本無見字，今按下文補。見者目也、道惪施物，精微而爲目，是故物之始形也，分元從王謨本。王耕心次詁云：元，元氣也。而爲目，目成也，形乃從，是以人及有纂按：有字下疑脫生字。因之在氣莫精於目，目清而潤澤若濡，無毳藏雜焉。纂按：詩皇皇者華鄭箋：如濡，言鮮澤也。詩羔裘毛傳：如濡，潤澤也。說文：毳，獸細毛也。此取細義。故能見也、由此觀

之，目足以明道，悳之潤澤矣，故曰澤者鑑也，鑑生空竅通之

以道，篆按道應作目，黃帝內經素問陰陽應象大論篇云：岐伯曰：東方生風，其在天為玄，在人為道，道生智，玄生神，神在藏為肝，在竅為目，又內經靈樞大惑論云：岐伯曰：五藏六府之精氣，皆上注於目而為之精，精之窠為眼，骨之精為瞳子，筋之精為黑眼，血之精為絡，其窠氣之精為白眼，肌肉之精為約束，裹擷筋骨血氣之精而與脈并為系，上屬於腦，後出於項中，目者，五藏六府之精也，營衛魂魄之所常營也，神氣之所生也，是故瞳子黑眼法於陰，白眼赤脈法於陽也，故陰陽合傳而精明也，目者心使也，心者神之舍也，黃帝素書云：人身精華，皆上注於空竅，清淨經圖注云：天一壬水，在上生左眼瞳人，在下生膀胱，地二丁火，在上生右眼角，在下生心，天三甲木，在上生左眼黑珠，在下生膽，地四辛金，在上生右眼白珠，在下生肺，天五戊土，在上生左眼皮，在下生胃，地六癸水，在上生右眼瞳人，在下生腎，天七丙火，在上生左眼角，在下生小腸，地八乙木，在上生右眼黑珠，在下生肝，天九庚金，在上生左眼白珠，在下生大腸，地十己土，在上生右眼皮，在下生脾，

悳者，離無而之有，故潤則膈然，篆按膈應作滿，濁而始形矣，篆按上文云道

宗道中　一七

無形、清而澤。此云悳始形、潤而濁。故六理發焉。六理所以為變而生也。所生有理。然則物得潤以生。故謂潤悳。悳者，變及物理之所出也。夫盧本作末、今從翁樾校、變者道之頌也，纂按頌即容字、道冰而為悳，纂按爾雅釋器曰、冰、脂也、郭璞注莊子肌膚若冰雪、冰雪、脂膚也、冰俗作凝、脒凝、大戴記哀公問五義篇、大道者、所以變化而凝成萬物者也、神載於悳。悳者，道之澤也。道雖神，必載於悳，而頌乃有所因以發動變化而為變，變及諸生之理，皆道之化也。各有條理以載於悳，悳受道之化，而發之各不同狀，悳潤，故曰如膏謂之悳。悳生理，適之以六悳之華離狀。性者，道悳造物，物有形，而道悳之神纂按神下應有氣字專而為一氣纂按此氣字應去之明纂按明應作則其潤益厚矣。纂按潤益厚，謂生益厚、濁而膠纂按濁指有形、而訓如相連，在物之中為物莫。纂按莫應作模、上文以道之神模貫物形、生氣皆集焉。纂按皆讀偕。性者生也。告子曰生之謂性。孝經喪服四制皆曰毀不滅性。檀弓下篇亦曰毀不危身。此云生氣偕集謂性。故謂之性。性。神氣之所會也。性立。則神氣曉曉然。發而通行於外矣。與外物之感相應。【纂按樂記云夫民有血氣心知之性。應感起物而動。】故曰潤厚而【纂按而訓如。】膠謂之性。性生氣通之以曉。

神者。道德神氣發於性也。康若濼流。不可物效也。變化無所不爲。【纂按易乾卦彖曰乾道變化。各正性命。保合太和。乃利貞。】物理及諸變之起。皆神之所化也。故曰康若濼流謂之神。神發生變通之以化

明者。神氣在內則無光。而爲智明【纂按此明字衍】則有輝於外矣。外內通一。則應【纂按則應作行。】爲得失事理是非皆織。【纂按作識】應於智。故曰光輝謂之明。明生識通之以智。

命者。物皆得道德之施以生則澤潤性氣神明及形體之位

分數度各有極量指奏矣、奏疑與湊音義同、此皆所受其道悳、非以嗜欲取舍然也、其受此具也、譽然有定矣、不可得辭矣、故曰命。命者不得毋生、纂按樂記鄭玄注性之言生也、命生之長短也、生則有形、形纂按此形字疑衍、而道悳性神明固載於物形、故曰纂按應增曰字譽堅謂之命、命生形通之以定、

悳畢施物、物雖有之、微細難識、夫玉者眞悳象也、六理在玉明而易見也、是以舉玉以諭、物之所受於悳者與玉一體也

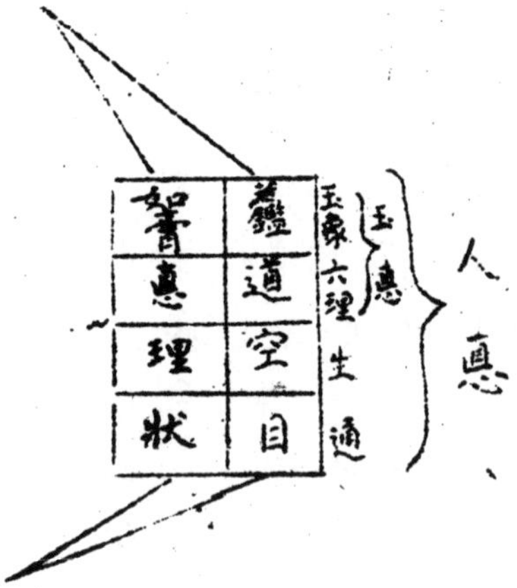

試令

作圖以明之

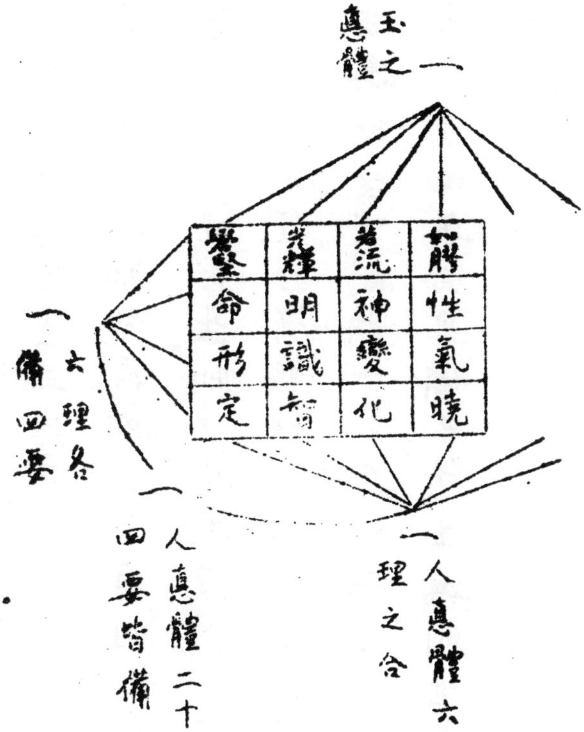

右圖上方以一為玉之悳體之標識。總言之則曰六理合而成玉之悳體。分言之，則曰玉之悳體，華離而成六理之狀

下方以一為人之悳體之標識。總言之，則曰六理合而成人之悳體。分言之則曰人之悳體華離而成六理之狀

左方以一為六理各備四要之標識曰有先天即生而無眹者必若鑑乃為道生之空竅道生之空竅有微細不可見者必目乃足以明澤而若鑑

左方下方之間以一為標識明人悳體六理其六理又各備四要之合也是知玉悳體僅六理人悳體乃二十四要皆具。人之悳體顧不重且大哉

道為能生悳性神明命為所生而悳性神明命為能生空理氣變識形又為所生所生達極度名曰通故曰通之以因肰曉化智定莊子齊物論有云用也者通也通也者得也。所生與所生不能缺一名曰通故賈生曰不得則毋生義以為二十四要必具備也所生與所生互為鉤鎖名曰

通。五色令人目盲者，非必違直接生目之道使然，或由背旁及生他之悳性神明命中各四要之一所致。然則人悳體二十四要必具備者，其實又與六理互相鉤鎖，乃一百四十四要具備也。（若易理然，坤爻六，一爻二十四策，六爻百四十四策也。又若數理然，道譬之點，四要譬之線。六理亦譬之線，二十四要皆備譬之面，面又與六理鉤鎖為一百四十四要譬之體矣。李善蘭曰體積為點。）萬物皆種也，以不同形相禪，名曰通。一道悳性神明命之能生，衍為百千萬億目狀，曉化智定之所生。有生者若玉若鑑。無生者即玉即鑑。不同界不同狀而同原，故唯識宗且謂無生物亦皆有識。是又六理華離之狀之極致矣。若夫六理略有次第時期之可言，儼如佛說十二緣生可分種種三世者然，說在莊生之言太初下見。

復次性神明命四字，漢儒去古未遠，從不繳繞鈲亂。

性，道悳神氣之所會也。荀悅申鑒雜言篇同。詩毛傳鄭箋言性，亦最自然。

神，道悳神氣變化無所不爲也。賈生言神與他書言鬼神異，與佛書言神通異。而與說卦神妙萬物小同，與九皇眞經元精元炁元神大同。故本文中道悳性明命五項，無不以神字貫澈焉。

明，道悳神氣有輝於外也。

命，道悳性神明因載於物形也。篆按命與詩黃鳥毛傳壽，命義同。洪範五福，一曰壽，五曰考終命。孔安國曰，壽，百二十年。考終命者，各成其短長之命以自終，不横夭。篆又按宋儒契嵩，以佛弟子通儒家道家書，實開周程張朱之先河。試觀周子通書，大致亦本於鐔津文集。其理性命篇，周子以四言文作贊語，豈足以開示後人耶。不逮契嵩遠矣。菿漢微言曰，窮理則達法空，盡性則達生空，至命則思及緣生。明白了當，讀者爽然回解，廣說見彼。又張惠言答錢竹初書言理性命，亦無魏伯陽陰搏語意也。

故曰，悳畢施物，物之所受於悳者與玉一體，謂無生有生

諸物所受於悳者均也、皆先天之無爲法也、賈生所文界說
如是、越此界說、則隊入養性立命等後天之有爲法中矣、
此不可不辯也。
以上所說六理、皆大悳之狀、即大道之相也、莊生曰、道、理也。繕性
萬事廢興焉
又呂氏春秋由道篇、篇首偁
由其道、篇末偁必由其理、
韓非子曰、道者、萬理之所稽、理者
成物之文、道者萬物之所以成。解老已略窺其相矣。韓云理者成物之文、賈云
悳生理通之以六悳之華離狀、韓云不得不化故無常操、賈云
神生變通之以化、韓云死生氣稟焉、賈云性生氣而通之以曉
命生形而通之以定、韓云萬智斟酌焉、賈云明生識而通之以
智、是韓非解老、已畧窺道悳性神明命諸相、但未能如賈生大
暢厥詞耳 老子於本章偁衆甫之狀。而賈生亦云、悳之理盡施於人、
其在人也內而難見、是以先王舉悳之頌而爲辭語、以明其理、
陳之天下、令人觀焉、道悳說 頌之本訓爲皃、舉悳之頌者、即舉悳

之容、莊子所謂惠人之容也。天地篇 尚攷道家管仲、莊周、賈說實
與同條共貫、賈曰無形。心術曰，虛無無形之謂道。賈曰順理和
適行。君臣曰，順理不失之謂道。賈曰獨而始形。內業曰，道者所
以充形。賈曰變及諸生之理皆道之化。又曰性陸氣命生形。形
勢解曰，道者所以變化身而之正理。又曰道者扶持衆物使得
生育而各終其性命。然散見管子，僅六理辭語耳。未若莊生分
理之說能總攝也。曰，泰初有無，無有無名，一之所起，有一而未
形，物得以生謂之惠。蒙按韓非子解老，惠也者，人之所以建生也 未形者有分，且然
無閒謂之命，留動而生物，物成生理謂之形。形體保神，各有儀
則謂之性，性修反惠，惠至同於初。天地篇。郭象曰，夫惠形性命，因變文名，其於自爾一也。
請問，其目、非道惠性神命六理之五，摩自莊生耶。成唯識論謂

壽煖識三合為命根，賈生六理中云明生識者，即阿賴耶識住則命存，阿賴耶識去則命卸之義也。夫次廣法相之義，老子本章又云，自古及今，其名不去，以閱衆甫，吾何以知衆甫之狀哉，以此。自古及今其名不去者，書之所謂常名也。閱衆甫者，王輔嗣釋為說萬物始，五十二章之塞其兌，段玉裁謂兌即閱之省，簡文云，兌，言也，此以說釋閱，義同，衆訓萬物，即禮祭義及梵書衆生義，說文亦云，雖，衆生並立之皃，釋名云，父，甫也，始生已也。

書之所謂有名萬物之母也。中國書之言法數者，莊生所謂聖人之法，以參為驗，以稽為決，一二三四是也，箕子九疇，周官六職，逸周書文酌，大武，酆保，大開，大開武，小開武，寶典，酆謀，武穆，大匡，文政，成開，武紀，銓法等篇，與佛書言法數文體頌相似。名者，聲之音韻詘也，成惟識論所以命相也，大乘入楞伽經剎那品云，相者謂所見色等形狀各別，是名為相，依彼諸相立瓶等名，此如是此不異，是名為名。國故論衡原名曰，名之成，始於受，中於想，終於思，名雖成，藏於胸中，久而不渝、浮屠謂之法。（色聲香味觸、皆感受者也、感受之境也、其相猶在、謂之法、）然此但屬名之陝義，尹文子說廣義，曰名有三科，一曰命物之名，方員白黑是也、二曰毀譽之名，善惡貴賤是也。三曰況謂之名，賢愚愛憎是也、夫名墨二家，（駢拇篇兼說楊墨、天下篇兼說墨翟、詳見墨子經說）持堅白石之辯，其初蹐駁。轉益精進，安知不違，賈誼王有六理之境，惜乎正名，（荀子經）不能說，（墨子大道尹文墨辯魯勝人物志劉劭）諸篇，無所成名，語焉短俴，不能薈集眾說，以成道相大宗，轉不如梵土諸書，一切世諦、有為無為，通名法相之廣博。（大乘義章卷二○纂按百法明門論云、一切法者畧有五種、一者心法、二者心所有法、三者色法、四者心不相應行法、（以上四種乃有為法）五者無為法、（第五種為出世間無為法）無為法者畧有六種、一虛空無為、二擇滅無為、三非擇滅無為、四不動無為、五想受滅無為、六真如無為○又闕居士歐陽竟無云、唯識宗者專講種子現行、法相宗者、法、謂蘊處界三法、相、非名相（非謂我此也他彼也）乃是現量（現成也、現在也、顯現、即現行也）由現行而推種子、即唯識宗。由種子而至現行，即法相宗立說精審，尤學者所當知。○又按唯識二十論云：諸法由量刊定有無，一切量中現量爲勝，廣說見彼述記卷三。乃復求之儒家，獨有賈誼新書，六美說道德五十六品善篇、道術，於道及道所有法，條理始終，擘緯詳明，巍巍乎道相大師、比之周公作九十五謚法，美謚七十一、平謚七、惡謚十七，上下左右外王，雖異撰，若乃游心内聖，抑亦關尹、顏淵之亞，對無著世親，萬里比肩有矣。彼夫陸賈道基，揚雄問道，非無奧義，終難比倫，董仲舒有云，深察名號，而其義通於天地，賈生道之矣，今述之如下，

道、德、說曰。悳有六美，何謂六美，有道。有仁。有義。有忠。有信。有密，此六者悳之美也、道者，悳之本也，仁者、悳之出也，義者，悳之理也，忠者，悳之厚也，信者，悳之固也，密者，悳之高也，纂曰、此上原書總敘第二段

物所道纂按：同導。淮南子繆偁訓：道者物之所導也。揚雄太玄經玄攡篇：虛形萬物所道之謂道也。始謂之道、所得以生謂之悳。悳之有也、以道為本，故曰道者悳之本也。

悳生物、又養物，則物安利矣、安利物者、仁行也、仁行出仁行出於悳、故曰仁者悳之出也。

悳生理，理立則有宜適之謂義、義者理也，故曰義者悳之理也。

悳生物，又養長之而弗離也，得以安利，悳之遇物也忠厚，故曰忠者悳之厚也。

悳之忠厚也、信固而不易、此悳之常也。故曰信者悳之固也。

悳生於道而有理，守理則合於道，與道理密而弗離也。故能畜物養物，物莫不仰恃悳，此悳之高，故曰密者悳之高也。

六悳（纂按此悳字疑理字之譌）六美悳之所以生会易天地人與萬物也，

同為所生者法也，故曰道（纂按同導）此之謂道，悳（纂按同得）此之謂悳，

行此之謂行，（纂按下行字去聲）行所謂行，此者悳也，（纂按此上標文總叙第三段）

道（纂按同導）而勿失，則有道矣，得而守之，則有悳矣，行而無休，則

行成矣。故曰道此之謂道，悳此之謂悳，行此之謂行，諸此言

者，盡悳變變世者理也，（纂按世疑也之誤）

劉漢散言曰，老子以道悳高於仁義，仲尼亦云志於道，據於悳，

依於仁，何乎叔說，道不可體，故志之而已，悳有成形，故可據，仁

者功施於人，故可倚之，是道悳果在仁義上矣，仁義雖有施戒

忍進四度，而定智皆劣，適在人乘。道悳則六度該之，惟菩薩乘。

二十

纂道中

是故其言有别，仲尼言仁，復有兼賅萬善者，此則菩薩行中一波羅密具一切波羅密。其别言者，但據本行耳。以是爲說，通别無礙。纂曰，自瑜伽師一波羅密具一切波羅密之說出，則忠恕始於違道不遠，終於與道一毋之恉，渙然冰釋矣、即後世主靜主敬，各擇一善、達者窺其内心，道其名相、總之不離殊塗同歸者近、是，矧乎去聖不遠如賈生者乎。

道、術、篇，曰。請問品善之體何如、對曰

親愛利子謂之慈、反慈爲嚚，子愛利親謂之孝，反孝爲孽

纂按禮記奔喪注，親，父母也。說文，悉，惠也。惠，仁也。仁，親也。廣雅釋詁，利，和也，仁也。說文，慈，愛也，廣雅釋詁，嚚，愚也。爾雅釋訓，善父母爲孝。廣說見僞亢倉子訓道。荀子子道篇。

說文孽庶子也公羊何注庶孽衆賤子猶樹之有孽生禮玉藻鄭玄注孽當爲枿聲之誤○謚法五宗安之曰孝慈惠愛親曰孝協時肇享曰孝

忠利出中謂之忠反忠爲倍心省恤人謂之惠反惠爲困別本困作雠

纂按此指君臣言史記樂書正義中心也唐孝經疏盡心曰忠廣說見僞亢倉子荀子臣道篇說文倍反也爾雅釋詁省善也省察也郝懿行義疏省者察之善也明察審視故又訓善又釋詁恤憂也卹曰道家魏任嘏任子道論云處高位知人主之貴不卹卑賤者意滿故也又釋詁惠愛也廣說見僞亢倉子荀子賈誼新書劉向說苑抱朴子君道

篇，困者，淮南子主術訓注，困，猶危也。饑者，孟子云，寇饑何服之有。○謚法，危身奉上曰忠，柔質慈民曰惠，愛民好與曰惠。

兄敬愛弟謂之友，反友為虐。弟敬愛兄謂之悌，反悌為傲。

纂按爾雅釋訓，善兄弟為友。郝義疏，友，有也，相保有也。說文，虐，殘也。孟子滕文公下趙注，悌，順也。說文，傲，倨也。倨，不遜也。

接遇慎容謂之恭，反恭為媟。接遇肅正謂之敬，反敬為嫚。

纂按此指夫婦言。釋名，妾，接也，以賤見接遇也。爾雅釋詁，遇，見也。恭，敬也。又釋訓，肅肅，恭也，敬也。少儀鄭注，恭在貌也，而敬又在心。說文，媟，嬻也。褻瀆（作作）嫚，侮傷也。○謚法，敬事尊上曰恭。尊賢貴義曰恭。尊賢敬讓曰恭。既過能改曰恭。執事堅固曰恭。愛民長弟曰恭。執禮御賓曰恭。芘親之闕曰恭。尊賢讓善曰恭。夙夜警戒曰敬。夙夜恭事曰敬。善合法典曰敬。

言行抱一謂之貞。反貞為僞。期果言當謂之信。反信為慢。

篆按此指朋友言。易子夏傳。貞。正也。說文。僞。詐也。晉繆協論語說云。言必信。行必果者。果。成也。言必合乎信。行必期諸成。說文。信。誠也。慢。不畏也。反信為慢者。襄二十七年左傳。楚子木曰。晉楚無信久矣。事利而已。苟得志焉。焉用有信。伯州犁告人曰。令尹將死矣。求逞志而弃信。志將逞乎。志以發言。言以出信。信以立志。參以定之。杜注。志言信三者具。而後其身安存信云何以及三年。篆按大戴禮四代篇，子曰，食爲味，味爲氣，氣爲志，發志爲言，發言定名，名以出信，信載義而行之，禄不可後也。○諡法，清白守節曰貞，大慮克就曰貞，不隱無屈曰貞，外內用情曰貞。

二八

衷理不辟謂之端，反端爲趽，據當不傾謂之平，反平爲險。

篆按左氏閔二年注，衷，中也。說文，僻，從旁牽也。辟通用。端，直也。趽，曲脛馬也。此但取曲義。○諡法，治而無眚曰平，執事有制曰平，布綱持紀曰平。

行善決衷謂之清，反清爲濁，辭利刻謙謂之廉，反廉爲貪。

篆按爾雅釋言，察，清也。郝義疏，說文云，清，朖也，澂水之皃。清，靜也明也。刻，克之叚字。說文，克，肩也。象屋下刻木之形。論語云，克己復禮。說文，謙，敬也。爾雅釋言，愒，貪也。郝義疏，愒通㵣，欲飲也。說文，貪，欲物也。

兼覆無厶謂之公，反公為厶。方直不曲謂之正，反正為邪。

篆按莊子天地篇云，夫道覆載萬物者也，則陽篇云，道者為之公。韓非五蠹篇，自環者謂之厶，背厶者謂之公。說文，正，是也。是，直也。襄七年左傳，恤民為惠，正直為正。杜注，正己心正曲為直。正人曲參和為仁。惠正直三者備乃為仁。禮記表記注，邪，曲也。○謚法，立制及眾曰公。內外賓服曰正。

以人自觀謂之度，反度為妄。以己量人謂之恕，反恕為荒。

篆按爾雅釋言，觀，示也。又釋詁，度，謀也。郝義疏，度者，毛傳云，咨禮義所宜為度。詩，度其鮮原，箋注云，度，謀也。說文，妄，亂也。量，稱輕重也。恕，見下文引章氏叢書訂孔篇。爾雅釋言荒，奄也。郭璞注，奄，奄覆也。○謚法，心能制義曰度，外內從亂曰荒。好樂怠政曰荒。

惻隱憐人謂之慈，反慈為忍。厚志隱行謂之潔，反潔為汏。

篆按說文，惻，痛也。孟子梁惠王注，隱，痛也。說文，憐，哀也。荀子儒效篇注，忍，謂矯其性。隱行字當作㥯，說文㥯有所依也。說文新附，潔，瀞也。襄十四年左傳，秦伯問於士鞅曰，晉大夫其誰先亡。對曰，其欒氏乎。秦伯曰，以其汏乎。對曰，然。欒黶汏虐已甚，猶可以免，其在盈乎。

施行得理謂之惠，反惠為怨。放理潔靜謂之行，反行為汙。

篆按荀子正名云，正義而為謂之行。禮記喪服四制注，理，義也。說文，惠，外得於人，內得於己也。怨，恚也。恚，恨也。廣雅

釋詁四云，放，依也。靜當作瀞，說文，瀞，無垢薉也，污，薉也。○

謚法，諫爭不威曰惪，綏柔士民曰惪。

功遂自卻謂之退，反退爲伐，厚人自薄謂之讓，反讓爲冒。

纂按老子，功遂身退，天之道。國語晉語注，遂，成也。段玉裁說文注，卻，卩卻也，節制而卻退之也。說文，復，卻也。老子，不自伐故有功。注，伐，取也。說文，攘，推也。襄十三年左傳，君子曰，讓，禮之主也。范宣子讓，其下皆讓，欒黶爲汏，弗敢違也。呂覽明理篇注，冒，嫉也。

心兼㤅人謂之仁，反仁爲戾，行充其宜謂之義，反義爲懜。

纂按莊子天道篇，中心物愷，兼㤅无厶，此仁義之情也。墨子經說下，仁，㤅也。戾，應作厲，義是漢時字，周時作誼。說文，誼，人所宜也。爾雅釋訓，儚儚，惛也。郝義疏，儚者，儚之或體，說文云，儚，惛也。與懜同，云不明也。惛，不憭也。與怋同，云怓也。廣說見陸賈新語道基篇。○謚法，暴慢無親曰厲。殺戮無辜曰厲。

剛柔得適謂之龢。反龢為乖。合得密周謂之調。反調為盭

篆按文五年左傳，甯嬴曰，書曰，沈漸剛克，高明柔克。杜注，沈漸猶滯溺也。高明，猶亢爽也。言各當以剛柔勝己本性，乃能成全也。書，洪範。呂覽適威篇注，適，宜也。爾雅釋詁，諧，輯，協，龢也。說文，龢，調也。調，龢也。乖，戾也。盭，弼戾也。○謚法，剛克為發，柔克為懿。不悔前過曰戾。

優賢不遠謂之寬。反寬為阮。包衆容易謂之裕，反裕為褊。

篆按詩瞻卬傳，優，渥也。箋云寬也。爾雅釋詁，逮，與也。說文，

與，黨與也。又釋言，逮，及也。寬，綽也。說文，阬，塞也。裕。衣物饒也，此取饒義。容謂容寬，易謂易事。爾雅釋言，褊，急也。郭璞注，急狹。

欣懽可安謂之熅。反熅為鷙。安柔不苛謂之良，反良為諂 懽字無考。

案，按說文，欣，笑喜也。懽當作㦒。爾雅釋訓懕懕。安也，郝義疏，懕者。說文云安也，引詩懕懕夜飲。省作厭，詩湛露傳，厭厭，安也。聲借為愔，湛露釋文引韓詩作愔愔，和悅之皃。列女傳二引詩亦作愔愔良人。一切經音義十七引聲類云，愔，和靜皃也。三蒼云，愔愔，性和也。熅當作溫。寬裕溫良見內則。禮記儒行篇，溫良者，仁之本也。戴望論語注，惠容潤澤謂之溫。段玉裁云，古文假摯爲鷙。摯者執也。此蓋用固執義。爾雅釋詁，安、定也。柔，安也。郝義疏，柔，和也，順也。又釋訓，懕懕媞媞，安也。晏晏溫溫，柔也。又釋言郝義疏，苛者，說文云小艸也。苛爲小艸，故又爲細也，煩也，重也。說文，良，善也。盭訓噬，意不可通，疑當作㓞。說文，㓞，刻也。此蓋借苛刻義。

○諡法，溫良好樂曰良。

緣法循理謂之軌，反軌爲易。襲常緣道謂之道，反道爲辟。

篆按荀子正名篇，緣耳而知聲，緣目而知形。注，緣，因也。說文，循，行順也。釋名云，順，循也。漢書武帝紀注，理，法也。說文，軌，車徹也。国語晉語注，易，變也。王筠說文句讀云，襲，因也。爾雅釋詁，典，彝，法，則，常也。廸繇，訓，道也。謂之道者，說文，道，所行道也。爾雅釋訓，版版，僻也。郝義疏，說文云，僻，從旁牽也。按從旁牽引，所以偏衺。經典僻與辟通。故賈子云反道為辟。○謚法，好更改舊曰易。

廣較自斂謂之儉，反儉為侈。費弗過適謂之節，反節為靡。

義按老子釋文云，較，校量深淺也。說文，斂，收也。爾雅釋訓，瞿瞿休休，儉也。郝義疏，儉者，歛也。說文，儉，約也。約亦收斂之意。說文，侈，奢也。費，散財用也。爾雅釋言，裁，節也。郝義疏，節者止也，有儉省之意。呂覽重己篇注，適，猶節也。爾雅釋言，靡，無也。郝義疏，靡者，細也，小也，皆與無義近。○謚法，好廉自克曰節。

黽勉就善謂之慎，反慎為怠。思恐勿道謂之戒，反戒為傲。
傲此

蹈道中
當與謷同

箋按爾雅釋訓懋懋慔慔勉也又釋詁蠠沒勉也郭璞注蠠沒猶黽勉郝義疏又轉為密勿又釋詁就成也慎誠也又釋言懈怠也勿道者釋詁郝義疏蹈道聲同古字通用列子黃帝篇云向吾見子道之張湛注道當為蹈又釋訓兢兢繩繩戒也說文謷不省人言也

深知禍福謂之智反智為愚亟見窮察謂之慧反慧為童

箋按爾雅釋訓條條秩秩智也又釋詁亟疾也郝義疏亟者說文云敏疾也又釋言窕肆也肆力也郝義疏說文肆極陳也窕深肆極也皆以極肆連言可知肆有極義極即盡力之義說文慧儇也慄其也廣雅釋訓童昏疾也○謚法官人

三二

應賓曰智。柔質受諫曰慧。

動有文體謂之禮，反禮爲濫。容服有義謂之儀，反儀爲詭。

纂按，廣雅釋訓，戰戰蹌蹌，動也。郭璞注，皆恐動趨步。淮南齊俗訓，禮者，體也。爾雅釋言，履，禮也。說文，禮，履也。濫，當作𡢃。說文，𡢃，過差也。有義者，儀是漢時字，周時作義。爾雅釋詁，儀，善也。邢義疏，儀者義之叚借也。周禮肆師注，故書儀爲義，鄭衆注，義讀爲儀。蓋古書儀作義，故說文云，義己之威儀也。是威儀之儀正作義，經典通借作儀耳。說文，詭，責也。

行歸而咼謂之順，反順爲逆。動靜攝次謂之比，反比爲錯。

俞樾曰，古書和字或以咼爲之。淮南子說山訓，咼氏之璧，高誘注，咼，古和字。

三一三

篆按詩大雅曰，唯此文王，克順克比。昭二十八年左傳釋之曰。慈和徧服曰順。擇善而從之曰比。爾雅釋詁，順，敘也。說文，順，理也。爾雅釋言郝義疏，逆理為凶，順理為從，故特牲饋食記注，順，從也。順從與慈惠義近，故謚法云，慈和徧服曰順。雜卦，比，樂。爾雅釋詁，比，俌也，郝義疏，說文云，俌，輔也。（比者，親之俌也。）說文云，密也，二人為从，反从為比。是比為親密不苟從也。故謚法云，擇善而從曰比。段玉裁云，錯，或借為逪遣字。東西曰逪，邪行曰遣也。此蓋用邪行義。

容志寀道謂之僩，反僩為野。辭令就得謂之雅，反雅為陋。

篆按容志疑當作容止。爾雅釋訓，其虛其徐，威儀容止也。郭璞注，雍容都雅之貌。說文，寀，悉也，知寀諦也。又釋訓瑟兮僩兮、恂慄也。郝義疏、詩淇奧毛傳云、瑟、矜莊貌。僩、寬大也。釋文引韓詩云、僩、美皃。說文云、武皃。恂慄者、大學注云、恂字或作峻、讀如嚴峻之峻、言其容皃嚴栗也。襄三十年左傳、子產相鄭伯以如晉、子產使盡壞其館之垣而納車馬焉。士文伯讓之。子產對曰、今銅鞮之宮數里、而諸侯舍於隸人、云云。文伯復命。趙文子曰、信、我實不惪。而以隸人之垣以贏諸侯、是吾罪也。使士文伯謝不敏焉。晉侯見鄭伯、有加禮、厚其宴好而歸之、乃築諸侯之館。叔向曰、辭之不可以已也如是夫。子產有辭、諸侯賴之、若之何其釋辭也。詩曰、辭之輯矣、民之協矣。辭之繹矣、民之莫矣。詩人其知之矣。說文、陋、阨陝也。荀子修身篇、少見曰陋。

論物明辨謂之辯，反辯為訥。纖微皆察謂之察，反察為旄。
箋按爾雅釋訓：諸諸便便，辯也。說文：訥，言難也。論語包注：
訥，遲鈍也。爾雅釋詁：察，宷也。又釋訓：明明斤斤，察也。旄同
耄。曲禮云：八十九十曰耄。注曰：耄，惛忘。耄俗作耄。
誠動可畏謂之威，反威為圂。臨制不犯謂之嚴，反嚴為輾。輾字無考。
箋按爾雅釋詁：動，作也。感，動也。又釋訓：桓桓烈烈，威也。又
釋言：威，則也。圂當作溷。說文：溷，亂也。嚴，教命急也。此云臨
制，即教命意。輾疑當作輕。嚴重與輕率為對待之詞。襄三
十一年左傳北宮文子曰：有威而可畏謂之威，有儀而可
象謂之儀。周書數文王之德曰：大國畏其力，小國懷其德，

言畏而愛之也。詩云，不識不知順帝之則，言則而象之也。紂囚文王七年，諸侯皆從之。囚，紂于是乎懼而歸之，可謂愛之。文王伐崇，再駕而降為臣，蠻夷帥服，可謂畏之。文王之功，天下頌而歌舞之，可謂則之。文王之行，至今為法，可謂象之，有威儀也。○謚法，猛以剛果曰威。猛以彊果曰威。彊毅信正曰威。

仁，義，傳立謂之任，反任為欺。伏義誠必謂之節，反節為罷。

篆按漢書季布傳注，相與信為任。說文，欺，詐欺也。後漢安帝紀注，節，謂志操。荀子正論注，罷，謂弱不任事也。

持節不恐謂之勇，反勇為怯。信理遂惔謂之敢，反敢為捽。

篆按爾雅釋訓，番番矯矯，勇也。昭二十年左傳，知死不辟，勇也。哀十六年左傳率義之謂勇。惔應作倓。說文倓安也。荀卿曰：桓公倓然見管仲之能足以託國也。倉頡篇倓恬也。說文捺覆也。聘義聘射之禮至大禮也。非強有力者弗能行也，而君子行之，故謂之有行。有行之謂有義，有義之謂勇敢。故勇敢強有力者，天下無事則用之於禮義，天下有事則用之於戰勝。用之於戰勝則無敵，用之於禮義則順治。外無敵內順治，此之謂盛德。故聖王之貴勇敢強有力如此也。○謚法勝敵壯志曰勇。

志操精果謂之誠。反誠為殆。克行遂節謂之必。反必為怛。

篆按謚法孔晁注果敢行也。爾雅釋詁殆危也。說文克肩也。說文克肩也。又釋訓遂遂作也。郝義疏遂遂者往也，進也。

故亦爲作。説文，怛，憯也。憯，痛也。
凡此品也，善之體也，所謂道也。故守道者謂之士，樂道者謂
之君子，知道者謂之明，行道者謂之賢，且明且賢，此謂聖人。
儒家晉藥譚新論辯道篇云，體道者聖，游神者哲。○謚法稱
善賦簡曰聖，敬賓厚禮曰聖。○逸周書謚法凡九十五字，
曰謚者行之迹也，號者功之表也，車服者位之章也。是以
大行受大名，細行受細名。行出於己，名生於人。除神聖帝
皇王君公侯八字不計外，簡文武恭明欽定德襄釐憲獻
懿孝考齊康成穆頃昭胡剛靜平景貞威祈桓愍惠慧元
莊夷懷敬丁烈翼肅戴靈殤隱悼刺荒愍哀幽魏煬甄圉
宣使懿勇商譽度安白聲厲知穰質虎良醜莫類躁順威

緣道中

忠攜經堅直正夸長克愛抗節比易繆厚匡共九十五字

○世親百法明門論原本於彌勒瑜伽師地論其說心相

曰心所有法略有五十一種，分為六位。一遍行有五。二別

境有五。三善有十一。四煩惱有六。五隨煩惱有二十。六不

定有四。㈠遍行五者謂作意觸受想思。㈡別境五者謂欲

勝解念定慧。㈢善十一者謂一信二精進三慚四愧五無

貪六無嗔七無癡八輕安九不放逸十行捨十一不害。㈣

根本煩惱六者謂貪嗔癡慢疑不正見。見一薩迦耶見，二邊執，三邪見，四見取，

五戒禁取。㈤隨煩惱二十者謂忿恨惱覆誑諂憍害嫉慳。此十為小

隨。無慚無愧。此二為中隨。不信懈怠放逸惛沈掉舉失正念不

正知散亂。此八為大隨。㈥不定有四者謂悔眠尋伺。纂故曰貫

三六

生世親，萬里比肩也。

且夫反善爲惡，賈生以知之矣。試再問似恭爲給，似敬爲野，似勇爲逆，約仲尼燕居義似剛爲狂，似慎爲葸，似直爲絞，似智爲蕩，約論語義似仁爲貪，約禮運義賈生奚以處之。篆曰，心兼恕人謂之仁，心省恤人謂之惠，則當舉帝嚳之仁而威，惠而信，大戴記五帝惪示人也。欣憘可安謂之溫，誠動可畏謂之威，則當舉孔子之溫而厲即之也溫聽其言也厲威而不猛示人也。文王之官人也，文九用焉。取平仁而有慮者，取慈惠而有理者，取直愍而忠正者，取慎直而察聽者，取臨事而絜正者，取慎察而絜廉者，取好謀而知務者，取接給而廣中者，取猛毅而度斷者。觀此，可知穆穆文王緝熙敬止之端緒已。劉劭之作人物志也，定八觀焉。仁出於慈，有慈而不仁者。

三七

仁必有恆，有仁而不恆者。有似是而非者，輕諾似烈而寡信，多易似能而無效也。有似非而是者，大權似姦而有功，博愛似虛而實厚也。訐者直之徵也，厲者剛之徵也，懦者和之徵也。拘者介之徵也。觀此，可知名家者流出於禮官之精詣已。賈生者，惠未純，材尚偏，計未及此，以故怨天尤人。設令終生樂孔顏，奚暇一朝而歷平邪。苗而不秀，秀而不實，此可為長太息者也。奚以明其然也。賈誼言道相，但圜中規，方中矩而已。然天之圜也不中規，地之方也不中矩，人處其中，亦變動不居，非埏埴為器之比，萬器一型也。則堯舜之道，豈可以塵垢粃糠陶鑄者。是故武王周公孝子也，申生許止孝乎。（僖五昭十九）夷齊悌弟也，伋壽悌乎。（桓十六）秦伯讓王也，宋宣公讓乎。（公羊隱三）宋襄仁而傷，豈曰反仁（穀梁僖二十二）。有尾義而亡，豈曰知義，（淮南子齊俗訓）他如叔向直而殺弟，仲尼譏之（左氏昭十四）。趙盾忠而弒君，董狐賊之（宣二）。伯姬貞而焚梟，魯人隱之（穀梁襄三十）。此皆直情徑行，於道為過失，曲全而歸之古人所不取也。更有每況愈下者，就仁義言，五霸能假藉之，田成子能盜竊之（莊子胠篋）。桀紂之朝，博施之仁即所以生偏私，立節之義即所以成華偽（尹文子）。此皆譸張為幻，於道為罪惡，正復為奇，善復為祅，人之迷也，其日固已久矣，韓非者未知救彼過失，專斷之曰，道譬諸若水，溺者多飲之即死，渴者適飲之即生，莊生者不屑鞫彼罪惡，唾棄之曰，仁義之端，是非之塗，樊然殽亂，吾惡能知其辯。夫莊說於道為愈疏，韓說於道為不可譏，皆非中庸之論，有史以來，大舜有之，其命夔曰，命汝典樂，教胄子，直而溫，

顯道也

寬而栗，剛而無虐，簡而無傲，詩言志，歌永言，聲依永，律和聲，八音克諧，無相奪倫，神人以知、篆曰，昔虞羲嘗作十言之教，以明消息矣。今觀直而溫，寬而栗二語，是有虞氏而字教也。而者何，博以二仍約以一也。廼惟禹皋，迺知忱恂于九悳之行焉（周書立政）剛而無虐，簡而無傲二語，有虞氏而無二字教也。而無者何，守其得，仍防其失也（機人周而不而勿字）延州來季札，得夔律之遺緒，本之以觀周樂焉，請試觀以而字立教者，皋陶曰，寬而栗，柔而立，愿而恭，亂而敬，擾而毅，直而溫，簡而廉，剛而塞，彊而義，彰厥有常，吉哉，諸以而字成文者，視此矣，若其義之相背者，如喬而野，利而巧之倫，（禮表記）則又反此矣，請再觀以而不二字立教者，季札曰，周南召南，勤而不怨，邶鄘衛，憂而不困，王思而不懼，豳樂而不

三八

淫，小雅，怨而不貳，怨而不言，頌，直而不倨，曲而不屈，邇而不偪，遠而不攜，遷而不淫，復而不厭，哀而不愁，樂而不荒，用而不匱，廣而不宣，施而不費，取而不貪，處而不底，行而不流，五聲和，八風平，節有度，守有序，盛德之所同也。襄二十九年左傳 諸以而不二字成文者視此矣。若其義之相背者，如朴而不文，文而不慙之倫，則又反此矣。自敎曾子上達成至聖，自論語孝經小學上達六藝九流，均以而字而不字文敎也，孔門弟子省之為中庸二字矣

自虞書開此二例，皐陶季札不能兼之。九德但備而，觀樂但備而不，兼之者文王孔子，文王師太公，仲尼師老子，皆道家也。文王曰，柔而靜，恭而敬，屈而彊，忍而剛，此四者道之所起也，見善而勿怠，時至而勿疑，去非而勿處，此三者道之所止也。六韜明傳篇 君子曰，泰秋

爲道中

之俌，微而顯，志而晦，婉而成，章，盡而不汙，懲惡而勸善，非聖人誰能修之。（成十四左傳）孔子曰，入其國，其教可知也。其爲人也，溫柔敦厚而不愚，則深於詩者也。疏通知遠而不誣，則深於書者也。廣博易良而不奢，則深於樂者也。絜靜精微而不賊，則深於易者也。恭儉莊敬而不煩，則深於禮者也。屬辭比事而不亂，則深於春秋者也。（禮經解）試觀論語開編，而時習則學說矣。而不慍則君子矣。好仁蔽愚，好信蔽賊，以學救之可也。（論語六言六蔽）用知去詐，用勇去怒，以禮防之可也。（禮運）曾子知之，其說立事曰，君子多知而擇焉，博學而算焉，多言而慎焉，君子恭而不難，安而不舒，遜而不諂，寬而不縱，惠而不儉，直而不徑，亦可謂知矣。雖道體在持樞，彼是莫得其偶，而道相在有遺，周載以濟民行，班固有言，水火相滅而亦相生也，仁之與義，敬之與和，相反而皆相成也。（纂按：惠棟周易述云，理字之義，兼兩之謂也。人之性稟於天，性必兼兩。在天曰陰與陽，在地曰柔與剛，在人曰仁與義。兼三才而兩之，故曰性命之理。）九流各推所長，以明其指，雖有蔽短，亦六經之支與流裔。斯非折中之論邪。是以聖人常善救人，故無棄人，是謂襲明。（老子二十七章）是以聖人和之以是非，而休乎天鈞，是之謂兩行。（齊物論）雖尒，老孔也者，乃聖乃神人也。老子書曰，聖人不行而知，不見而名，不為而成。（四十七章）又曰，聖人方而不割，廉而不劌，直而不肆，光而不燿。（五十八章）是亦以而字而不字立教者也。於文，段而為能，古音同也。釋而為如，借若為如，其義一也。曰，明道若昧，進道若退，夷道若纇，上惪若谷，大白若辱，廣惪若不足，建惪若偷，質真若渝。四十一章 大成若缺，大盈若盅，大直若屈，大巧若拙，大辯若訥。四十五章 夫明道進道夷道也者，道也。若昧若退若類也者，相也。昧非真昧，退非真退，類非真類，必以不肖肖之者，非所明而明之也。且尤奇者，尸居而龍見，淵默而雷聲，神動而天隨，從容無爲而萬物炊纍。在宥篇 莊生之贊謂道與老子，其相非一而亦非異也。而老子書則曰，荒兮其未央哉，衆人熙熙，如享太牢，如春登臺，我獨泊兮其未兆，如嬰兒之未孩，儽儽兮若無所歸，衆人皆有餘而我獨若遺，我愚人之心也哉，沌沌兮，俗人昭昭，我獨昏昏，俗人察察，我獨悶悶，澹兮其若海，飂兮若無止，衆人皆有以，而我獨頑似鄙，我獨異於人而貴食母。二十章 此之所言，道相邪，老子相邪，目擊道存，所以不言而喻也。正法眼藏 默傳示心孔子說儒行曰：儒，大讓如慢，小讓如僞，大則如威，小則如愧。學記亦云：大惠不官，大道不器，大信不約，大時不齊，大樂必易，大禮必簡。若了此義者，則人無知愚賢否，均無過與不及，而道必行，且必明也。今試實之以明道、行道之人焉。明堂之位曰：逸周書佚文篤仁而好學，多聞而道慎，是周公也。誠立而敢斷，輔善而相義，是太公也。絜廉而切直，匡過而諫邪，是召公也。博聞強記，接給而善對，是史佚也。今見大戴保傅篇子貢告衛將軍文子曰：志通而好禮，是公西赤之行也。滿而不滿，是曾參之行也。好學省物而不懃，是冉求之行也。孔子進之曰：多聞而難誕，銅鞮伯華之行也。外寬而內直，蘧伯玉之行也。纂按：左傳僖二十三年云：楚子曰：晉公子重耳廣而儉，文而有禮，其從者，狐偃趙衰賈佗，肅而寬，忠而能力。襄二十六年云：叔向曰：鄭子展儉而壹。昭元年云：行人子羽曰：魯叔孫穆子紓而緣道中婉、宋左師向戌簡而禮。晉樂王鮒字而敬、恥而不使其過宿也、羊舌太夫之行也。居下位而不援其上也，介山子推之行也。蘧按左傳文十三年云、郤成子曰、隨會能賤而有恥、柔而不犯。襄二十六年云、公孫揮曰、鄭子產讓不失禮。之數君子者、其惠廣厚、孔子所僩為恩未易至、智未易及者也。大戴記由此推之、常智不足以觀孔子、觀孔子之相、仍當求諸孔子之自述也。顏淵曰、夫子不言而信、不比而周、無器而民滔乎前、而不知所以然而已矣。仲尼曰、女殆箸乎吾所以箸也、彼已盡矣、而女求之以為有、是求馬於唐肆也。吾服女也甚忘、女服吾也亦甚忘、雖然、女奚患焉、雖忘乎故吾、吾有不忘者存。田子方篇此之所言、孔子相邪、道相邪。天地並與、神明往與、雖有子淵、且不能知、予末小子、獨且奈何哉。雖尒、孔顏相質、有如奔逸絕塵者矣、而弟子時人、問孝。論語為政篇孟

懿子、孟武伯、子游、子夏問孝，樊遲問仁、衛靈公篇

問仁，公冶長篇孟武伯子張問仁、雍也篇樊遲宰我子貢問仁、顏淵篇顏淵仲弓司馬牛樊遲問仁、子路篇樊遲問仁、憲問篇子路子貢問仁、衛靈公篇子貢問仁、陽貨篇子張問仁。

應答悉如其量，步亦步，趨亦趨，馳亦馳，示人以可學而已，急先其達道不遠而已，道在一毌乎。

篆按：曾子三省首忠，曾子學孔子，其始自忠恕入，夫子告之曰：參乎，吾道一以毌之，曾子曰唯，又告門人曰：夫子之道，忠恕而已矣。子貢謂夫子焉不學，子貢學孔子，其始自多學而識入乎，夫子叩之，曰：賜也，女以予為多學而識之者與？對曰：然，非與？子曰：非也，予一以毌之。明知夫子之一毌，忠恕不能盡之。曰忠恕可也，曰而已矣，則有為言之也，明緣夫子之一毌，多學而識不能測之，始曰然，繼曰非與，已足見子貢聞一知二之能矣。究之一毌之義，言語路絕，思慮術窮。於道則仰之彌高，鑽之彌堅，瞻之在前，忽焉在後，是也。於學則夫子循循然善誘人，博我以文，約我以禮，是達也。論語第十二曰子曰：博學於文，約之以禮，亦可以弗畔矣夫。顏淵喟然歎曰：欲罷不能，既竭吾才，如有所立卓爾，雖欲從之，末由也已。好學如顏淵，不敢測夫子一毌之學，樂道如顏淵，不敢指夫子一毌之道也。其庶乎，其殆庶幾乎。

語中人以忠恕

鐔津文集卷十四云：曾子緣門人未足以盡道，故以近道者喻之，曰忠恕而已矣。蓋即中庸云忠恕去道不遠之意，非便以忠恕為

篆道中

② 二

最近中

一冊也。又一冊與孰一有別，焦循論語通釋略言之。法象莫大乎天地、方圜莫至乎規矩，

中庸言用中，大學言絜矩，因是已。

章氏叢書訂孔篇云，心能推度曰恕，周以察物曰忠。故夫聞一以知十，舉一隅而以三隅反者，恕之事也。周以察物，舉其徵符、而辨其骨理者，忠之事也。故疏通知遠者恕，文理密察者忠。身觀焉，忠也。方不障，恕也。（蘇按以上說以一冊為學，）荀卿蓋云，萬物莫形而不見，莫見而不論，莫論而失位。此謂用忠者矣。坐於室而見四海，處於今而論久遠，疏觀萬物而知其情，參稽治亂而通其度，經緯天地而材官萬物，制割大理而宇宙裏，此謂用恕者矣。（蘇按以上說以一冊為道，廣說見檢論訂孔篇及菿漢微言。蘇另有注，）

問曰，相之義起於梵書，而梵書偏無相戒箸相，今曰道相得不

駴世乎。纂曰：聖之義起於華夏書，而老子言絕聖，仲尼不居聖，彰蒙謂堯時太平非聖人之治。尸子文人有恒言，皆曰聖道，亦將駴天下耶。厥後達磨東來，匪特破除相執，抑且廓然無聖。景德傳燈錄。帝問菩提達磨，如何是聖諦第一義。師曰：廓然無聖。是豈夫人所宜言者。荀漢微言云，斷理障者修道之事。前此聞所成地，思所成地，何嘗不計名相乎。故曰衆生執有，二乘執空，非有非空，妙契中道者，唯識宗也。唯識宗依人人具有之三性，立三無性，其云相無性者，專指徧計所執相言也。若依依他起相立生無性，依圓成實相立勝義無性。則是段說無性，非性全無矣。成唯識論護法、窺基等說。自非善現，不足與證取相憶念，皆是執著。大般若經二百八十八卷，初分著不著相品，佛為善現說微細著相也。自非舍利弗，不足與證諸法一相，所謂無相。華嚴懸談卷二十一澄觀注引佛藏經證頻義自非顏氏之子，不足與證忘仁義，忘禮樂、坐忘以同於大通，大宗師自非護法等十大師，不足與證。若執唯識真實有者，亦是法執也。

（顯道中篇完）

論道下 道用

善乎漢書藝文志敘曰道家者流蓋出於史官歷記成敗存亡
禍福古今之道然後知秉要執本清虛以自守卑弱以自持此
人君南面之術也合於堯之克攘師古曰攘古讓字易之嗛嗛顏師古段玉裁
皆云嗛與謙同一謙而四益四益者天道虧盈而益謙地道變盈而流
謙鬼神害盈而福謙人道惡盈而好謙也嘗試論之秉要執本
損以虛無為本以因循為用是太史公自序清虛以自守者有之以
為利無之以為用是十一章卑弱以自持者反者道之動弱者道
之用是四十章一謙而四益者道盅而用之或不盈四章保此道者
不欲盈是十五章老子所務則在定神以治天下六章治神不以太史公自序不
无定其神而曰我有
以治天下何由哉
尊身以應寄託十三章治人事天積惪久國

緣道下

而已矣、五十九章

然自晉重玄言、泊於放誕、隋書經籍志 立言藉其虛無、謂之玄眇、處
官不親所司、謂之雅遠、奉身散其廉操、謂之曠達、故砥礪之風
彌以陵遲、放者因斯、或悖吉凶之禮、而忽容止之表、瀆棄長幼
之敘、混漫貴賤之級、晉書裴頠崇有論 如是之倫、不推其本、譎怪失真、
皆此淮南要略所識、塞而無為、戴逵所錄作放達非道論者也、
說在為無為、則無不治釋、
而道為儒家厶有物者、渺乎窺觀、元好問東平府新學記云、學政之壞久矣、人情苦于羈檢、
而樂于縱恣、中道而廢、從惡若崩、時則為揣摩、為捭闔、為鉤距、
為牙角、為城府、為穽擭、為谿壑、為龍斷、為捷徑、為貪墨、為蓋藏、
為較固、為乾沒、為面謾、為力詆、為貶駁、為譏彈、為姍笑、為陵轢、
為嶮巇、為睢盱、為構作、為操縱、為麾斥、為劫制、為把持、為絞訐、
為妾婦妒、為形聲吠、為崖岸、為階級、為高亢、為湛靜、為張互、為
結納、為勢交、為死黨、為囊橐、為淵藪、為陽譎、為陰害、為竊發、為

四四

公行、為毒螫、為蠱惑、為狐媚、為狙詐、為鬼蜮、為怪魁、為心失位、
心失位不已、合譢疾而為聖癲、敖為大言、居之不疑、始則天地
一我、既而古今一我、小疵在人、縮頸為危、怨讟薰天、泰山四維、
吾斯可信、惡惡不可、竊我負人、無人負我、從則斯朋、違則斯攻、
我必活異、活必我同、自我作古、孰為周孔、人以服膺、我以發冢、
凡此皆殺身之學、而未若自附于異端雜家者為尤甚也、居山
林本食澗飲、以德言之、則雖為人天師可也、以之治世則亂、九
方皋之相馬、得天機于滅沒存亡之間、可以為有道之士、而不
可以為天子之有司、今夫經步闗視、以儒自名、至于矜行飾長
者、亦易為耳、乃羞之而不為、竊無根源之言、為不近人情之事、
索隱行怪、欺世盜名、曰此曾顏子思子之學也、不識曾顏子思
子之學、固如是乎、夫動靜交相養、是為弛張之道、一張一弛、游
息存焉、而乃强自矯拂、以靜自囚、未嘗學而曰絕學、不知所以
言而曰忘言、靜生忍、忍生敢、敢生狂、譸張之急、一怒故在、宜其
流入于申韓而不自知也、古有之、桀紂之惡、止于一時、浮虛之
禍、烈于洪水、夫以小人之中庸、欲為晋魏之易、與崇觀之周禮、
又何止殺其軀而已乎、道統闕矣、文治興矣、若人者以當戒覆
車之轍、以適改新之路、特私憂過計、有不能自已者矣、故備述
之、既以自省、且為無忌憚者之勸、蒙按孔子家語儒行解曰、今
人之名儒也妄、(句)常以儒相詬疾、王肅謂妄竊儒名故為人之所
毀惡、元遺山之言、必有所見而云
然也、嗚乎、言者無罪、聞者足戒矣、歸道為老子謚其所者悼矣

歸道下

四五

童觀、纂按韓昌黎、文人耳、本不解道悳經之所謂以太古無事
事說無為、見豈在村塾童子師之上耶、宋契嵩鐔津文集、
集、批駁韓文、語皆有稽、不同昌黎先生之肆、口謾罵也、韓[illegible]大
誹為公言、詬老子為私言、方業具在、明眼人果信之乎、以[illegible]
觀之士、知道出史官（即古天官、周禮太史、太史抱天時、又掌天道 太史公自敘亦云、太史公既為天官、）儒
出司徒、曰若稽古唐虞、即已同寅相勖、謂道儒一本可也、姬公
以巍然大儒、垂九流十家之統、（約荀子儒效篇、漢書藝文志義、）自道出於儒近
是已、孔子適周、問禮老子、十翼十二紀、雀有師承、道何渠不若
纂按昭公二年左傳、韓宣子觀書於太史氏、見易象與魯
儒乎、象與魯春秋、曰、周禮盡在魯矣、吾乃今知周公之悳、與周
之所以王也、又隱公七年左傳、凡諸侯同盟、於是偁名、故薨則
赴以名、告終偁嗣也、以繼好息民、謂之禮經、杜預曰、此言春秋
凡例、乃周公所制禮經也、由此觀之、十翼之作、十二公之紀、皆
問禮時所嘗上下議論必矣、誰謂老孔授受、僅局促於曾子問
篇所載喪禮四則、及史記所傳去驕氣多欲態色淫志數言乎、
問曰、易象何以謂之周禮、纂曰、鄭康成虞翻張惠言曹元弼知
之矣、張惠言序丁小疋所著周易鄭注後定曰、記曰、夫禮、本於
太一、分而為天地、轉而為陰陽、變而為四時、其降曰命、韓宣子

彖曰周禮在魯矣是故易者禮象也是説也諸儒莫能言唯鄭氏言之故
鄭氏之易其要在禮乃至廣説又張惠言著周易鄭氏禮象其
目如下泰歸妹仲春嫁娶咸大過三十而娶二十而嫁恒天子
之女同人鼎后無出道旅郊禘萃時祭觀震祭禮損二簋用享
序升長子主器隨升享西山萃時會而盟坎尊酒簋貳用缶豐
朝覲旅聘震晉侯封損益貢賜繫辭中國七千里困訟大夫有
地萃軍賦觀賓士離世子不孝之刑鼎劓誅坎圜土以上鄭玄
易禮者可取張氏書得之也又張惠言著虞氏易禮其序曰易家
言禮者惟鄭氏原文本贊使周家一代之制損益具備後有汪
者監儀在時不可得而廢也虞氏於禮蓋已略矣然以其所及
撰諸鄭氏源流本末蓋有同焉其目如下晉升明夷周家受命
三卦臨周正益享帝豫薦上帝鼎享上帝隨享西山觀盥而不
薦萃升既濟禴損二簋用享大過死小過喪渙王假廟離繼嗣
鼎立長子妻之子蠱不事王侯萃齋資涕洟益凶事用圭屯豫
建侯師開國震不喪匕鬯比建萬國觀諸侯訟食舊德觀省方
賓王萃用大牲大有公用享于天子坎尊酒簋貳用缶巽遷邦
師同人謙離次旅用兵既濟未濟伐鬼方屯師比大畜闕巽田
獵鼎仇剝宮人同人夫婦歸妹泰漸嫁禮隨嘉禮咸遺取女大
過隨過以相與遺賓禮鼎摯見噬嗑用獄坎寘于叢棘鼎刑渥
豐折其右肱以上虞翻易禮可取張氏書得之也又晉氏元弼
周易會通言易禮者有周禮篇儀禮篇禮記篇春秋篇穀梁篇
四六
篆曰孔子告顏淵曰非禮勿言非禮勿動而其詳解則見於繫
彖直下

辭繫辭曰觀其會通行其典禮擬之而後言議之而後動中孚之九二曰鳴鶴在陰其子和之我有好爵吾與爾靡之中孚之九五曰同人先號咷而後笑蓋所以宣言動之義也是以顏淵問為邦可與言備四代之禮樂而論語多微言非學易者孰能與此哉問曰老子何以又云禮者忠信之薄而亂之首答曰記有之忠信之人可以學禮周末文敝俗士或執非禮之禮以相詰責老子謂忠信之薄者推學禮者之末流也非謂典禮之伯夷制禮之周公也後世荀子為禮即丕應在老子所謂之列惟李斯非忠信之人而學於荀卿其後卒為亂之首在荀卿亦不應負責也晉人猶轉指禮法為流俗者晉書儒林傳敘語而又時重玄言洞於放誕隋書經籍志語悖吉凶之禮忽容止之表遺長幼之敘混貴賤之級晉書裴頠崇有論此在晉人非其智識全不明老子也彼等對於老子書本不負責任激於家盛與士之感舉動失當戴逵放達非道論云竹林之為放有疾而為顰者也孔子所哀為無所措手足之民也仁義為田常所盜竊故莊子有胠篋篇聖法為桀紂所利用乃至龍逢誅比干戮箕子狂故莊子有外物篇假借堯舜之仁名而實行人與人相食之事故莊子發其覆於庚桑楚徐無鬼兩篇此外如荀子非十二子篇所非者非其末流仁人游哀持而帶喜也降及唐宋韓愈程朱詆毀老子自以為尊儒所[illegible]道家老子為儒家孔子所從出於周易務春秋夫有所受之[illegible]高文典冊具在韓程乃熟視無睹老子所謂[illegible]祿賦因則天地士疾四方易位非耶。

侯故程王兩氏率尒而作，厚老子為權詐、見下昔何休指周禮為
六國陰謀之書，其非聖無法，與彼哉而三矣。說在不主愚民不
尚陰謀，兩辯
㈡何釋乎為無為則無不治也、纂曰老子言無為、管子心術篇云以無為之謂道、不言為此無為、韓非有云所以貴無為無思為虛者謂其意
無所制也。夫無術者以無為無思為虛，其意常不忘虛，是制於
為虛也、解老此謂無為不待有意為之，無術者欲為此無為，是大
謬也、取譬證之，如淮南子云念慮者不得卧，止念慮則有纂按有即又字
為其所止矣，兩者俱忘則至恵純矣、說山訓今觀老子書或單
言為、如云為而不恃、二章、十章、五十一章將欲取天下而為之，吾見其不
得已、二十九章聖人之道為而不爭是也、八十一章或單言無為、如云處

無為之事、二章無為之益四十三章不為而成四十七章聖人無為故無敗、是也、六十四章或兼言為無為、如云為無為則無不治三章道常無為而無不為三十七章為無為而無不為四十八章為無為大小多少是也六十三章、〇纂按無為者大為者小、無為者多為者少、下文事無事味無味義同、此至多少二字為一節、報怨句另為一節、文語奧衍、似難思議、故太史公自敘云、道家無為、又曰無不為、其實易行、其辭難知、纂按老子書中為無為本分兩者、謂有為者、有不為者、則無不治矣、莊子在宥天道二篇辯之至明、而申子尹文韓非鶡冠呂氏太史遷諸家闡發更無遺蘊、則老子句讀第三章為讀指彊其事言無為讀指弱其志言則無不治句第四十八章為讀指為學日益言無為讀指為道日損言、而無不為句莊子寓言篇曰言无言大乘起信論曰如實空如實不空又般若譯華嚴經卷四云勤求菩薩於為無為心無所著故為指有為法無為指無為法句身居然畢同明乎諸家之說則知老子書屢偁聖人之治者係指乾卦九三九五之君子大人非因衰世殘暴昏庸之剽劫奄尹也（廣說見章氏叢書原道下）且孔孟荀子之與老莊持論僉同繫辭曰易無思也無為也論語曰無為而治者其舜也與繫辭曰寂然不動感而遂通天下之故論語曰舜有臣五人而天下治孟子曰有大人之事有小人之事荀子曰縣天下一四海何故必自為之為之者役夫之道也墨子之說也論惪使能而官施之者聖王之道也儒者所謹守也（王霸篇）儒道互較詎有異辭哉易曰昜一君而二民侌二君而一民

莊子在宥篇無為而尊者天道也有為而累者人道也主者天道也臣者人道也（乃至廣說）

莊子天道篇、上無爲也、下亦無爲也、是下與上同惪、下與上同惪則不臣、下有爲也、上亦有爲也、是上與下同道、上與下同道則不主、上必無爲而用天下、下必有爲爲天下用、乃至廣說

申不害大體篇、善爲主者、亦天下無爲、君知其道也、官人知其事也、乃至廣說

尹文子大道篇、君不可與臣業、臣不可侵君事、乃至廣說

韓非子主道篇、明君無爲於上、羣臣竦懼於下、乃至廣說

鶡冠子道端篇、君道知人、臣術知事、乃至廣說

呂氏春秋圜道篇、天道圜、地道方、主執圜、臣處方、方圜不易、其國乃昌、乃至廣說

太史公自序虛者道之常也因者君之綱也羣臣並至使各

自明也。乃至廣說

綜上觀之無為云者任賢也任賢與老子云尚賢異廣說見章氏叢書原道中堯之任

九子一齊桓之信甯越二是也老子曰道常無名樸雖小天下

莫能臣也侯王若能守之萬物將自賓天地相合以降甘露民

莫之令而自均三十二章此之謂也

(一)說苑君道篇當堯之時舜為司徒契為司馬禹為司空后稷為田疇夔為樂正倕為工師伯夷為秩宗皋陶為大理益掌敺禽堯體力便巧不能為一焉堯為君而九子為臣其故何也堯知九職之事使九子者各受其事皆勝其任以成九功堯遂成厥功以王天下是故知人者主道也彖曰主字從萬藏明鈔本知事者臣道也主道知人臣道知事毋亂舊法而天下治矣

(二)淮南子道應訓甯越欲干齊桓公困窮無以自達於是為商旅將任車高誘注任載也詩曰我任我輦以商於齊暮宿

於郭門之外、桓公郊迎客、夜開門、辟任車、爝火甚盛、（爝、炬火也。）從者甚衆。甯越飯牛車下、望見桓公而悲、擊牛角而疾商歌。桓公聞之、撫其僕之手曰、異哉、歌者非常人也。命後車載之。桓公及至、從者以請。桓公贛之衣冠而見、說以爲天下。桓公大說、將任之。羣臣爭之曰、客、衛人也。衛之去齊不遠、君不若使人問之。問之而故賢者也、用之未晚。桓公曰、不然。問之患其有小惡也。以人之小惡而忘人之大美、此人主之所以失天下之士也。凡聽必有驗、一聽而弗復問、合其所以也。（合已聽知之意所以用之。）且人固難合也。（案、按合疑作全。）權而用其長者而已矣。當是舉也、桓公得之矣。故老子曰、天大、地大、道大、王亦大、域中有四大、而王處其一焉。以言其能包裹之也。

雖介、任賢無爲、但無爲中之一義耳、更有恭己無爲、因循無爲、（淮南脩務訓、循理而舉事、因資而立功。）革化無爲、（太玄曰、夫道有因有循、有革有化。）三義焉。

恭己無爲者、大舜正南面之治。一　文王質虞芮之成。二　悖謬不遺於智中。三　私志不入於公道。四　以法度自檢式。五　以天下爲影權。六　靜即同虛即道。七　志弱而事強、心虛而應當。八　是也。老子曰：我無為而民自化，我好靜而民自正，我無事而民自富，我無欲而民自樸。五十七章。此之謂也。

（一）論語子曰：無為而治者，其舜也與！夫何為哉？恭己正南面而已矣。

（二）說苑君道篇：虞人與芮人質其成於文王，入文王之境，則見其人民之讓為士大夫；入其國，則見其士大夫讓為公卿。二國者相謂曰：其人民讓為士大夫，其士大夫讓為公卿，然則此其君亦讓以天下而不居矣。二國者未見文王之身，而讓其所爭以為閒田而反。孔子曰：大哉文王之道乎！其不可加矣！不動而變，無為而成，敬慎恭己而虞芮自平。故書曰：惟文王之敬忌。此之謂也。

（三）莊子庚桑楚篇：徹志之勃，解心之謬，去德之累，達道之塞。貴富顯嚴名利六者，勃志也；容動色理氣意六者，謬心也；惡欲喜怒哀樂六者，累德也；去就取與知能六者，塞道也。此四六者不盪胸中則正，正則靜，靜則明，明則虛，虛則無為而無不為也。（呂氏春秋有度篇略同）

（四）淮南子修務訓：所謂無為者，私志不得入公道，嗜欲不得枉正術，事成而身弗伐，功立而名弗有。

(五)文子上義篇、人主之制法也，先以自為檢式，故禁勝於身，即令行於民。法度道術，所以禁君使不得橫斷也，人莫得恣，即道勝而理得矣，故反樸無為。

(六)文子守無篇，無為者，即無累，無累之人，以天下為影柱，上觀至人之倫，深原道德之意，下考世俗之行，乃足以羞也。

(七)文子自然篇，靜即同虛，即通，至德無為，萬物皆容，虛靜之道，天長地久，神微周盈，于物無宰。

(八)淮南子原道訓萬物有所生而獨知守其根，百事有所出而獨知守其門，故得道者志弱而事強，心虛而應當，乃至廣說(纂按淮南子說無為根門，在志弱事強)。

若夫因循無為(孟子最得正解曰：所惡於智者，為其鑿也。禹之行水也，行其所無事也。如智者亦行其所無事，則智亦大矣。無事即無為也。是故法天之不事雕刻、濟衆形，一 法地之自然生殖於萬物，二 安天下性命之情，三 齊人材賢否之道，四 如權衡規矩之一定不易，五 如水舟泥輴之因勢自然，六 是也。老子曰生之畜之，生而不有，為而不恃，長而不宰，是謂玄惪。十章佛家亦謂之無漏善矣。

（一）揚子法言問道篇：或問天，曰：吾於天歟，見無為之為矣。或問：彫刻眾形者匪天歟？曰：以其不彫刻也。如物刻而彫之，焉得力而給諸。

（二）莊子至樂篇：天無為以之清，地無為以之寧，故兩無為相合，萬物皆化。芒乎芴乎，而無從出乎；芴乎芒乎，而無有象乎。萬物職職，皆從無為殖。故曰：天地無為也，而無不為也，人也孰能得無為哉。

（三）莊子在宥篇：聞在宥天下，不聞治天下也。在之也者，恐天下之淫其性也；宥之也者，恐天下之遷其惪也。天下不淫其性，不遷其惪，有治天下者哉。故君子不得已而臨莅天下，莫若無為。無為也而後安其性命之情。

（四）文子自然篇：清虛者天之明也，無為者治之常也。去恩惪，舍聖智，外賢能，廢仁義，滅事故，棄佞辯，禁姦偽，則賢不肖者齊於道矣。

（五）文子下惪篇：夫權衡規矩，一定而不易，常一而不衰，方行而不留，一日形之，萬世傳之，無為之為，故無為者，道之宗也。

得道之宗

竝應無窮

(六)淮南子脩務訓：所謂無為者，循理而舉事，因資而立功。(蒙曰：功字依文子自然篇補。)權(蒙按：權，文子自然篇作推。)自然之埶，而曲故不得容者。若夫以火熯井，以淮灌山，此用己而背自然，故謂之有為。若夫水之用舟，沙之用鳩，泥之用輴，山之用蔂，夏瀆而冬陂，因高為田，因下為池，此非吾所謂為也。(蒙按：文子自然篇作沙用駷(乃鳥反)，山用樏，因高為山)

華化無為者不得已之有為，仍謂之無為也。一　揚子雲曰：紹桀之後，纂紂之餘，無為乎？二　郭子玄曰：率性而動謂之無為，比古今則堯舜無為而湯武有事，然各用其性而天機玄發，無為也。註有為也。天道篇注　老子曰：將欲取天下而為之，吾見其不得已。二十九章　此之謂也。

(二)莊子庚桑楚篇云：性之動謂之為，為動以不得已之謂悳。欲靜[道欲靜]則平氣，欲神則順心，有為也欲當，則緣於不得已，不得已之類，聖人之道。

五一

人閒世篇「一宅而寓於不得已」，又云「託不得已以養中，至矣。」
又去託不得已以養中，至矣。
大宗師篇「古之真人，崔乎其不得已乎」，又云「叙知爲時者，不得已于事也。」
刻意篇「聖人感而後應，迫而後動，不得已而後起」
而後動，不得已而後起。

〔三〕揚子法言問道篇：「或問無爲，曰：奚爲哉？在昔虞夏，襲堯之爵，行堯之道，法度彰，禮樂著，垂拱而視天下民之阜也，無爲矣。紹桀之後，纂紂之餘，法度廢，禮樂虧，安坐而視天下民之死，無爲乎。」

歷覽周秦漢晉諸子，其能發明老子義者，蓋知覽此四種無爲、然從未有莊布示人者，篆今平而正之，名相近者相遠也，實相近者相邇也。俾讀老莊書者，粤某文屬於某者無爲，則語語具有着落，瑩然開雲霧而覩青天矣。謄傳舊籍，作吾成證，例本內儲外儲，圖苟足以達義之底也。

若夫指禮法爲流俗，自縱誕以清高，晉書儒林傳叙此，班固所刺爲放者（漢藝文志、隋志）所目為下士（經籍志），而淮南子所誨之諄諄者也，其如裴逸民所見之玄家亮耳不聞何、（周濟晉略清談黨傳敘云、雖裴頠卞壺庾翼諸人、大聲疾呼，莫之能瘖也、）

淮南子修務訓、或曰：無為者，寂然無聲，漠然不動，引之不來，推之不往，如此者乃得道之像（高誘注：或人以為先為術如此，乃可謂得道之法也）吾以為不然，自天子以下至於庶人、四肢不動，思慮不困，事治求澹者（蒙案：澹疑是贍字）未之聞也，若吾所謂無為者，非謂⋯⋯其感而不應，攻而不動者，文子自然篇，所謂無為者，非謂其引之不來，推之不（以長如）去，迫而不應，感而不動，堅滯而不流，捲握而不散，

（三）何辯乎不主愚民也，老子書曰：古之善為道者，非以明民，將以愚之，民之難治，以其智多，故以智治國，國之賊，不以智治國，國之福，（六十五章）程氏云：老子之言雜權詐，秦愚黔首，其術蓋有所自、（二程粹言鑒賢篇）則請辯之曰：獨不見夫莊子胠篋篇乎，試條列對

證之斯不煩言解矣。
老子曰古之善爲道者、　莊子曰彼聖人者、天下之利器也。
老子曰非以明民、　莊子曰非所以明天下也。
老子曰將以愚之、　莊子曰故絕聖棄智、大盜乃止、擿玉毀
珠、小盜不起、焚符破璽、而民朴鄙、掊斗
折衡、而民不爭、殫殘天下之聖法、而民始可與論議。
老莊之言、何哀痛太息之深邪、民之難治者、謂民不朴鄙、多爭
端、無可論議也、以其智多者、其指治國之人、智、指治國之利器、
符璽斗衡聖法是也、猶云民之難治、以其上之有爲、是以難治
也、七十五章 故曰以智治國國之賊、不以智治國、國之福、是以聖人
之治、使夫智者不敢爲、三章、纂按三章所指之智者、即以智治
國之人、不敢爲、即七十五章所指上之

系道下

五三

[illegible]道一

有為之反也、荀子正名篇

亦云、道也者治之經理也、

(三)何辭乎不尚陰謀也、篆曰、聞未兆易謀六十四章繟然善謀矣七十三章不聞陰謀也、且其著書悉禮處兵三十一章勇於不敢七十三章是非兵權謀家矣隋書經籍志兵家、老子兵書一卷、已亡、此如佛不言政、而瑜伽師地論第六十一卷、佛為出愛王言政治、分過失功惠等門、像法決疑經、仁王經、諫王經等、亦聞言政治、然其慈悲之情溢於言表、又般若譯華嚴經卷十一卷十二詳載婆羅門為善財童子偁讚甘露火王內外功德均言政之善者也、雖尒、故書所偁陰謀者美惡不嫌同辭、有作聖作狂之別、如荀子偁便嬖非指佞幸之類帝嚳玄囂、玄幽潛也、惟天陰騭下民、伊尹太公以之、孫子曰、昔殷之興也、伊摯在夏、周之興也、呂牙在殷、故明君賢將能以上智為閒者、必成大功、此兵之要、三軍所恃而動也、用閒篇管子曰、內則有女華之陰、外則有曲逆之陽、陰陽之議合、而得成其天

子此湯之陰謀也、輕重甲 呂氏春秋曰湯欲令伊尹往視曠夏恐
其不信湯乃親自射伊尹伊尹奔夏三年反報於亳、慎大篇 蓋尹
躬暨湯神謀於陰明成於陽然非陰賊之謂矣、齊太公世家曰
周西伯昌之脫羑里歸與尚父陰謀修惪以傾商政其事多兵
權與奇計、淮南子要畧云太公之謀、太史公自序曰尚父功冠羣公繆權於
幾、徐廣曰權智潛謀幾昧不顯所謂太公陰謀、蓋文與太公訪善爲咨咨難爲謀然
非陰險之謂矣、太平御覽八十四引逸周書文王曰無陰謀爲此則不祥逸周書鄷謀篇周公旦用三同三讓
三虞可見聖人心迹矣、文政篇亦曰國守以謀、王佩篇亦云謀成在周長、武紀篇亦云謀有不足者三、仁廢則文謀不足勇廢
則武謀不足、備廢則事謀不足、惜也予生也晚、古籍俄空、昔漢書埶文志道家、
與老子并列者有伊尹五十一篇太公謀八十一篇、荀卿讀而
頌之曰應卒遇變齊給如響推類接與以待無方是謂聖臣、曲

縣道下　　五四

成制象也、道臣繆篆曰此天下陰惪也、然傾危之士不得耤口」
於此有人焉謂道惪經不誅姦雄陰惡謂徵藏史獎譽謀主詐
譔、彼庸安知古人大全道術未裂聖王以明發而合百家之往、
天下篇、賈誼新書大政篇、道者、聖王之行也、孔子以博學而集六藝之成、漢書僃易書詩春秋
禮樂為六藝、孔子論語、附六藝後、不入子家、且管仲以道家精法學、故桓公九合不
以兵車、管子樞言、君臣上、心術上、大數、白心、正世、內業、九守等篇、多道惪家語、韓非以法家解道
經、即靜女三章、亦取彤管、左氏定九年傳、○解老喻老、自是韓非傑作、不能以彼身成敗、累及道家、
且史記謗書也、老子韓非合傳者、謗孝文帝也、孝文治尚黃老、
而好刑名之言、史記儒林傳漢家制度、閒雜甚矣、僾者不知刺
譏、所在妄疑、老莊必流為申韓、可謂大惑大愚也已、刺荀卿之
徒有韓非李斯、李斯之徒有吳公、荀卿篤禮、而吳公治平第一、
能為賈誼、彼荀卿者、曷嘗與李斯亂妄同日而語邪、且張魯傳
會道經、其辭有神仙之術焉、曹孟德西征、許不認為老氏流為
張魯、蓋漢儒劉向劉歆
判教之澤、尚未斬也、
在昔夏后氏之璜、不能無考、淮南氾論訓則

管韓之書瑕適皆見精也、推之九流無不習國故、九流皆讀三易及史書是
以墨子等所引詩書與孔子刪定後之本不同、莊子天下篇說
六藝云其數散于天下而設于中國者百家之學時或稱而道
之六家罔不湊道原、太史公論六家要指云道家因会易之大順、采儒墨之善撮名法之要、又会易家極
無謂然司馬遷且謂騶衍睹有
國者不尚悳乃作怪迂之變焉騖傑之才出世世閒其法龐有、
惜不克事理無礙事事無礙遂乃善於小成黮若大霧耳治老
學者有韓非謗史表章合傳入孔門者有大盜後儒忌諱不言、
二程援郉怨部雖傳章惇卒為大姦讀宋史者莽不
罪及第十族之師似後人尚具有論世知人之量、其實老子
能受不祥仲尼豈廣人譬如天地之無不持幬也君子之心
何病於忖度大人之行不出乎害人綴學以是斷斷之矣、
程氏曰老子語道悳而雜權詐、本末舛矣、予奪翕張理所有
也、而老子之言非也、予之之意乃在乎取之張之之意乃在

五

乎翁之權詐之術也。楊時編二程粹言論道篇

王應麟曰：老氏曰：將欲翕之，必固張之；將欲奪之，必固與之。此陰謀之言也。范蠡用之以取吳，張良本之以滅項，而言兵者尚焉。王應麟漢書藝文志考證

篆按：老子全書多有韻之文，八十一章中，僅六七章似無韻，篆另列表顯之。其第三十六章曰：將欲歙之，必固張之；將欲弱之，必固彊之；將欲廢之，必固興之；篆按一句有誤。將欲奪之，必固與之。篆按句有誤。以古音攷之，張彊同部，段玉裁六書音韻表第十部。廢奪同部，第十五部。興部六與部五皆不同部，本文應為將欲興之，必固廢之；將欲與之，必固奪之。故廢奪二字為韻。準此，則老子立言庶見圓徧。將欲歙之，必固張之；將欲弱之，必固彊之者，鉤析前王兼弱者昧之有隱慝焉。將欲與之，必固

（廢之將欲與之必固）取之者，幽贊古后殖禮固存之昭大道焉，惡惡也疾始，善善也樂終，惡惡止其身，善善及子孫，胥斯義也。書經論踳數千年，學者塵埃拂覆昏昧，不見泰山，竊竊焉造為游詞，責備大聖，吁僾焉已。

今夫道家不尚陰謀，故莊子云毋為謀府，淮南云邪人參耦比周而陰謀（覽冥訓高注：陰謀私謀也），是即老子物或惡之，有道不處義也（二十四章三十一章）。陳丞相平者少時本好黃帝老子之術（太史公語），晚節末路自纍其非曰：我多陰謀，是道家之所禁，吾世即廢亦已矣，終不能復起，以吾多陰禍也（史記陳丞相世家）。斯非老子天網恢恢疏而不失義邪（七十三章）？然與廢與奪四字在周秦間已經顛倒，故韓非云晋獻公將欲襲虞遺之以璧馬，知伯將襲仇由遺之以廣車，故

纍道下

曰將欲取之、必固與之、喻老、○取、古音在四部、亦不同部、今試問晉獻、知伯、彼
何人斯、以訓則昏民、無則焉、韓非擬此、亦太不倫、韓非解老、喻老、甚善、然並
非無差謬、五十三章是謂盜竽、顧亭林謂不足徵信、十四章人
希見生象、段玉裁謂直同俚語、古之作者無欺、所以瑕瑜互露、
此緣縱橫游士樂便已私、辯言之豔、能使窮澤生流、枯木發榮、
曰、將欲敗之、必姑輔之、將欲取之、必姑與之、周書之言也、戰國策魏
策、任章語、將欲毀之、必重累之、將欲踣之、必高舉之、詩人之恉也、呂氏
春秋行論篇高誘注、詩、逸詩也、且詩書若果有之、仲尼必剟削之、曷為此文搏
而躍之、激而行之、抑磬控忌、抑縱送忌、初一次、二次、三次、四、辭
繇不殺、義復雷同也、夫道家者流、上法唐堯、博大真人、湛深史
法、寧復有見無見、一物一偏、彖曰、與之與之云者、動之甚數、吉
之先見、君子知幾其神也、廢之奪之云者、懼以終始、其要无咎

老子危辭使平也、夫篡君乃爲廢君而放君則非廢君而實與君。伊尹之於祖甲是也。羅泌路史、謂古者居喪、太子諒陰、百官總己、以聽冢宰三年、此喪之常紀、非攝也。謂之放者、自內而外之辭、梳世子之謂云尒、非廢也、三年奉歸于亳、是起復之時尒、非真立也、重賦乃爲奪民、而輕賦則非奪民而實與民、太公之於國務是也、六韜國務篇、文王曰、愛民奈何、太公曰、與而勿奪、薄賦斂則與之、重賦斂則奪之、賦斂如取于己、則愛民之道也、然則古之聖人、有與無廢有與無奪、今曰必固廢之必固奪之者、纂按固乃始之借字、書秦誓姑將以爲親、孔安國訓且將、段曰廢之奪之而已、孔子有言、書之重辭之復、烏虖不可不察、其中必有美者焉。

乾爲大謀、坎爲聖爲謀、虞翻說卦逸象伊尹太公、比堯舜之傾否弗如、而其大節在能撥亂、尚父鷹揚牧野洋洋、鄭玄曰、戰地寬廣明不用權詐也、訟公言也者、公言也、易曰、訟君子以作事謀始、周道

挺挺我心〻启、講事不令、集人來定、能說諸、心〻能研諸侯之慮
以人謀成天下之亹亹者、伊尹太公是也、非夫范蠡張良陳平
所能妄託矣、知此者名家劉劭字孔才、魏人、最賢、其人物志隋經籍志、名家
流業篇云、兼有清節家、惪行高妙、容止可法、法家術家之材、三材皆備、其
惪足以厲風俗、其法足以正天下、其術足以謀廟勝、是謂國體、
伊尹呂望是也、篆按莊公二十四年昭公十五年穀梁傳、大夫國體也、范甯注、君之卿佐、是謂股肱、故曰國體、
意謂術者不能獨行、有伊呂之惪行之法制則倪也、又曰、思通
道化、策謀奇妙、是謂術家、范蠡張良是也、意謂范張僅居國體
家三材之一、又曰、術家之流、不能創制垂則、而能遭變用權、權
智有餘公正不足、是謂智意、陳平是也、意謂智意家又僅范張
之支流、又曰、凡此皆人臣之任、主惪不預焉、主惪者聰明平淡、

總達衆材而不以事自任者也。三材純備，三公之任也。術家之材，三孤之任也。智意之材，冢宰之任也。是謂主道得而臣道序，官不易方而太平用成。劉氏此言，更合老子無爲之旨。其曰持論精審，可與解老。見命曰爵無反惡惠民，亦而正冢緇禍如丘山，悉階於游食交會彼截截善諞，流言於國，利幾安敵，以爲己榮，樂聞程王鞅掌之論，翻其反而轉證明自求荓蜂，莫予辛螫己。天道無親，常與善人，七十九章義按辭源孔子集語六藝篇引說苑云出金人銘，文選陳孔璋爲袁紹檄豫州李善注引太公金匱曰天道無親，常與善人。微陳平之百克無後也，誰與知禍福之極者，鬻子道符篇發教施令爲天下福者謂之道，賈誼新書大政篇道者福之本。戒哉，惟上帝不常，惟汝自生毒。越王句踐世家范蠡曰戰者逆惠也，陰謀逆惠，上帝禁之。此三者皆道用也，關係國家大計至鉅，著者爲之局定，則政治責任明，機變之

念消則良善政舉起愚民政策不行則制而用之謂之法庶幾
關物成務與民同患矣夫老子不僅言政道用不僅在政政尤
不僅上述三端所以云爾者言天下之至動而不可亂也道用
篇竟、
昔老子謂孔子曰夫道窅然難言哉將爲汝言其崖略篆嘗試
議夫其將消搖游之無待齊物論之自取蓋言道體也、養生主
爲正報人間世爲依報蓋言道相也、惪充於內應符於外內聖
則大宗師外王則應帝王蓋言道用也、老子曰夫昭昭生於冥
冥有倫生於無形、乃至日月不得不行萬物不得不昌此其道
與蓋說道體也、且夫博之不必知辯之不必慧、乃至萬物皆往
資焉而不匱此其道與、蓋說道用也、中國有人焉、非侌非昜處、

於天地之間、乃至此之謂大得、蓋說道相也。知北游 莊子曰、夫道
有情有信、無為無形、乃至傳說乘東維、騎箕尾、而比於列星、蓋
說道體也。大宗師 夫子曰、夫道覆載萬物者也、洋洋乎大哉、乃至
沛乎其為萬物逝也、蓋說道相也。若然者、藏金於山、藏珠於淵、
乃至萬物一府、死生同狀、蓋說道用也。夫子曰、夫道淵乎其居
也、漻乎其清也、乃至此謂王德之人、蓋說道體也。視乎冥冥、聽
乎無聲、乃至神之又神、而能精焉、此說道相也。故其與萬物接
也、至無而供其求、時騁而要其宿、大小長短脩遠、蓋說道用也。
天地 韓非解老曰、道者萬物之所然也、萬理之所稽也、乃至與桀
紂俱滅、與湯武俱昌、蓋說道體也。以為近乎、游於四極、以為遠
乎、常在吾側、以為暗乎、其光昭昭、以為明乎、其物冥冥、蓋說道

相也、而功成天地、和化雷霆、宇內衆物恃之以成，君臣得之以敗、得之以成、蓋說道用也、淮南子原道訓曰夫道者覆天載地、廓四方柝八極、乃至麟以之游、鳳以之翔、蓋說道體也、無為為之而合於道、篆按一義無為言之而通乎德、二義恬愉無矜而得於和、三義有萬不同而便於性、四義神託於秋豪之末而大與宇宙之總、蓋說道相也、是故聖人內修其本、篆按一義而不外飾其末、二義保其精神、三義偃其智故、四義漠然無為而無不為也、澹然無治也而無不治也、蓋說道用也、此三根譬者布在方策萬目莫不比方、然亦上下无常剛柔相易、不可為典要唯變所適。

（緜道下篇完）

（此即老子古數卷首）

老子古微上篇、

江蘇泰縣繆篆子才輯

解釋老子之書、理證則韓非解老淮南原道訓是、事證則韓非喻老淮南道應訓是、然、仍不賅不徧也、竊考始自姬周迄於李唐、散見諸子、未經纂輯者、尚有多家、足供證明老子之用、萃而錄之、得如干條、名曰老子古微、庶有達者、理而董之、民國旃蒙赤奮若年孟陬之月日得甲子篆識

一章

道可道、非常道、道道韻 名可名、非常名、名名韻 無名天地之始、有名萬物之母、始母韻 故常無欲以觀其眇、常有欲以觀其徼、眇徼韻 此兩者同出而異名、同謂之玄、玄之又玄、衆眇之

門

△韓非子解老云、道◎者、纂曰、本書所引、以見老子本文字句者爲斷、皆加◎以識之、萬物之所然也、萬理之所稽也、理者、成物之文也、纂按、惠棟周易述曰、易陰陽剛柔爲性命之理、兼三才而兩之、故易六位而成章、所謂成物之文也、道者、萬物之所以成也、故曰、道理之者也、顧廣圻識語云、句有誤字、○纂按、依下文云云、故理之爲物之制、則此句無誤字、且莊子繕性篇亦云、道、理也、物有理不可以相薄、物有理不可以相薄、故理之爲物之制、萬物各異理、萬物各異理、而道盡稽萬物之理、故不得不化、不得不化、故無◎常操、無常操、是以死生氣稟焉、萬智斟酌焉、萬事廢興焉。天得之以高、地得之以藏。纂按、惠棟周易述曰、坤以藏之、維斗得之以成其威、纂按、惠棟周易述曰、斗有威儀、日月得之以恒其光、五常得之以常其位、列星得之以端其行、四時得之以御其變

氣軒轅得之以擅四方、赤松得之與天地統、聖人得之以成文章、道與堯舜俱智、與接輿俱狂、與桀紂俱滅、與湯武俱昌、纂曰、以上說道體、

纂曰、道之在大聖、自證者離言義也、而著書以示教者依言義也、離言義在志於道、依言義則兼據於德矣、是以老子著書曰道德經、賈誼著書曰道德說、德有六理、其首曰道、德有六美、其首亦曰道、韓非此篇開章即云道者萬物之所以成、理者成物之文、蓋即賈氏德之理一語所本乎、賈氏曰書者、著德之理於竹帛而陳之、令人觀焉、以著所從事、故曰書者此之著者也、詩者志德之理而明其指、令人緣之以自成也、故曰詩者此之志者也、易者、察人之循德之理與

弗循（俞樾訂此十字為句）而占其吉凶、故曰易者此之占者也、
春秋者守往事之合德之理與不合（俞樾訂此十一字為句）而
紀其成敗、以為來世師法、故曰春秋者此之紀者也、
禮者體德之理而為之節文、成人事、故曰禮者此之
體者也、樂者書詩易春秋禮五者之道備、則合於德
矣、合則驩（譚本作讙亦與歡通）、然大樂矣、故曰樂者此之樂者
也、人能修德之理、則安利之謂福、莫不慕福、弗能必
得、而人心以為鬼神能與於利害、是故具犧牲俎豆
粢盛、齋戒而祭鬼神、欲以佐成福、故曰祭祀鬼神、為
此福者也、德之理盡施於人、其在人也、內而難見、是
以先王舉德之頌（纂按頌即容字）而為辭語、以明其理、陳之
天下、令人觀焉、垂之後世、辯議以審察之、以轉相告、

是故弟子隨師而問、博學以達其智、而明其辭以立其誠、故曰博學辯議、為此辭者也、

以為近乎、游於四極、以為遠乎、常在吾側、以為暗乎、其光照照、以為明乎、其物冥冥、纂曰、以上說道相、而功成天地和化雷霆、宇內之物、恃之以成、凡道之情、不制不形、柔弱隨時、與理相應、萬物得之以死、得之以生、萬物得之以敗、得之以成、道◎譬諸若水、溺者多飲之即死、渴者適飲之即生、譬之若劍戟、愚人以行忿則禍生、聖人以誅暴則福成、故得之以死、得之以生、得之以敗、得之以成、纂曰、以上說道用、章氏叢書原道下云、此其言道、猶浮屠之言如耶、（譯皆作真如、然本但一如字）有差別此謂理、無差別此謂道、死生成敗皆道也、雖得之猶無所得、齊物之論、由此作矣、○又云、凡理者、方圓短長麤靡堅脆之分也、故理定而後纂按惠棟周易述、而後下有物

字、箋按似宜有、可得道也、箋按、惠棟周易述曰、道理二字、說得分明、宋人說理與道同、而謂道為路、只見得一偏、故定理有存亡、有死生、有盛衰、夫物之一存一亡、乍死乍生、初盛而後衰者、不可謂常、唯夫與天地之剖判也俱生、至天地之消散也不死不衰者謂常、而常者無攸易、無定理、無定理非在於常所、是以不可道也、聖人觀其玄虛、用其周行、强字之曰道、然而可論、箋曰、觀其玄虛、即觀眇觀徼同謂之玄義、用其周行、即衆妙之門義、可論、即可道義、然而者、然後也、故曰、道之可道非常道也、箋曰、本書凡解老喻老、皆引於每章之首、從其朔也、

△莊子漁父篇、孔子曰、且道者萬物之所由也、庶物失之者死、得之者生、為事逆之則敗、順之則成、故道之所在、聖人尊之、◎又徐无鬼篇、古之真人、得之也生、失之也死、得之也死、失之也生、郭象注、死生得失、各隨其所居耳、於生為得、於死或復為失、未始有常也。

△莊子知北游、視之無形、聽之無聲、於人之論者、謂之冥冥、所以論道而非道也、郭象注、冥冥而猶復非道、明道之無名也、○又齊物論篇、夫道未始有封、郭象注、冥然無不在也、大道不偁、付之自偁、無所偁謂、道昭而不道、以此明彼、彼此俱失矣、

篆曰、禮器篇、三詔皆不同位、蓋道求而未之得也、鄭玄注、道猶言也、此云道可道、第二道字音導、莊子天下篇、詩以道志、書以道事、禮以道行、樂以道和、易以道陰陽、春秋以道名分、釋文云、以道字、音導。

△莊子大宗師、夫道有情有信、無爲無形、郭象注、有無情之情、故無爲也、有無常之信、故無形也、可傳而不可受、古今傳而宅之、莫能受而有之、可得而不可見、咸得自容、而莫見其狀、自本自根、未有天地、自古以固存、明無不待有而無也、神鬼神帝、生天生地、無也、豈能生神哉、不神鬼帝而鬼帝自神、斯乃不神之神

之神也、不生天地、而天地自生、斯乃不生之生也、故夫神之果不足以神、而不神則神矣、功何足有、事何足恃哉

在太極之先而不為高、在六極之下而不為深、先天地生而不為久、長於上古而不為老、言道之無所不在也、故在高為無高、在深為無深、在久為無久、在老為無老、無所不在、而所在皆無也、且上下無不格者、不得以高卑稱也、內外無不至者、不得以表裏名也、與化俱移者、不得言久也、終始常無者、不可謂老也、狶韋氏得之以挈天地、伏戲氏得之以襲氣母、維斗得之終古不忒、日月得之終古不息、堪坏得之以襲崐崘、馮夷得之以游大川、肩吾得之以處太山、黃帝得之以登雲天、顓頊得之以處玄宮、禺強得之立乎北極、西王母得之、坐乎少廣、莫知其始、莫知其終、彭祖得之、上及有虞、下及五伯、傳說得之以相武丁、奄有天下、乘東維、騎箕尾、而比於列星、道無能也、此言得之於道、乃所以明其自得耳、自得耳、道不能使之得也、我之未得、又不能為得也、

然則凡得之者、外不資於道、內不由於己、掘然自得而獨化也、

△莊子天地篇夫子曰、釋文、夫子、司馬云、莊子也、一云、老子也、夫道、覆載萬物者也、洋洋乎大哉、君子不可以不刳心焉、無為為之纂曰、淮南子原道訓、發明無為為之無為言之二語義、引見下文之謂天、郭象注、不為此為、而此為自為、乃天道、無為言之之謂德、不為此言、而此言自言、乃真德、愛人利物之謂仁、此任其性命之情也、不同同之之謂大、萬物萬形、各止其分。不引彼以同我、乃成大耳、行不崖異之謂寬、玄同彼我、則萬物自容、故有餘、有萬不同之謂富、我無不同、故能獨有斯萬、故執德之謂紀、德者、人之綱要、德成之謂立、非德而成者、不可謂立、循於道之謂備、夫道非備物也、不以物挫志之謂完、內自得也、君子明於此十者、則韜乎其事心之大也、纂曰、人間世篇、自事其心者、哀樂不易施乎前、事心、事心對該篇上文事君事親言、此篇郭原注誤、沛乎其為萬物逝也、德澤滂沛、任萬物之自往也、若然者、藏金於山、藏珠於淵、不貴難得

之物不利貨財、乃能忘我、況貨財乎、不近貴富、自來寄耳心常去之遠也、不樂壽、不哀夭、所謂縣解、不榮通、不醜窮、忘壽夭於胸中、況窮通之間哉、不拘一世之利、以為己私分、皆委之萬物也、不以王天下、為己處顯。忽然不覺榮之在身、顯則明、不顯則默而已、萬物一府、死生同狀、蛻然無所在也、○又云夫子曰、夫道、淵乎其居也、漻乎其清也、金石不得無以鳴、聲由寂彰、故金石有聲、不考不鳴、因以喻體道者、物感而後應也、萬物孰能定之、應感無方、夫王德之人、素逝而恥通於事、任素而往耳、非好通於事也、立之本原而知通於神、本立而知不逆、故其德廣、任素通神而後彌廣、其心之出、有物採之、物採之而後出耳、非先物而唱也、故形非道不生、生非德不明、存形窮生、立德明道、非王德者耶、蕩蕩乎、忽然出、勃然動、而萬物從之乎、此謂王德之人、忽勃、皆無心而應之貌、動出無心、故萬物從之、斯蕩蕩矣、故能存形窮生、立德明道、而成王德也、視乎冥冥、聽乎無聲。冥冥之中，獨見曉焉。無聲之中，獨聞和焉。若夫視聽而不寄之於寂，則有闇昧而不和也。故深之又深而能物焉，窮其原而後能物物。神之又神而能精焉。極至順而後能盡妙。故其與萬物接也，至無而供其求，我確斯而都任彼，則彼求自供。時騁而要其宿，大小長短脩遠。皆恣而任之，會其所極而已。

△莊子知北遊孔子問於老聃曰：今日晏閒，敢問至道。老聃曰：汝齊戒，疏瀹而心，澡雪而精神，掊擊而知。夫道，窅然難言哉！將為汝言其崖略。夫昭昭生於冥冥，有倫生於無形，精神生於道，郭象注，皆所以明其獨生而無所資借。形本生於精，皆由精以至粗。而萬物以形相生，故九竅者胎生，八竅者卵生。言萬物雖以形相生，亦皆自然耳，故胎卵不能易種而生，明神氣之不可為也。其來無迹，其往無崖，無門無房，四達之皇皇也。夫率自然之性，遊無迹之塗者，放形骸於天地

之閒、寄精神於八方之表、是以無門無房、四達皇皇、逍遙六合、與化偕行也、邀於此者、四枝彊、思慮恂達、耳目聰明、其用心不勞、其應物無方、人生亓遇此道則天性全而精神定、天不得不高、地不得不廣、日月不得不行、萬物不得不昌、此其道與、言此皆不得不然而有然耳、非道能使然也、且夫博之不必知、辯之不必慧、聖人以斷之矣、斷棄知慧而付之自然也、若夫益之而不加益、損之而不加損者、聖人之所保也、使各保其正分而已、故無用知慧為也、淵淵乎其若海、容恣無量、魏魏乎其終則復始也、與化俱者、乃積無窮之總、可謂魏魏、運量萬物而不匱、用物而不役已、故不匱也、則君子之道彼其外與、各取於身而足、萬物皆往資焉、而不匱、此其道與、遠用物、故我不匱、此明道之贍物、在於不贍不贍而物自得、故曰此其道與、言至道之無功、無功乃足稱道也、中國有人焉、非陰非陽、無所偏名、處於天地之閒、直且為人、教然自放、所遇而安、了無功名、將反於宗、不逐未也、自本觀之生者喑醷物也（直聚氣也）雖有壽夭相去幾何須臾之說也奚足以為堯桀之是非（死生猶未足殊況壽夭之間哉）果蓏有理（物無不理但當順之）人倫雖難所以相齒（人倫有知慧之變故難也然其知慧自相齒耳但當從而任之）聖人遭之而不違（順所遇也）過之而不守（宜過而過）調而應之德也偶而應之道也（調偶和合之謂也）帝之所興王之所起也（如斯而已）人生天地之間若白駒之過郤忽然而已（乃不足惜）注然勃然莫不出焉油然漻然莫不入焉（出入者變化之謂耳言天下未有不變也）已化而生又化而死（俱是化也）生物哀之（死物不哀）人類悲之（死類不悲）解其天弢墮其天袠（獨脫也）紛乎宛乎（變化煙熅）魂魄將往乃身從之乃大歸乎（無為用心於其間也）不形之形形之不形（不形形乃成若形之則敗其形矣）是人之所同知也（雖知之然不能任其自形而反形之所以多敗）非將至之所務也（務則不至）此眾人之所同論也

上篇一章

雖論之然故不能不務所以不至也被至則不論惋然不覺乃至論則不至明見無值關至乃值辯不若默道不可聞聞不若塞此之謂大得默而塞之則無所弃逐故大得

△淮南原道訓高誘注原本也本道根真包裹天地以歷萬物故曰原道因以題篇夫道者覆天載地道無形而大也廓四方柝八極廓張也柝開也八極八方之極也言其遠柝讀重門擊柝之柝也高不可際深不可測際至也度深曰測一曰盡也包裹天地稟授無形稟給也授予也無形萬物之未形有皆生於道故曰稟授無形也原流泉浡劉鄉生影寫本作源流泉滂沖而徐盈混混滑滑劉本作汩注同汩濁而徐清原泉之所自出也浡湧也劉本作涌沖虛也始出虛徐流不止能漸盈滿以喻於道亦然也滑讀曰骨也故植之而塞于天地橫之而彌于四海施之無窮而無所朝夕植立也塞滿也彌猶絡也施用也用之無窮竭也無所朝夕盛衰舒之幎于六合卷之不盈于一握舒散也幎覆也孟春與孟秋為合仲春與仲秋為合季春

與季秋為合、孟夏與孟冬為合、仲夏與仲冬為合、季夏與季冬為合、故曰六合、言滿天地間也、一曰、四方上下為六合、不盈一握、言微妙也、約而能張、幽而能明、言道能小能大、能昧能明、弱而能強、柔而能剛、道之性也、橫四維而含陰陽、橫讀桄、車之桄、紘宇宙而章三光、紘綱也、若小車蓋、四維謂之紘、繩之類也、四方上下曰宇、古往今來曰宙、以喻天地、章明也、三光日月星、○莊逵吉桉、三光日月星、李善文選注作許慎注、甚淖而濟、甚纖而微、濟亦淖也、夫饘粥多瀋者謂濟、濟讀歌謳之歌、○逵吉桉說文解字、濟多汁也、讀若哥、古哥歌同字、山以之高、淵以之深、獸以之走、鳥以之飛、日月以之明、星曆以之行、麟以之游、鳳以之翔、以用也、游出也、大飛不動曰翔也、

纂曰、右淮南子原道訓第一章第一節、說道體、○文心雕龍諸子篇云、淮南汎採而文麗、史通自敘篇云、淮南子書、牢籠天地、博極古今、上自太公、纂按太公、指道家、漢藝文志道家有太公二百三十七篇、下至商鞅、纂按指法家、其錯綜經緯、自謂兼於數

家篆按漢藝文志敘雜家云、兼儒墨合名法、兼合即雜義也、淮南內外篇漢志入雜家、揚子方言三云、萃、襍集也、段玉裁說文注艸部遣字云、今人言集、漢人多言襍、無遺力矣、篆按淮南之文、外似冗複、中實條理、得其緟疊義意、尋其根本枝葉、則知淮南得力於道家甚多、彼抱朴子是服食家、非道家、其外編之皆冗、則類書而已、似原道一訓、發揮老子本文盡致、篆分之爲三章四十節、知不免大雅所譏、然能便利閱者也、

泰古二皇、得道之柄、或本作術、立於中央、二皇、伏羲神農也、指說陰陽、故不言三也、神與化游、以撫四方、撫、安也、四方謂之天下也、是故能天運地滯、篆按、滯、文子道原作墆、又作幹、輪轉而無廢、運、行也、滯、止也、廢、休也、水流而不止、與萬物終始、風興雲蒸、事無不應、應、當也、雷聲雨降、竝應無窮、窮、已也、鬼出電入、龍興鸞集、鬼出、言無蹤迹也、電入、言其疾也、鈞旋轂轉、周而復帀、鈞、陶人作瓦器法下轉旋者、一曰、天也、○劉本作匝、已彫已琢、還

反於樸、纂按至、遠反於樸、應為第一章、

右第一章第二節、纂按此下二節跨兩章、說得道者、

以下兩大章皆從此推出、

無為為之、纂曰、無為為之無為言之二語、見上文引莊子天地篇、而合於道、纂按一義

無為言之、而通乎德、纂按二義此義淮南原文、引入三十八章上德不德注、○高誘注、言二三之化、無為為之也、而自合于道也、無所為言之、而適自適于德也、恬愉無矜、而得於和、纂按三義○恬愉、無所好憎也、無矜、不自大也、有萬不同、而便於性、纂按四義此兩義淮南原文、引入第十六章復命注、○萬事不同能于便性者（者下劉本有性字）不欲也、（黃抄道藏本欲作同）

神託於秋毫之末、言微眇也、而大大下劉本有與字宇宙之總、纂按總義○宇宙、喻天地、總、合也、

右第二章第一節、纂按此節數語、開以下多節、第二節入老子三十八章注、

夫太上之道、生萬物而不有、不以為已有者也成化像而弗宰、宰主也、跂行喙息蠉飛蝡動、待而後生、莫之知德、不因德之待之後死、莫之能怨、不怨虐之得以利者不能譽、用而敗者不能非、收聚畜積而不加富、收聚畜積、國有常賦也、不加富者、為百姓、不以為已有也、布施稟授而不益貧、布施稟授、匡困乏、予不足也、以公家之資、故不益貧也、旋縣而不可究、纖微而不可勤、劉本有注、縣、猶小也、勤、猶盡也、累之而不高、墮之而不下、益之而不眾、損之而不寡、斲之而不薄、殺之而不殘、鑿之而不深、填之而不淺、忽兮怳兮、不可為象兮、怳兮忽兮、用不屈兮、忽怳、無形貌也、故曰不可為象也、屈、竭也、怳、讀人空頭扣之怳、屈、讀秋雞無尾屈之屈也、幽兮冥兮、應無形兮、遂兮洞兮、不虛動兮、洞、達也、道動有所應、故曰不虛動也、與剛柔卷舒兮、與陰陽俛仰兮、卷舒、猶屈伸也、俛仰、猶升降也、

右第二章第三節、篆按此下四節承上說合於道、

昔者馮夷大丙之御也、夷或作遲、丙或作白、皆古之得道能御陰陽者也、〇達吉按詩周道倭遲、韓詩作郁夷、故夷或為遲、丙白字形相近、乘雲車、入雲蜺、游微霧、以雲蜺為其馬也、游、行也、微霧、天之微氣也、驚怳忽、歷遠彌高以極往、驚、馳也、怳忽、無之象也、往、行也、經霜雪而無迹、照日光而無景、行霜雪中無有迹、為日所照而景柱也、扶搖抮抱羊角而上、扶、攀也、搖、動也、抮抱、引戾也、(五字劉本作抱了戾也四字)扶搖直(劉本無直字)如羊角轉如曲縈、行而上也、抮、讀與左傳憾而能眕者同也、抱、讀詩克岐克嶷之嶷也、經紀山川、蹈騰昆侖、排閶闔、淪天門、經、行也、紀、通也、蹈、躡也、騰、上也、昆侖、山名也、在西北、其高萬九千里、河之所出、排、猶斥也、淪、入也、閶闔、始升天之門也、天門、上帝所居紫微宮門也、馮夷大丙之御、其耐如此、〇耐、劉本作能、篆按古通用、末世之御、雖有輕車良馬、勁策利鍛、不能與之爭先、勁、強也、策、箠也、末世之御、言不能與馮夷大丙爭在前也、鍛、讀炳燭之炳、

右第二章第四節

是故大丈夫恬然無思、 纂曰、以是故二字為發端詞、例見易繫辭傳、以故字為發端詞、例見禮運、是故皆訓為此、古人語不避複也、(章太炎氏新方言第一卷)原道一訓其發端詞、往往用之、 澹然無慮、以天為蓋、以地為輿、四時為馬、陰陽為御、 騶御、 乘雲陵霄、與造化者俱、 大丈夫、喻體道者也、造化、天地、一曰、道也、霄讀消息之消、 縱志舒節、以馳大區、 區、宅也、大宅、(從劉本)謂天也、 可以步而步、可以驟而驟、令雨師灑道、使風伯埽塵、 雨師、畢星也、詩云、月麗於畢、俾滂沱矣、風伯、箕星、月麗於箕、風揚沙、 電以為鞭策、 電、激氣也、故以為鞭策、 雷以為車輪、 雷、轉氣也、故以為車輪、 上游於霄霓之野、下出於無垠之門、 霄霓、高峻貌也、無垠、無形狀之貌、霄讀紬綃、霓讀翟氏之翟、 劉覽偏照、復守以全、 劉覽、回觀也、劉讀留連之留、非劉氏之劉也、○達吉按、詩彼留之子、鄭康成以為即劉字、 經營四隅、還反於樞、 隅、猶方也、樞、本也、 故以天為蓋則無不覆也、以地為輿則無不載也、四時為馬，則無不使也，陰陽為御，則無不備也，（陰陽次敘以成萬物、無所缺也、故曰無不備）是故疾而不搖，遠而不勞，四支不動，聰明不損，（損減也、）而知八紘九野之形埒者，何也，（八紘天之八維也、九野八方中央也、）執道要之柄，而游於無窮之地，

右第二章第五節

是故天下之事，不可為也，（為、治也、）因其自然而推之，（推、求也、舉也、）萬物之變，不可究也，秉其要歸之趣，（趣、亦歸也、）夫鏡水之與形接也，不設智故，而方圓曲直弗能逃也，（智故、巧飾也、鏡水不施巧飾之形、人之形好醜以實應之、故曰方圓曲直不能逃也、）是故響不肆應，而景不一設，（遠吉按景古影字）叫呼仿佛，默然自得，（得叫呼仿佛之聲狀也、）

右第二章第六節（自第七節起入老子第十六章注、）

是故聖人內脩其本，（篆按一義）而不外飾其末，（篆按二義、原文入第十二）

章為腹不為目注、保其精神。纂按第三義、原文入第六章谷神注、偃其智。故、纂按四義、原文入第十章愛民治国能無知乎注、漠然無為而無不為也、能無為、故物無不為之化、澹然無治也而無不治也、纂按總纂所謂無為者、不為物先也、所謂無不為者、因物之所為、順物之性也、所謂無治者、不易自然也、所謂無不治者、因物之相然也、然、猶宜也、原文入第三章為無為則無不治注、

右第三章第一節、纂按此節數語、又開下多節、直至篇末、仍跟篇首合道通德得和便性、歸結無為為之二語義、第二節起、入老子五章注、

△文子上禮篇、五帝異道而德覆天下、三王殊事而名施後世、施、依淮南子氾論訓、因時而變者也、譬猶師曠之施瑟柱也、所推移上下者無寸尺之度、而靡不中音、此三句依氾論訓故

通於樂之情者能作音，有本主於中而以知榘彠之所周者也。（此句依氾論訓）故先王之制不宜即廢之，末世之事善即著之。故聖人之制禮樂者不制於禮樂，制物者不制於物，制法者不制於法。故曰：道可道，非常道也。古者被髮而無卷領以王天下，（氾論訓作古者有鍪而綣領以王天下者矣）其德生而不殺，與而不奪，天下不非其服，（依氾論訓）同懷其德。當此之時，陰陽和平，萬物蕃息，飛鳥之巢可俯而探也，走獸可係而從也。及其衰也，鳥獸蟲蛇皆為民害，故鑄鐵鍛刀以禦其難，故民迫其難則求其便，困其患則造其備，（依氾論訓）各以其智去其所害，就其所利，常故不可循，器械不可因，故先王之法度有變易者也。故曰：名可名，非常名也。（纂曰：文子此篇錄自淮南。）

△淮南子本經訓、振困窮、補不足、則名生。高誘注、名、仁名也、興利除害、伐亂禁暴、則功成。功、武功也、世無災害、雖神無所施其德。上下和輯、雖賢無所立其功。昔容成氏之時、道路鴈行列處、容成、黃帝時造曆術者、鴈行長幼有差也、託嬰兒於巢上、置餘糧於畮首、虎豹可尾、虺蛇可蹍、而不知其所由然。虎豹擾人、無害人之心、故可牽尾、虺蛇不蟄毒、故可躡履也、時人謂自當然耳、故曰不知其所由然、の達吉按、擾人之擾、當作懮、古柔字也、逮至堯之時、十日竝出、焦禾稼、殺草木、而民無所食。猰貐、鑿齒、九嬰、大風、封豨、脩蛇、皆為民害。猰、讀車軋履人之軋、貐、讀疾除痛之痛、猰貐、獸名也、狀若龍首、或曰似貍、善走而食人、在西方也、鑿齒、獸名、齒長三尺、其狀如鑿、下徹頷下、而持戈盾、九嬰、水火之怪、為人害、大風、風伯也、能壞人屋舍、封豨、大豕、楚人謂豕為豨也、脩蛇、大蛇、呑象三年而出其骨之類、之、疇華、南方澤名、堯乃使羿誅鑿齒於疇華之野、羿善射、堯使羿射殺殺九嬰於凶水之上、北狄之地、有凶水、繳大風於青

丘之澤、羿于青丘之澤、繳遮使不為害也、一曰以繳繫矢射殺之、青丘、東方之澤名也、上射十日、而下殺猰貐、十日並出、羿射去九、斷脩蛇於洞庭、禽封豨於桑林。洞庭、南方澤名、桑林、湯所禱旱桑山之林、萬民皆喜、置堯以為天子、於是天下廣狹險易遠近、始有道里。」舜之時、共工振滔洪水、以薄空桑、共工、水官名也、栒有之後、振、動也、滔、蕩也、後壅防百川、滔高堙庳、以害天下者、薄、迫也、空桑、地名、在魯也、龍門未開、呂梁未發、江淮通流、四海溟涬、民皆上丘陵、赴樹木。龍門、河之隘也、在左馮翊夏陽北、禹所鑿也、呂梁、在彭城呂縣、石生水中、禹決而通之、民所由得度也、故曰呂梁也、未發之時、水道不通、江淮合流、四海溟涬、無岸畔也、○達吉按、呂梁有兩說、一說在西河、司馬彪曰、呂梁在離石縣西、是也、一說在彭城、即注是也、乃至廣說、舜乃使禹疏三江五湖、闢伊闕、導廛澗、伊闕、山名也、禹所開以通伊水、故曰闕、伊闕在洛陽西南九十里、廛澗、兩水名、廛讀裹纏之纏、平通溝陸、流注東海、鴻水漏、九州乾。萬民皆寧其性、是以稱堯、纂按、此堯字衍、舜以為聖。」晚世之時、帝有桀紂、為璇室、瑤臺、象廊、玉牀、璇瑤石之似玉，以飾室臺也。用象牙飾廊殿，以玉為牀。言淫役也。璇或作旋，瑤或作搖，言室施機關，可轉旋也；臺可搖動，極工木之巧也。紂為肉圃、酒池、紂積肉以為園圃，積酒以為淵池，今河內朝歌，紂所都也，城西有糟丘酒池處是也。燎焚天下之財、罷苦萬民之力、刳諫者、剔孕婦、王子比干，紂之諸父也，數諫紂之無道，紂剖其心而觀之，故曰刳諫者。孕婦，姙身將就草之婦也，紂解剔觀其胞裏，故曰剔孕婦也。攘天下、虐百姓。於是湯乃以革車三百乘、伐桀於南巢、放之夏臺。革車，兵車也。南巢，今廬江巢縣是也。夏臺，大臺，故作宮也。武王革卒三千、破紂牧野、殺之於宣室。武王，周文王之子發也。在車曰士，步曰卒。牧野，南郊地名，在朝歌城外。宣室，殷宮名。一曰宣室，獄也。天下寧定、百姓和集、是以稱湯武之賢。由此觀之、有賢聖之名者、必遭亂世之患也。今至人生亂世之中、含德懷道、拘篆曰：拘，當作抱。無窮之智、鉗口寢說、遂不言而死者、眾矣、至人，至德之人。然天下莫知貴其不言也。無有貴鉗口不言而死也。故道可道、非常道。至道可名不可道、故曰可道者非常道也。名可名、非常名。真人之名、不可得名。著於竹帛、鏤於金石、可傳於人者、其粗也。五帝三王、殊事而同指、異路而同歸。五帝、黄帝顓頊帝嚳帝堯帝舜、三王、夏禹商湯周文王、同歸、同歸脩仁義也。晚世學者、不知道之所一體、德之所總要、總、凡也、要、約也。取成纂曰成下有事字應依文子之迹、相與危坐而說之、鼓歌而舞之、故博學多聞、而不免於惑。詩云、不敢暴虎、不敢馮河、人知其一、莫知其他、此之謂也。無兵搏虎曰暴虎、無舟檝而渡曰馮河、言小人而為政、不可不敬、不敬則危、猶暴虎馮河之必死、人皆知暴虎馮河之至害也、故曰知其一、而不知當畏尊小人危亡也、故曰莫知其他、此不免于惑、此之謂也、

△文子精誠篇、老子曰、纂曰、文子一書、濫稱老子曰三宍、余知彼之所来、是出周秦漢道家書、然但應稱老者曰（謂為老子之學者也、如孟子稱墨者之例）不應直稱老子曰、致貽誤後人也、他處倣此、振窮補急則名生、起利除害即功成、世無災害、雖聖纂按

淮南子聖作神、無所施其德、上下和睦、雖賢無所立其功、故至人之治、含德抱道、推誠樂施、無窮之智、寢說而不言、天下莫之知貴其不言者、纂曰、此數語錄淮南子而意不完備、故道◎可◎道◎非◎常◎道◎也、名◦可◦名•非•常◎名◦也、著于竹帛、鏤于金石、可傳于人者、皆其粗也、三皇五帝三王、殊事而同心、異路而同歸、末世之學者、不知道之所體一、德之所總要、取成事之迹、跪坐而言之、雖博學多聞、不免于亂、

△淮南子氾論訓、治國有常、而利民為本、高誘注、本、要、政教有經、而令行為上、經、常也、上、最也、苟利於民、不必法古、苟周於事、不必循舊、舊、常也、傳曰、舊不必良、舊、或作咎也、夫夏商之衰也、不變法而亡、亡、謂桀紂、三代之起也、不相襲而王、三代禹湯武也、襲、因也、故聖人法與時變、禮與俗化、化、易也、衣服器械、各便其用、法度制

令、各因其宜、故變古未可非、而循俗未足多也。循、隨也、俗、常也、百川異源、而皆歸於海、以海為宗、百家殊業、而皆務於治、業、事也、以治為要也。王道缺而詩作、詩所以刺王道、周室廢禮義壞而春秋作、春秋所以絕不由禮義也、詩春秋、學之美者也、皆衰世之造也、儒者循之以教導於世、豈若三代之盛哉、以詩春秋為古之道而貴之、又有未作詩春秋之時、夫道其缺也、不若道其全也、誦先王之詩書、不若聞得其言、聞得其言、不若得其所以言、聞聖人之言、不如得其發言時之本意、得其所以言者、言弗能言也、聖人所言微妙、凡人雖得之、口不耐以言、故道可道者非常道也。常道、言深隱幽冥、不可道也、猶聖人之言、微妙不可言、

△文子上義篇、治國有常、而利民為本。政教有道、而令行為古、纂曰、古、當依淮南子作上、苟利于民、不必法古、苟周于事、不必

循俗、故聖人法與時變、禮與俗化、衣服器械、各便其用、法度制令、各因其宜、故變古未可非、而循俗未足多也、誦先王之書、不若聞其言、聞其言不若得其所以言、得其所以言者、言不能言也、故道可道非常道也、名可名非常名也、

△

淮南子道應訓、桓公讀書於堂、高誘注、桓公、齊君 輪扁斲輪於堂下、釋其椎鑿而問桓公曰、君之所讀者何書也、桓公曰、聖人之書、輪扁曰、其人焉在、輪扁、人名、問作書之人何在也、桓公曰、已死矣、輪扁曰、是直聖人之糟粕耳、精、酒滓也、粕、已漉之精也、桓公悖然作色而怒曰、寡人讀書、工人焉得而譏之哉、有說則可、無說則死、輪扁曰、然、有說、臣試以臣之斲輪語之、大疾則苦而不入、苦、急意也、大徐則甘而不固、甘、緩意也、不甘不

苦應於手，厭於心，而可以至妙者，臣不能以教臣之子，
而臣之子亦不能得之於臣，是以行年七十，老而為輪，
今聖人之所言者，亦以懷其實，窮而死，獨其糟粕在耳，
故老子曰，道可道，非常道，名可名，非常名。

△文子上仁篇，道之所以至妙者，父不能以教子，子亦不
能受之于父，故道可道，非常道也，名可名，非常名也。

△孔安國尚書序，伏犧神農黃帝之書，謂之三墳，言大道
也，少昊顓頊高辛唐虞之書，謂之五典，言常道也。

△尹文子大道上篇，大道無形，稱器有名，名也者，正形者
也。形正由名，則名不可差，故仲尼云，必也正名乎，名不
正則言不順也。○大道不稱，衆有必名，生于不稱，則群
形自得其方圓，名生于方圓，則衆名得其所稱也。○有

老子書[illegible]

形者必有名、有名者未必有形。形而不名、未必失其方員白黑之實。名而不可不尋名以檢其差。故亦有名以檢形、形以定名。名以定事、事以檢名。察其所以然、則形名之與事物、無所隱其理矣。名有三科。一曰命物之名、方員白黑是也。二曰毀譽之名、善惡貴賤是也。三曰況謂之名、賢愚愛憎是也。名者、名形者也。形者、應名者也。然形非正名也、名非正形也、則形之與名、居然別矣。不可相亂、亦不可相無。無名故大道無稱、有名故名以正形。今萬物具存、不以名正之則亂。萬名具列、不以形應之則乖。故形名者不可不正也。善名命善、惡名命惡。故善有善名、惡有惡名。聖賢仁智、命善者也。頑嚚凶愚、命惡者也。今即聖賢仁智之名、以求聖賢仁智之實未之或盡也。即頑嚚凶愚之名、以求頑嚚凶愚之實、亦未或盡也。使善惡盡然有分、雖未能盡物之實猶不患其差也。故曰、名不可不辨也。名稱者、別彼此而檢虛實者也。自古至今、莫不用此而得、用彼而失。失者由名分混、得者由名分察。今親賢而疏不肖、賞善而罰惡、賢不肖善惡之名宜在彼、親疏賞罰之稱宜屬我。我之與彼、又復一名。名之察者也。名賢不肖爲親疏、名善惡爲賞罰、合彼我之一稱而不別之、名之混者也。故曰、名稱者不可不察也。語曰、好牛、篆曰、於牛字下刪去七字衍文、好則物之通稱、牛則物之定形、以通稱隨定形、不可窮極者也。設復言好馬、則復連于馬矣。則好所通無方也。設復言好人、則復篆曰、復原作彼、誤、屬于人矣。則好非人、人非好也。則好牛好馬好人之名自離矣。故。曰。名。分。不。可。相。亂。也。五色五聲五臭五味凡四類、自然存焉天地之間、而不期為人用、人必用之終身。各有好惡。而不能辯其名分名宜屬彼、分宜屬我。我愛白而憎黑、韻商而舍徵、好膻而惡焦、嗜甘而逆苦。白黑商徵膻焦甘苦、彼之名也。愛憎韻舍好惡嗜逆、我之分也。定此名分、則萬事不亂也。

○故人以度審長短、以量受多少、以衡平輕重、以律均清濁、以名稽虛實、以法定治亂、以簡治煩惑、以易御險難。以萬事皆歸于一、百度皆準于法。歸一者、簡之至。準法者、易之極。如此頑嚚聾瞽、可以纂曰、以、訓與、察慧聰明同其治也。

△易繫辭上、仁者見之謂之仁知者見之謂之知百姓日

用而不知、故君子之道鮮矣、韓康伯注、君子體道以為用也、仁知則滯於所見、百姓則日用而不知、體斯道者不亦鮮矣、故常无欲以觀其妙、始可以語至而言極也、道者何、无之稱也、寂然、天體、不可為象、必有之用極、而无之功顯、故至乎神无方而易无體、而道可見矣。

△、莊子天下篇說老聃云、建之以常無有、

△、關尹子宇篇、纂曰、關尹子篇名皆是一字、後人以一二等字聯八篇名成二字者、誤也。學之、徇異名、析同實、得之、契同實、忘異名。

△、楊雄太玄曰、天以不見為玄、地以不形為玄、人以心腹為玄、天奧西北、鬱化精也、地奧黃泉、隱魄榮也、人奧思慮、含至精也、

△、莊子大宗師篇、於謳聞之玄冥、玄冥聞之參寥。郭象注

玄冥者、所以名無、而非無也、夫階名以至無者、必得無於名表、故雖玄冥猶未極、而又推寄於參寥、亦玄之又玄也。○莊子天地篇、故深之又深、神之又神、

△莊子庚桑楚篇、是謂天門、郭象注、天門者、萬物之都名也。謂之天門、猶云眾妙之門也。成玄英疏、天有、自出之謂也、篆曰、始、母、古音在一部、古音悉依段玉裁六書音韻表道、以三部合韻、一部。眇、說文無妙字、眇字是、徼、古音二部。○篆按段玉裁古十七部本音說云、三百篇後、孔子贊易、老子言道德五千餘、言用韻即不必皆同。乃六書音均表言老子韻、一鱗半爪、語焉不詳。查老子八十一章中、僅第十三章二。十三章四十八四十九五十章六十六章八十一章無韻。除此七章外餘皆有韻。茲特將全經依十七部考其本音

合韻，附于各章之後。務得校正各本，成為定論者。有如
干條云。
段玉裁古十七部本音說云：三百篇後，孔子贊易，老子言道德五千餘言，用韻即不必皆同。篆按老子於本音外之合韻，其與詩經及群經絕異者，不過三條：(一)第二十九章，以十六部羸，合韻十七部隨吹墮；(二)第五十八章，以二部耀，合韻十五部劌刺肆；(三)第七十五章，以一部淡，合韻十五部饑死。除此以外，雖有合韻，亦復詩經及他經所見也。
篆又按因研索古音，知字之當從河上公本者一，第十五章孰能濁以止，與孰能安以久為韻，知字之當從傅奕本者有五：(一)第二章，長短相較，當作形；(二)第十五章

偞兮其若容、當作客、(三)第二十章、善之與惡、相去若何、當作何若、(四)第五十四章、修之於国、以國觀國、國均當作邦、此字因漢避諱而改、(五)第六十九章、執無兵、扔無敵、知字之當依淮南子者二、(一)第三章、強其骨、應作強其事、(二)第六十二章、行可以加人、行上當增美字、知字之當從篆說者一、第三十六章、將欲廢之、必固興之、將欲奪之、必固與之、興廢字與奪字各應互易也、知字之不許再騰異說者一、即第五十五章終日號而不嗄之嗄字是也、知王弼句讀有誤者一、即五十八章「其無正」三字應屬下讀至「其日固久」為一句是也、他若第三十二章、道常無名與始制有名兩節為對偶、第三十四章、衣養萬物歸焉兩節為對偶、六十二章「美言」至「何棄之有」為一句、

「故立天子」至「不如坐進此道」為一句，則又可從古音核定其文理，而闕除自來誤說者矣。

老乞大諺解

二章

天下皆知美之為美，斯惡已，皆知善之為善，斯不善已。善美韻

故有無相生，難易相成，長短相形，篆曰：形，依文子道原篇及傅奕本。高

下相傾，生成形傾韻 音聲相咊，前後相隨，咊隨韻 是以聖人處無

為之事，行不言之教。萬物作焉而不辭，傅奕本萬物作而不為始 生而

不有，為而不恃，事辭始有恃韻 功成而弗居，夫惟弗居，是以不

去。居去韻

△淮南子道應訓，太清問於無窮曰，子知道乎。無窮曰，吾

弗知也。高誘注，太清元氣之清者也，無窮無形也。又問於無為，無為有形而不為也。曰，

子知道乎。無為曰，吾知道。無為有形故知道也。子之知道，亦有數

乎。無為曰，吾知道有數。曰，其數柰何。無為曰，吾知道之

可以弱，可以強，可以柔，可以剛，可以陰，可以陽，可以窈

可以明、可以包裹天地、可以應待無方、此吾所以知道之數也。太清又問於無始、有無始未始之氣也曰鄉有吾問道於無窮、曰吾弗知之。又問於無爲、無爲曰吾知道、曰子之知道亦有數乎、無爲曰吾知道有數、曰其數若何、無爲曰吾知道之可以弱、可以強、可以柔、可以剛、可以陰、可以陽、可以窮、可以明、可以包裹天地、可以應待無方、吾所以知道之數也。若是則無爲知與無窮之弗知、孰是孰非。無始曰弗知之深、而知之淺、弗知內、而知之外、弗知精、而知之粗。太清仰而歎曰然則不知乃知耶、知乃不知耶、孰知知之爲弗知、弗知之爲知耶。無始曰道不可聞、聞而非也、道不可見、見而非也、道不可言、言而非也、孰知形之不形者乎。故老子曰天下皆知善之爲善斯⊙不⊙善⊙也⊙。故知者不言，言者不知也。

△文子微明篇：道可以弱，可以柔，（可以强）可以剛，可以陰，可以陽，可以幽，可以明，可以包裹天地，可以應待無方。知之淺，不知之深，知之外，不知之內，知之粗，不知之精。知之乃不知，不知乃知之，孰知知之為不知，不知之為知乎。夫道不可聞，聞而非也，道不可見，見而非也，道不可言，言而非也。孰知形之不形者乎。故天⊙下⊙皆⊙知⊙善⊙之⊙為⊙善⊙也⊙。斯⊙不⊙善⊙矣。知者不言，言者不知，纘義：微明者，其道乎。視之不以目，聽不以耳，得之天而著之心，故能包裹天地，應待無方，不可以智力求，惟知不知，為不為，言不言，則得之矣。

△莊子馬蹄篇：及至伯⊙樂⊙曰⊙：我善治馬云云。郭象注：有意治之，則不治矣，治之為善，斯⊙不⊙善⊙也⊙。○又外物篇：去善而自善矣。郭象注：去善則善無所慕，善無所慕，則善者

不矯、而自善也。成玄英疏、遣矜尚之小心、合自然之大善、故老經云、天下皆知善之為善、斯不善已、

△文子道原篇、夫道、有無相生也、難易相成也、是以聖人執道、虛靜微妙、以成其德○又云、古者民、行出無容、言而不文、不布施、不求德、高下不相傾、長短不相形、纂曰、此形字、可正今本老子較字之誤、風齊于俗、可隨也、事周于能、易為也、

△管子大數篇、無為者帝、為而無以為者王、為而不貴者霸。不自以為所貴則君道也、貴而不過度則臣道也。○

又心術篇、以無為之謂道房玄齡注、無為自然者、道也、

△說苑君道篇、晉平公問於師曠曰、人君之道如何、對曰、人君之道、清淨無為、務在博愛、趨在任賢、廣開耳目、以察萬方、不固溺於流俗、不拘繫於左右、廓然遠見、踔然

獨立、屢省考績、以臨臣下、此人君之操也、平公曰、善。○又云、齊宣王謂尹文曰、人君之事何如、尹文對曰、人君之事、無為而能容下、夫事寡易從、法省易因、故民不以政獲罪也、大道容衆、大德容下、聖人寡為而天下理矣、書曰、睿作聖、詩人曰、岐有夷之行、子孫其保之、宣王曰、善。○又云、湯問伊尹曰、三公、九卿、二十七大夫、八十一元士、知之有道乎、伊尹對曰、昔者堯見人而知、舜任人然後知、禹以成功舉之、夫三君之舉賢、皆異道而成功、然尚有失者、況無法度而任己、直意用人、必大失矣、故君使臣自貢其能、則萬一之不失矣、王者何以選賢、夫王者得賢材以自輔、然後治也、雖有堯舜之明、而股肱不備、則主恩不流、化澤不行、故明君在上、慎於擇士、務於求賢、設四佐以自輔、有英俊以治官、尊其爵、重其祿、賢者進以顯榮、罷者退而勞力、是以主無遺憂、下無邪慝、百官能治、臣下樂職、恩流群生、潤澤草木、昔者虞舜左禹右皋陶、不下堂而天下治、此使能之效也、

△魏何晏無爲論云、天地萬物、皆以無爲爲本、無也者開物成務、無往不成者也、陰陽恃以化生、萬物恃以成形、賢者恃以成德、不肖恃以免身、故無之爲用、無爵而貴矣。晉書王衍傳、何晏王弼等祖述老莊立論云云、

△莊子知北游篇、至言去言、至爲去爲、郭象注、皆自得也、

△文子自然篇、王道者、處無爲之事、行不言之教、清靜而不動、一度而不搖、因循任下、責成而不勞、謀無失策、舉無過事、言爲文章、行爲儀度、一本二爲字皆作無、進退應時、動靜

循理美醜不好憎、賞罰不喜怒、名各自命類各自以事由自然、莫出于己、若欲挾之、乃是離之、若欲飾之、乃是賊之、舊注、王者非大不能容萬物、非靜不能和百姓、絶于好憎、毅乎樸素、檢而不親、文無害質、比物類衆、咸歸自然也、

△莊子德充符篇常季問於仲尼曰、王駘兀者也、從之游者、與夫子中分魯、立不教、坐不議、虛而往、實而歸、郭象注、各自得而足也、○常季、或云孔子弟子、立不教、坐不議、司馬云、立不教授、坐不議論、固有不◎言◎之◎教◎、無形而心成者耶、夫心之全也、遺身形、忘五藏、忽然獨往而天下莫能離、是何人也、仲尼曰、夫子、聖人也、

△莊子徐無鬼篇、仲尼曰、丘也聞不◎言◎之◎言◎矣、未之嘗言、郭象注、聖人無言、其所言者、百姓之言耳、故曰不言之言◎、苟以言為不言、則雖言出於口、故為未之嘗言。

△莊子知北遊篇：知北遊於玄水之上，登隱弅之丘，而適遭無為謂焉。成玄英疏：此章並假立姓名，寓言明理。北是幽冥之域，水又幽昧之方，隱則深遠難知，弅則鬱然可見，欲明至道玄絕，顯晦無常，故寄此言以彰其義也。知謂無為謂曰：予欲有問乎若：疏：若，汝也。此明運知極心，問道假設賓主，云無為謂。何思何慮則知道，何處何服則安道，何從何道則得道？疏：此假設言方，運知問道，若委尋思，何所念慮則知至道？若為服勤，於何處所，則安心契道？何所依從，何所道說，則得其道也？三問而無為謂不答也，非不答，不知答也。疏：知分別也，設此三問，竟無一答，非無為謂惜情不答，直是理無分別，故不知所以答也。知不得問，反於白水之南，登狐闋之上，而睹狂屈焉。知以之言也問乎狂屈。疏：白是潔素之色，南是顯明之方，狐者疑似，夷猶；闋者，空淨無物。問不得決，反照於白水之南，捨有反無，狐疑未能窮理，既而猖狂妄行，極若槁木，欲表斯義，故曰狂屈焉。狂屈曰：唉！予知之，將語若，中欲言而忘其所欲言。疏：唉，應聲也。初欲言語，中途忘之，斯忘之術，反照之道。知不得問，反於

帝宮、見黃帝而問焉、黃帝曰、無思無慮始知道、無處無服始安道、無從無道始得道、疏、軒轅體道妙達玄言、故以下無無於三問、知問黃帝曰、我與若知之、彼與彼不知也、其孰是耶、黃帝曰、彼無爲謂真是也、狂屈似之、我與汝終不近也、夫知者不言、言者不知、故聖人行不言之教、注、任其自行、斯不言之教也○疏、真者不知也、似者中忘也、不近者以其知之也、行不言之教、引老子經爲證也○釋文、知北遊、音智、於玄水之上、司馬本上作北、隱弅、符云反、又音紛、李云、隱出弅起、丘貌、白水、水名、狐閡、苦穴反、司馬李云、狐閡丘名、李云、狂屈、倘張似人而非也、以之言、司馬云之、是也、唉哀在反、徐烏來反、李音熙、云應聲、語、魚據反、不近、附近之近、

△桓範政要論政務篇、凡政之務、務在節事、事節於上、則民有餘力於下、下有餘力、則無爭訟之有乎民、民無爭訟、則政無爲而治、教不言而行矣、日本尾張刻本羣書治要卷四十七、

△莊子齊物論篇、孰知不言之辯、若有能知、此之謂天府、

△曲禮、疑事毋質、直而勿有、鄭玄注、直、正也、偁師友而正之、謙也、

△莊子大宗師篇、古之真人、不雄成、郭象注、不恃其成而處物先、成玄英疏、爲而不恃、長而不宰、豈雄據成績、欲處物先耶、○又在宥篇、會於仁而不恃、郭象注、恃則不廣、成玄英疏、老經云、爲而不恃、仁慈博愛、貴在合宜、故無恃賴、

△莊子天下篇、關尹曰、在己無居、郭象注、物來則應、應而不藏、故功隨物去、○成玄英疏、功成弗居、推功於物、用此在己而修其身也、形物自著、注、不自是而委萬物、故物形各自彰著、○疏、委任萬物、不伐其功、故彼之形性、各自彰著也、

△淮南子道應訓、子發攻蔡、踰之、高誘注、子發、楚宣王之將、踰、越、勝之也、宣王郊迎、列田百頃而封之執圭、楚爵功臣賜以圭、謂之執圭、比附庸之君、子

發辭不受、曰治國立政、諸侯入賓、此君之德也、發號施令、師未合而敵適、此將軍之威也、兵陳戰而勝敵者、此庶民之力也、夫乘民之功勞、而取其爵祿者、非仁義之道也、故辭而弗受、故老子曰、功成而不居、夫惟不居、是以不去。

篆曰、美、善、協韻、劉師培曰、以美協善、則生、成、形、傾、古音在十一部。味、以善視雙聲、讀善若視、古唱味字隨、古音十七部、事辭、應作說文辭、不讀去聲、始、有、恃、古音一部。教、以二部合韻一部。尻、居當作尻、說文几部、去、古音五部。

上篇二章 二八

三章

不尚賢，使民不爭，不貴難得之貨，使民不為盜，不見可欲，使民心不亂，是以聖人之治，亂治韻虛其心，實其腹，弱其志，彊其事，篆曰，事依淮南子原道訓常使民無知無欲，腹欲韻使夫智者不敢為也，為篆曰，讀無為篆曰，讀則無不治，篆曰，句，治志事治韻。

△莊子天地篇，至德之世，不尚賢，不使能，郭象注，賢當其位，非尚之也，能者自為，非使之也，〇又外物篇，演門有親死者，釋文，演門，宋城門名，以善毀爵為官師，其黨人毀而死者半。郭象注，慕賞而孝，去真遠矣，斯尚賢之過也，

△莊子庚桑楚篇，舉賢則民相軋，郭象注，將慶擁其性，以待其所尚，任智則民相盜。真不足而以智繼之，則偽矣，偽以求生，非盜如何，〇又則陽篇，榮辱立然後觀所病，郭象注，各自得則無榮辱，得失紛紜，故榮辱立，榮辱立則夸其所謂辱而跂其

所謂榮矣奔馳乎李、貨財聚然後覩所爭⊕若以知足為富、將何爭哉、

△莊子人間世篇、德蕩乎名、智出乎爭⊕郭象注、德之所以流蕩者、矜名故也、智之所以橫出者、爭善故也、名也者相軋也、智也者爭之器也、二者凶器、非所以盡行也、成玄英疏、二者並凶禍之器、盡不可行於世、⊙又外物篇、德溢乎名、郭象注、夫名高則利深、故修德者過其當、名溢乎暴、夫禁暴則名美于德、謀稽乎誸、誸、急也、急而後考其謀、⊙釋文、誸音賢、智出乎爭⊙平往則無用智、柴生乎守、釋文、柴、積也、官事果乎眾宜、眾之所宜者不一、故官事立也、

△淮南子齊俗訓、乃至天地之所覆載、日月之所照誋、使各便其性、安其居、處其宜、為其能、故愚者有所修、智者有所不足、柱不可以摘齒、莊逵吉按太平御覽引摘作刺、筐不可以持屋、高誘注、筐、小簪也、⊙逵吉按太平御覽引筐作莛、馬不可以服重、牛不可以追速、鉛不可以為刀、銅不可以為弩、鐵不可以為舟、木

不可以為釜、各用之於其所適、施之於其所宜、即萬物一齊、而無由相遇、夫明鏡便于照形、其于以（爲）食不如箪。犧牛粹毛、宜于廟牲、其于以致雨、不若黑蜧。（黑蜧、神蛇也、潛于神淵、能興雲雨。）由此觀之、物無貴賤、因其所貴而貴之、物無不貴也、因其所賤而賤之、物無不賤也。夫玉璞不厭厚、角鱎不厭薄、（角鱎、刀劍羽翿間之飾也、）漆不厭黑、粉不厭白、此四者相反也、所急則均、其用一也。今之裘與蓑孰急、見雨則裘不用、升堂則蓑不御、此代為常者也。譬若舟車楯肆窮廬、故有所宜也。（水宜舟、陸地宜車、沙地宜肆、泥地宜楯、草野宜窮廬、）故老子曰不◎尚◎賢◎者、言不致魚于木、沈鳥于淵。（物各因其宜、故不須用賢、）故堯之治天下也、舜為司徒、契為司馬、禹為司空、后稷為大田師、奚仲為工。其導萬民也、水處者漁、山處者木、谷處者牧、陸處者農、地宜其事、事宜其械、械宜其用、用宜其人、澤皋織網、陵阪耕田、得以所有易所無、以所工易所拙、是故離叛者寡、而聽從者衆。

△

文子自然篇、故聖人之牧民也、使各便其性、安其居、處其宜、為其所能、周其所適、施其所宜、如此則萬物一齊、無由相遇、舊注、聖人牧民、使異性殊形、各適其宜、財萬類、有若一體、不能相越、故曰一齊、雖天下之物、無貴無賤、因其所貴而貴之、物無不貴、因其所賤而賤之、物無不賤、貴賤無定分、窮通無常準、在遇與不遇、用與不用也、故不◎尚◎賢◎等、言不放魚于木、不沈鳥于淵、言因飛而放于林、因游而投于水、則飛沈得所、猶賢愚並用也、昔堯之治天下也、舜為司徒、契為司馬、禹為司空、三公之官、論道經邦、燮理陰陽、為天子股肱喉舌也、后稷為田疇、教民播種、奚仲為工師、造器物以備民用、聖人任賢若此、功格宇宙、德流四海、惟天為大、惟堯則之也、其導民也、水處者漁、林處者采、谷處者牧、陸處者田、陸一本作陵、地宜其事、事宜其械、械宜其材、皋澤織網、陵阪耕田、如是則民得以所有易所無、所工易所拙、以所長易所短、一本脫此六字是以離叛者寡、聽從者衆。

△文子下德篇、人之情性、皆願賢己、而疾不及人、願賢己則爭心生、疾不及人則怨心生、爭怨生、即心亂而氣逆。怨心心字、篆改、爭怨二字、篆乙、故古之聖王、退爭怨、爭怨不生、即心治而氣順。故曰不尚賢、使民不爭、纘義爭之不足、讓之有餘、人己兩全之道也、夫怒逆德、兵凶器、爭者人之所亂、陰謀逆德、好用凶器、治人、亂逆之至也、文子以其言而授之范蠡、越欲伐吳、蠡引以為諫、句踐不聽、敗于夫椒、則知欲禍人者、乃所以自禍也、賢者肯如是乎。

○又上禮篇、其上賢也、以平教化、正獄訟、賢者在位、能者在職、澤施于下、萬民懷德、至其衰也、朋黨比周、各推其所與、廢公趣

上篇三章　二乙

私、外內相舉、姦人在位、賢者隱處

△尹文子大道上篇、為善使人不能得從、此獨善也、為巧使人不能得從、此獨巧也、未盡善巧之理。為善與衆行之、為巧與衆能之、此善之善者、巧之巧者也。所貴聖人之治、不貴其獨治、貴其能與衆共治。貴工倕之巧、不貴其獨巧、貴其能與衆共巧也。今世之人、行欲獨賢、事欲獨能、辯欲出群、勇欲絶衆、獨行之賢、不足以成化、獨能之事、不足以周務、出群之辯、不可為戸說、絶衆之勇、不可與征陳、凡此四者、亂之所由生。是以聖人任道以夷其險、立法以理其差、使賢愚不相棄、能鄙不相遺。能鄙不相遺、則能鄙齊功。賢愚不相棄、則賢愚等慮。此至治之術也。

△儀禮聘禮云、多貨則傷於德

△淮南子齊俗訓。治國之道、上無苛令、官無煩治、士無僞行、工無淫巧、其事經而不擾、其器完而不飾。亂世則不然、爲行者相揭以高、（高譎注、揭擧也、）爲禮者相矜以僞、車輿極於雕琢、器用逐於刻鏤、求貨者爭難得以爲寶、詆文者處煩撓以爲慧、爭爲佹辯、久稽而不訣、無益於治。工爲奇器、歷歲而後成、不周於用。故神農之法曰、丈夫丁壯而不耕、天下有受其飢者、婦人當年而不織、天下有受其寒者、故身自耕、妻親織、以爲天下先。其導民也、不貴難得之貨、不器無用之物。是故其耕不強者、無以養生、其織不強者、無以揜形、有餘不足、各歸其身、衣食饒溢、姦邪不生、安樂無事、而天下均平、故孔丘曾參無所施其善、孟賁成荊無所行其威。（成荊、古勇士也、）

上篇三章

△文子上義篇、爲國之道、上無苛令、官無煩治、士無僞行、工無淫巧、其事任而不擾、其器完而不飾。亂世即不然、爲行者相揭以高、爲禮者相矜以僞、車輿極于彫琢、器用逐于刻鏤。求貨者爭難得以爲寶、詆文者逐煩撓以爲急、士爲僞辯（僞一本作詭）、久稽而不決、無益于治、有益于亂。工爲奇器、歷歲而後成、不周于用。故神農之法曰、丈夫丁壯不耕、天下有受其飢者、婦人當年不織、天下有受其寒者、故身親耕、妻親織、以爲天下先。其導民也、不貴難得之貨、不重無用之物。是故耕者不強、無以養生、織者不力、無以衣形、有餘不足、各歸其身、衣食饒裕、姦邪不生、安樂無事、天下和平。智者無所施其策、勇者無所措其威。纘義、古今爲國、其道不同者、俗變故也、古人淳樸、上無苛令、官無煩治、士無僞行、工無淫巧、是

故人心易足、爲治不難、後世俗變風移、上行下效、奢侈相尚、貪欲無厭、是以人心難足、爲治不易、

△莊子天地篇、藏金於山、藏珠於淵、郭象注、不貴難得之物。

△抱朴子黃白篇、余曾諮於鄭君曰、老君云、不貴難得之貨、而至治之世、皆投金於山、捐玉於谷、不審古人何用金銀爲貴而遺其方也、鄭君曰、老君所云、謂夫披沙剖石、傾山漉淵、不遠萬里、不慮壓溺、以求珍玩、以妨民時、不知止足、以飾無用、及欲爲道、志求長生者、復兼商賈、不敦信讓、浮深越險、乾沒逐利、不惜軀命、不修寡欲者耳、

△淮南子道應訓、令尹子佩請飲莊王、高誘注、子佩、楚莊王之相、請飲、置酒也、莊王許諾、子佩期之於强臺、莊逵吉按、太平御覽作京臺、强臺即京臺、莊

王不往、明日、子佩疏揖北面立於殿下、疏、徒跣也、揖、舉手也、曰、昔者君王許之、今不果往、果、誠也、意者臣有罪乎、莊王曰、吾聞子具於強臺、強臺者、南望料山以臨方皇、料山、山名、方皇、水名、一曰山名、遙吉按料山、太平御覽引作獵山、左江而右淮、其樂忘死、若吾薄德之人、不可以當此樂也、恐留而不能反、故老子曰、不見可欲、使心不亂、錄曰、淮南子心上雖無民字、然斷章取義、古書恒有、姚姬傳據以改老子本文、則失酌矣、

△莊子天下篇說關尹老聃云、以濡弱謙下為表、以空虛不毀萬物為實、成玄英疏、表、外也、以柔弱謙和為權智、外行也、以空惠圓明為實智、內德也、

△漢書藝文志敘云、道家者流、蓋出於史官、歷記成敗存亡禍福古今之道、然後知秉要執本、清虛以自守、卑弱以自持、此人君南面之術也、合於堯之克攘、師古曰、虞書堯典稱

堯之德、曰允恭克讓、言其信恭能讓也、懷古讓字、易之嗛嗛、一謙而四益、師古曰、四益、謂天道虧盈而益謙、地道變盈而流謙、鬼神害盈而福謙、人道惡盈而好謙也、此謙卦彖辭、嗛字與謙同、

△莊子德充符、虛而往、實而歸、成玄英疏、弟子請益則虛◎心◎而往、得理則實◎腹◎而歸、蒙按實腹二字、以成玄英說焉最諦、玉瑯謂腹懷食、淺矣、

△莊子人間世篇、顏回曰、敢問心齋、仲尼曰、若一志、郭象注、去異端而任獨也、無聽之以耳、而聽之以心、無聽之以心、而聽之以氣、聽止於耳、心止於符、氣也者、虛而待物者也、遺耳目、去心意、而符氣性之自得、此虛以待物者也、唯道集虛◎、虛者、心◎齋也、虛其心則至道集於懷也、

△徐幹中論虛道篇曰、人之為德、其猶虛器歟。器、虛則物注、滿則止焉。故君子常虛◎其◎心◎志、恭其容貌。不以逸辟之才、加乎眾人之上、視彼猶賢、自視猶不足也。故人願

告之而不倦。易曰、君子以虛受人、詩曰、彼姝者子、何以告之。○又云、目也者、能察遠而不能近見、其心亦如之。一本作能遠察天際、而不能近見其背、心亦如之、君子誠知心之似目也、是以務鑒於人、以觀得失。故視不過垣墻之裏、而見邦國之表、聽不過閾槷之內、而聞千里之外、因人也。人之耳目盡為我用、則我之聰明無敵於天下矣、是謂人一之我萬之、人塞之、我通之。

△莊子馬蹏篇、夫至德之世、同乎無知、其德不離、郭象注、知則離道以善也、同乎無欲、是謂素樸、欲則離性以飾也、

△大戴禮武王踐阼篇、師尚父曰、黃帝顓頊之道在丹書、曰、敬勝怠者吉、怠勝敬者滅、義勝欲者從、欲勝義者凶、

△莊子天道篇、知謀不用、必歸其天、此之謂太平、治之至

也。成玄英疏、至默無爲、委之群下、塞聰閉智、歸之自然、可謂太平之君、至治之美也、

△莊子則陽篇、憂乎智、而所行恒無幾時其有止也、若之何。郭象注、任智而行、則憂患相繼、○釋文王云、憂乎智、謂有爲者、以形智不至爲憂也、不知用智必喪、喪而更以不智爲憂、及其智之所行、有弊無濟、故其憂患相接、無須臾停息、故曰恒無幾時其有止也、不能遺智去憂、非可憂如何、

△淮南子詮言訓、在智則人與之訟、在力則人與之爭、未有使人無智者、高誘注、言已不能使、離國過、而無智也、有使人不能用其智於己者也。使人之智不能用於己、未有使人無力者、有使人不能施其力於己者也。言已不能使人無智力、但能使人不以智力加於己、

篆曰、使夫智者不敢爲、智者、即六十五章以智治國國之賦也。爲、即七十五章民之難治、以其上之有爲、

是以難治也。說詳纂著道用篇

△莊子在宥篇、何謂道、有天道、有人道。無爲而尊者、天道也。郭象注、在上而任萬物之自爲也、○成玄英疏、無事無爲、尊高在上者、合自然天道也、有爲而累者、人道也。注、以有爲爲累者、不能率其自得也、○疏、同職有爲、事累繫擾者、人倫・之道、主者、天道也、注、同乎天之任物、則自然居物上、○疏、君在上任物、合天道無爲也、臣者、人道也。注、各當所任、天道之與人道也、相去遠矣、注、君位無爲而委百官、百官有所司而君不與焉、二者俱以不爲而自得、則君道逸、臣道勞、勞逸之際、不可同日而論之也、○疏、君位尊高、委之宰牧、臣道卑下、竭誠奉上、故君道逸、臣道勞、不可同日而語也。不可不察也。注、不察則君臣之位亂矣、○疏、天道君而無爲、人道臣而有事、尊卑有隔、勞逸不同、各守其分、則君臣咸無爲也、

△莊子天道篇。夫帝王之德、以天地爲宗、以道德爲主、以無爲爲常。成玄英疏・王者宗本于天地、故覆載無心、主于道德、故生而不有、雖復千變萬化、而常居自無爲、盛德如此、堯之爲君也、無爲也、則用天下而有餘、郭象注、有餘者、閑暇之謂也。

有

有為也、則為天下用而不足、注、不足者、汲汲然欲為物用也、欲為物用、故可得而臣也、及其為臣、亦有餘也。故古之人貴夫無為也。上無為也、下亦無為也、是下與上同德、下與上同德則不臣、下有為也、上亦有為也、是上與下同道、上與下同道則不主。注、夫工人無為於刻木、而有為於用斧、人主無為於親事、而有為於用臣、臣能親事、主能用臣、斧能刻木、而工能用斧、各當其能、則天理自然、非有為也、若乃主代臣事、則非主矣、臣秉主用、則非臣矣、故各司其任、則上下咸得、而無為之理至矣。○疏、無為者、君德也、有為者、臣道也、若上下無為、則臣僭君德、上下有為、則君濫臣道、君濫臣道則非主矣、臣僭君德、豈曰臣哉、于是上下相混、君臣冒亂、既乖天然、必招危禍、故無為之言、不可不察、上必無為而用天下、下必有為為天下用、此不易之道也。注、無為之言不可不察也。夫用天下者、亦有用之為耳。然自得、此為率性而動、故謂之無為也。今之為天下用者、亦自得耳、但居下者親事、故雖舜禹為臣、猶稱有為。故對上下、則君靜而臣動、比古今則堯舜為而湯武有事。然各用其性、而天機玄發、則古今上下、無為、誰有為也。

纂曰、郭象此注堯舜湯武之義、原本於揚子法言問道篇、其文曰、或問無爲、曰、奚爲哉、李軌注、應化而已、在昔虞夏襲堯之爵、行堯之道、法度彰、禮樂著、垂拱而視天下民之阜也、無爲矣。紹桀之後、纂紂之餘、法度廢、禮樂虧、安坐而視天下民之死、無爲乎。紹桀者、成湯也、纂紂者、周武也、當此之時、湯武未可得安坐視天下民之死而欲無爲也、所謂可則因否則革矣、應變順時、故迹不同、致理而言、皆非爲也、

故古之王天下者、知雖落天地、不自慮也、疏、謂三皇五帝淳古之君也、知照明遠、籠落二儀、而垂拱無爲、委之臣下、知者爲謀、故不自慮也、辯雖彫萬物、不自説也、疏、宏辯如流、彫飾萬物、而付之司牧、終不自言也、能雖窮海内、不自爲也。注、夫在上者患於不能無爲、而代人臣之所司、使咎繇不得行其明斷、后稷不得施其播殖、則群才失其任、而主上困於役矣、故冕旒垂目而付之天下、天下皆得其自爲、斯乃無爲而無不爲者也、故上下皆無爲矣、但上

之無為則用下、下之無為則自用也、○疏、藝術才能、君乎海內、任之良佐、而不與焉、夫何為焉哉、玄默而已、故老經云、是謂用人之力、天不產而萬物化、地不長而萬物育、注、所謂自爾○疏、天無情于生產、而萬物化生、地無心于長成、而萬物成育、帝王無為天下功成。注、功自彼成、○疏、王者同兩儀之含育、順四亭以施生、任萬物之自為、故天下之功成矣、故曰、莫神于天、莫富于地、莫大于帝王、疏、夫日月明晦、雲雷風雨、而蔭覆不測、故莫神于天、囊括川原、包含岳瀆、運載無窮、故莫富富于地、位居九五、域跨萬象、日月照臨、一人總統、功德之大、莫先王者、故老經云、域中四大、王居其一焉、故曰、帝王之德、配天地。注、同乎天地之無為也○疏、配合也、言聖人之德、合天地之無為、此乘天地、馳萬物、而開人羣之道也。疏、達覆載之無主、是以乘馭兩儀、禮變化之往來、故能驅馳萬物、任黔黎之才、用人羣之道也、本在于上、末在于下、疏、本道德也、末、仁義也、要在于主、詳在于臣、疏、要、簡省也、詳、繁多也、主道逸而簡要、臣道勞而繁冗、繁冗故有為而奉上、簡要故無為而御下也、

△鬻子貴道篇、昔之帝王、唐逢行珪注、在昔貴道德之帝王、所以為明者、

以其吏也。
言帝王而有聖明之稱者、皆委賢吏、使在顯職、故道化興而萬國寧、明聖不獨運也、
昔之君子、所以為功者、以其民也。
民為邦本、得眾斯昌、人皆効力、以成其功也、
力生于神、
夫冥運兩儀、鼓動萬物、豈有使之然哉、莫不大化于自然、玄應而義用、遣之非我、理自相符、故曰力生于神也、
而功最于吏、
王者發政施令、而不自為、必屬賢能以任使之、故天下和平、人知所保、
福歸于君。
俊德在官、盡心竭力、人敦其道、佐順其教、上下相親、而德交歸焉、
昔者五帝之治天下也。
五帝、謂黃帝、顓須、高辛、唐虞也、
其道昭昭、若日月之明然、若以晝代夜然。故其道若首然、萬世為福、萬世為教者、唯從黃帝以下舜禹以上而已矣。
首者、始也、言五帝之道、常為萬代之始、德之不能加也、夫黃帝始垂衣裳、造書契、置吏官、為舟楫以濟不通、服牛乘馬、立棟宇、重門擊柝、以待暴客、為杵臼以利萬姓、作弧矢以威天下、造律管、興封禪。顓頊平九黎之亂、人神不雜、萬物有序。高辛氏作鞞磬鐘鼓莞庸。帝堯茅茨不翦、土階三尺、夏日葛衣、冬日鹿裘、蕩蕩乎民無能名焉、巍巍乎其有成功也。帝舜少而至孝、堯以闢聰明而用之、舜乃舉禹為司空以平水土、棄為后稷以播百穀、卨為司徒以教百姓、皋陶為士師

以理獄訟、垂為共工、以典眾作、益作朕虞、以育草木、伯夷為秩宗、以典三禮、夔為樂正、以和神人、舜彈五絃之琴、歌南風之詩、夏禹櫛風沐雨、冠履不顧、數九土、乘四載、鑿龍門、闢伊闕、導百川、建萬國、微禹之功、人其魚矣、帝王之功、莫此為盛、故君王欲緣五帝之道而不失、則百代不易、為福為教也、可以長久、纂曰、君王、謂文王也、

△尹文子大道篇、慶賞刑罰、君事也、守職效能、臣業也、君科功黜陟、故有慶賞刑罰、臣各慎所務、故有守職效能、君不可與臣業、臣不可侵君事、上下不相侵與、謂之名正、名正而法順也。

△申不害大體篇、夫一婦擅夫、眾婦皆亂、一臣專君、群臣皆蔽、故妒妻不難破家也、亂臣不難破國也、是以明君使其臣並進輻輳、莫得專君、今人君之所以高為城郭、而謹門閭之閑者、為寇戎盜賊之至也、今夫弒君而取

國者非必踰城郭之險、而犯門閭之閉也、蔽君之明、塞
君之聽、奪之政、而專其令、有其民而取其國矣、今使烏
獲彭祖、負千鈞之重、而壞琬琰之美、令孟賁成荆帶干
將之劍衛之、行乎幽道、則盜猶偷之矣、今人君之力、非
賢乎烏獲彭祖、而勇非賢乎孟賁成荆也、其所守者、非
特琬琰之美、千金之重也、而欲勿失、其可得乎、明君如
身、臣如手、君若號、臣如響、君設其本、臣操其末、君治其
要、臣行其詳、君操其柄、臣事其常、為人君者、操契以責
其名、名者天地之綱、聖人之符、張天地之綱、用聖人之
符、則萬物之情、無所逃之矣、故善為主者、倚於愚、立於
不盈、設於不敢、藏於無事、竄端匿跡、示天下無為、是以
近者親之、遠者懷之、示人有餘者、人奪之、示人不足者、

人與之、剛者折、危者覆、動者搖、靜者安、名自正也、事自定也、是以有道者自名而正之、隨事而定之也、鼓不與於五音、而為五音主、有道者不為五官之事、而為治主、君知其道也、官人知其事也、十言十當、百為百當者、人臣之事、非君人之道也、昔者堯之治天下也、以名、其名正、則天下治、桀之治天下也、亦以名、其名倚、而天下亂、是以聖人貴名之正也、主處其大、臣處其細、以其名聽之、以其名視之、以其名命之、鏡設精、無為而美惡自備、衡設平、無為而輕重自得、凡因之道、身與公無事、無事而天下自極也、日本尾張本羣書治要卷三十六

厶韓非子主道篇、道者、萬物之始、物從道生、故曰始、是非之紀也。是非因道彰、故曰紀、是以明君守始以知萬物之源、得其始、其源可知也、治

紀以知善敗之端。得其紀、其端可知也、故虛靜以待令、令名自命也、令事自定也。虛則知實之情、靜則知動者正。有言者自爲名、有事者自爲形、形名參同、君乃無事焉、歸之其情。故曰、君無見其所欲、君見其所欲、臣將自雕琢。臣因欲雕琢以稱之、君無見其意、君見其意、臣將自表異。君見其意、臣因其意以稱之、故曰、去好去惡、臣乃見素、去舊去智、篆按吳汝綸云、舊字疑是聖字之誤、此老子所謂絕聖棄智也、臣乃自備。好惡不形、臣無所效、則戒而自備、故有智而不以慮、使萬物知其處、有行而不以賢、觀臣下之所因、有勇而不以怒、使羣臣盡其武。是故去智而有明、去君智、則臣智自明也、去賢而有功、去君賢、則臣事自功、去勇而有強。去君勇、則臣武自強、群臣守職、百官有常、因能而使之、是謂習常。故曰、寂乎其無位而處、漻乎識誤云、漻讀爲寥、正字作廖、說文云、空虛也、莫得其所、明君無為於上、羣臣竦懼乎下。明君之道、使智者盡其慮、而君因以斷事、故君不窮於智。用臣智、故智不窮、賢者敕其材、君因而任之、故君不窮於能。有功則君有其賢、有過則臣任其罪、故君不窮於名。是故不賢而為賢者師、君雖不賢、為賢臣之師、不智而為智者正。為臣之正、臣有其勞、君有其成功、君取臣勞、以為已功、此之謂賢主之經也。經、常法也、○道在不可見、君道必使臣不可見也、用在不可知、虛靜無事、以闇見疵。纂曰、吳汝綸云、疵、累也、言使人以我為闇而疵累之也、此亦知白守黑之意、見而不見、聞而不聞、知而不知、知其言以往、勿變勿更、以參合閱焉。官有識誤云、本書揚權有作置一人、勿令通言、則萬物皆盡。各令守職、勿使相通、情既相猜、則自盡矣、函識誤云、則萬物皆盡函句掩其跡、匿其端、識誤云、本書二柄云、今人主不掩其情、不匿其端、下不能原。去其智、絕其能、下不能意。保吾所以往、而稽同之、謹執其柄、而固握之、絕其望、破其意、毋使人欲之。（執柄固則人意望絕也）不謹其閉、不固其門、虎乃將存。（權柄不固則篡國之虎因而存矣）不慎其事、不掩其情、賊乃將生。弒其主、代其所、人莫不與、故謂之虎。處其主之側、為姦臣、（纂按吳汝綸云為姦臣三字衍文、此以側忒賊為韻、識誤云臣閒當作以閒、）聞其主之忒、故謂之賊。（識誤云側忒賊韻）散其黨、收其餘、（纂按吳汝綸云、收其餘、餘讀若與、韻與下輔虎叶）閉其門、奪其輔、國乃無虎。大不可量、深不可測、同合刑（識誤云刑讀若形。）名、審驗法式、擅為者誅、國乃無賊。是故人主有五壅。臣閉其主曰壅、臣制財利曰壅、臣擅行令曰壅、臣得行義曰壅、臣得樹人曰壅。臣閉其主、則主失位、臣制財利、則主失德、臣擅行令、則主失制、臣得行義、則主失明、（識誤云、藏本今本明作名）臣得樹人、則主失黨。此人主之所以獨擅也、非人臣之所以得操也。人主之道、靜退以為寶。不自操事、而知拙與巧。不自計慮、而知福與咎。是以不言而善應、不約而善增。言已應、則執其契、事已增、則操其符、符契之所合、賞罰之所生也。故群臣陳其言、君以其言授其事、事以識誤云、當作以其事責其功。功當其事、事當其言、則賞。功不當其事、事不當其言、則誅。明君之道、臣不陳言而不當。識誤云、下有脫文是故明君之行賞也、曖識誤云、曖讀為愛、乎如時雨、百姓利其澤。其行罰也、畏乎如雷霆、神聖不能解也。故明君無偷賞、無赦罰。賞偷則功臣墮其業、赦罰則姦臣易為非。是故誠有功、則雖疏賤必賞、誠有過、則雖近愛必誅。識誤云、此處有脫文、近愛必誅、則疏賤者不怠、而近愛者不驕也。

上篇三章

△韓非子主道（一曰結智）篇云、力不敵衆、智不盡物、與其用一人、不如用一國。（用君之一人之智力、不如任衆而用國也。）故智力敵而羣物騰、揣中則私勞、不中則有（從吳汝綸本）過。下君盡己之能、中君盡人之力、上君盡人之智。是以事至而結智、一聽而公會。

△鶡冠子道端篇、天者、萬物所以得立也、（宋人陸佃解云、萬物待是而後存者、天也、）地者、萬物所以得安也、（天、父道也、地、母道也、）故天定之、地處之、時發之、物受之、聖人象之、夫寒溫之變、非一精之所化也、（五精化氣、然後寒暑成焉、）天下之事、非一人之所能獨知也、海水廣大、非獨仰一川之流也、（堯十年九潦、而水不爲加、湯八年七旱、而水不爲加損、是豈仰一川之鍾哉、）是以先王、置士也、舉賢用能、無阿於世。仁人居左、（春以生之、象仁、）義臣居右、（秋以成之、象義、）忠臣居前、（南方着見、象忠、）聖

人居後。北方秘密、象聖、左法仁則春生殖、前法忠則夏功立、右法義則秋成熟、後法聖則冬閉藏。先王用之、高而不墜、安而不亡、此萬物之本剽、天地之門戶、本剽門戶云者、以結左仁右義前忠後聖、而春生夏立秋成熟冬閉藏之義、道德之益也。夫仁者、君之操也、義者、君之行也、忠者、君之政也、信者、君之教也、聖人者、君之師傳也、君道知人、臣術知事、故臨貨分財使仁、犯患應難使勇、受言結辭使辯、慮事定計使智、理民處平使謙、賓奏贊見使禮、賓奏、言擯贊見、言詔、記曰、禮有擯詔、樂有相步、溫之至也、用民獲衆使賢、出封越境適絶國使信、制天地御諸侯使聖。因任之道、此其大略也、嘗試論之、古之明王、無爲而用天下也、豈特使仁使勇使辯使智使謙使禮使賢使信使聖哉、雖天刑人僇之餘、尚無棄者也、故戚施直鎛、蘧蔭蒙璆、侏儒扶盧、矇瞍脩聲、聾聵司火、眇者督繩、劓者抱關、刖者守囿、嚚瘖跛躄、以實裔土、夫如是、故上無遺事下無棄才、三代之所以安且久者、用此道也、雖然、知

所使仁、而不知其仁有大小、知所使智、而不知其智有
遠近未可也、故曰、孟公綽以為趙魏老則優而不可以為滕薛大夫、雍也可使南面、赤也可使與賓客言也、求也、百乘之家可使為之宰也、由也千乘之國可使治其賦也、由是觀之、則此書所云、亦因任之大小而已、莊子曰、因任已明、而原省次之、因任如此、然後可以原省、故下文云
夫仁之功、善與不爭、下不怨上。辯士之功、釋怨解
難。智士之功、事至而治、難至而應。忠臣之功、正言直行、
矯拂王過。義臣之功、存亡繼絕、救弱誅暴。信臣之功、正
不易言。貞謙之功、廢私立公。韓非子曰、自營為厶、背厶為公禮臣之功、
尊居卑臣。賢士之功、敵國憚之、四境不侵。聖人之功、定
制於冥冥、求至欲得、言聽行從、近親遠附、明達四通。由是
而上、至於冥冥、聖人之任也內、有、挾、度。操以為驗、所謂道揆者是也然、後、有、以、量、
人。無節於內、觀物弗之察矣。富者觀其所予、足以知仁。貴者觀其所
舉、足以知忠。觀其大祿、或作祥、亦作祥長不讓少、貴不讓賤、足以知禮。達
觀其所不行、足以知義。受官任治、觀其去就、足以知智。迫之不

懼、足以知勇。口利辭巧、足以知辯。使之不隱、足以知信。貧者觀其所不取、足以知廉。賤者觀其所不爲、足以知賢。測深觀天、足以知聖。因任原省之要、在於知人、而知人在於有以觀之、孔子曰、視其所以、觀其所由、察其所安、人焉廋哉、故此文具論之。

△呂氏春秋圜道篇、天道圜、地道方、聖王法之、所以立上下。高誘注、上君、下臣、何以說天道之圜也、精氣一上一下、圜周復襍、無所稽留、故曰天道圜。襍、猶帀、無所稽留、運不止也、何以說地道之方也、萬物殊類殊形、皆有分職、不能相爲、故曰地道方。不能相爲、不能相兼、主執圜、臣處方、方圜不易、其國乃昌。篆曰、段玉裁說文注口部圜字云、圜、天體也、圜、環也、按天體不渾圜如丸、故大戴禮云、天道曰圜、地道曰方、盧云、道曰方圜耳、非形也、淮南子曰、天之圜不中規、地之方不中矩、白虎通曰、天、鎮也、其道曰圜、地、諦也、其道曰方、許慎言天體、亦謂其體一氣循環無終、無始、非謂其形渾圜也、下文云、圜全也、斯爲渾圜、許書圓圜圓三字不同、今字多作方圓、方員、方圜、而圜字

䕫矣、依許則言天當作圜、言平圜當作圜、言渾圜當作圜、

日夜一周、圜道也。圜、天道也、月躔二十八宿、軫與角屬、圜道也。躔、舍也、〇趙云、二十八宿始角終軫、軫角相接、精行四時、一上一下、各與遇、圜道也。精、日月之光明也、物動則萌、萌而生、生而長、長而大、大而成、成乃衰、衰乃殺、殺乃藏、圜道也。藏、潛也、雲氣西行、云云然、云、運也、周旋運布、膚寸而合、西行則雨也、冬夏不輟、輟、止也、水泉東流、日夜不休、休、息也、上不竭、下不滿、水從上流而東、不竭盡也、下至海、受而不滿溢也、小為大、重為輕、圜道也。小者、泉之源也、流不止也、集於海、是為大也、水涇而重、升作為雲、是為輕也、黃帝曰、帝無常處也、無常處、言無為而化、乃有處也、有處者乃無處也。有處、有為也、有為則不能化、乃無處為也、以言不刑蹇、圜道也。刑、法也、言無刑法、故蹇難也、天道正、刑不法、故曰圜道也、人之竅九、一有所居則八虛、居、讀曰居處之居、居、猶壅閉也、八虛甚久則身斃、虛、病、斃、死、故唯而聽、唯止、聽則

唯止矣、聽而視、聽止、視則止矣、聽以言說一、一、本、道一不欲留、留運為敗、留、滯圜道也。一也者、至貴者也、道無匹歟、故曰至貴也、〇此句依李善注文選江文通擬孫廷尉詩莫知其原、莫知其端、莫知其始、莫知其終、而萬物以為宗、道無形、其原始終極、莫能知之、道生萬物、以為宗本、聖王法之、以全其性、以定其生、以出號令、令出於主口、官職受而行之、官職、百官之職、日夜不休、宣通下究、宣、徧布也、瀸於民心、遂於四方、瀸洽、遂達、還周復歸、至於主所、圜道也。令圜則可不可善、不善無所壅矣、不可者能令之可、不善者能令之善、化使然也、皆通之、故曰無所壅、無所壅者、主道通也、言納忠受諫、匿情上達、無所壅蔽、是為君之道通也、故令者、人主之所以為命也、賢不肖安危之所定也。君者法天、天無私、故所以為命也、賦命各得其中、安與危無怨憾、故曰定也、人之有形體四枝、其能使之也、為其感而必知也、感者、痛恙

也、手足必知其處所、故使之也、感而不知、則形體四枝不使矣。不能相使、則形
體疾也、人臣亦然、號令不感、則不得而使矣、不可得而有使、則國亂
之而不使、不若無有。不若無臣主也者、使非有者也、湯使桀臣、武王
使紂臣、皆非其有也、舜禹湯武皆然。先王之立高官也、必使之方、
方、正方則分定、分定則下不相隱。隱、私也、居臣上下、無私邪相壅蔽之、堯舜
賢主也、皆以賢者為後、不肯與其子孫、猶若立官、必使
之方。以賢者為後、謂禪位也、堯傳舜、舜傳禹、故曰不肯與其子孫也、方正、不私邪之謂也、今世之
人主、皆欲世勿失矣、父死子繼、曰世、而與其子孫、立官不能使之
之方、以私欲亂之也、何哉、其所欲者之遠、而所知者之
近也。自傳子孫、冀世世不失、是其所欲者之遠也、子孫不肖、驕淫暴虐、必見改置、不得長久、是所知者之
近也、今五音之無不應也、其分審也、各守其聲、集以成和、故曰其分審、宮
徵商羽角、各處其處、音皆調均、不可以相違、此所以無

不受也。受、亦應也、賢主之立官、有似於此、百官各處其職治其事以待主、主無不安矣、以此治國、國無不利矣、以此備患、患無由至矣、

△淮南子原道訓、是故聖人漠然無◎為◎而◎無◎不◎為◎也◎高誘注、能無為、故物無不為之化、澹然無◎治◎而◎無◎不◎治◎也◎所謂無為者、不先物為也。所謂無不為者、因物之所為。順物之性也、所謂無治者、不易自然也。所謂無不治者、因物之相然也。然、猶宜也、

篆曰、右第三章第一節

萬物有所生、而獨知守其根、根、本也、百事有所出、而獨知[illegible]守其門、門、禁要也、故窮無窮、極無極、照物而不眩、響應而不乏、此之謂天解、眩、惑也、天解、天之解故也、言能明天意也、○莊達吉按、解故即詁字、說文、詁字云、詁、訓故言也、是故與詁通、故○得○道○者○志○弱○而○事○強○弱、柔也、強、無不勝也、心○虛○

而應當。當合也、○纂按志弱即是心虛、事強即是應當、

右第三章第二節、纂按此下六節、廣說無爲義、先說無爲根門、在志弱事強、

所謂志弱者、下原有而事強三字、劉寫本無、纂按無者是、柔毳安靜、藏於不敢、行於不能、恬然無慮、動不失時、與萬物回周旋轉、不爲先唱、感而應之、感動、應和、是故貴者必以賤爲號、貴者謂公王侯伯、稱孤寡不穀、故曰以賤爲號、而高者必以下爲基、基、始也、夫築京臺、先從下起也、託小以包大、在中以制外、行柔而剛、用弱而強、轉化推移、得一之道、而以少正多。而能也、能以寡統衆、○達吉按古能字爲耐、耐與而通、故訓而爲能、易、眇能視、跛能履、虞仲翔本皆作而、所謂其事強者、遭變應卒、排患扞難、力無不勝、敵無不凌、應化揆時、莫能害之。

右第三章第三節、纂按此節分說志弱事強、

是故欲剛者必以柔守之、欲強者必以弱保之、積於柔則剛、積於弱則強、觀其所積、以知禍福之鄉、鄉、方也、強勝、不若己者、至於若己者而同、夫強者能勝不如己者、同、等也、至于如己者則等、不能勝也、言強之為小也、道家所不貴也、柔勝出於己者、其力不可量、夫能弱柔勝己者、其力不能訾也、言柔之為大也、道家所貴、故兵強則滅、木強則折、革固則裂、齒堅於舌而先之敝、兵猶火也、強則盛、盛則衰、故曰則滅、以火諭也、木強則折、不能徐詘也、革堅則裂、鼓是也、敝、盡、齒堅于舌而先舌盡、是故柔弱者生之幹也、幹、質也、而堅強者死之徒也、徒、眾也、先唱者窮之路也。後動者達之原也。先者隤陷、故曰窮也、後者以謀、故曰達也、

右第三章第四節、纂按此節總說志弱事強

何以知其然也、凡人中壽七十歲、然而趨舍指湊、指、所之也、湊、所合也、指湊、猶言行止也、日以月悔也、積日至月、則悔前之非、以至於死。故

蘧伯玉年五十、而有四十九年非。伯玉、衛大夫蘧瑗也、今年所行是也、則還顧知去年之所行非也、歲歲悔之、以至于死、故有四十九年非、所謂月悔朔、日悔昨也、何者、先者難為知、而後者易為攻也、先者上高、則後者攀之、先者踰下、則後者蹷之、先者隤陷、則後者以謀、先者敗績、則後者違之、蹷、蹷也、音展、非展也、楚人讀躓為隤、隤者車承、或言跋躓之躓也、由此觀之、先者則後者之弓矢質的也。質的、射者之準埶也、○逵吉按、準、古作埻、說文解字、埻、射臬、讀若準、猶錞之與刃、刃犯難而錞無患者、何也、以其託於後位也、錞、矛戈之錞也、讀若頓、刃、矛戈之刃也、刃在前故犯難、錞在後、故以無患、故曰其託于後位也、○逵吉按、曲禮曰、進戈者前其鐏、進矛戟者前其鐓、注、銳底曰鐏、平底曰鐓、方言、鐏謂之釬、郭璞注、鐏、或名為鐓、說文解字、鐏、柲下銅也、錞、柲下銅鐏也、知鐏即錞、蓋刃銳而錞頓、故讀若頓、然則錞應為錞、以俗世庸民之所公見也、而賢知者弗能避也。庸、衆也、公、詳也、衆民詳所見、賢知者不能避為鋒刃也、鋒刃、以喻利欲也、故曰有所屏蔽也、右第三章第五節。纂按：此下二節承上文說志弱不為先唱句義，且足上節末二句先唱者窮之路也，後動者達之原也義。

所謂後者，非謂其底滯而不發，凝結而不流。底讀曰紙，發動也，凝如脂凝也，流行也。貴其周於數而合於時也。周調也，數術也，合于時，時行則行，時止則止也。

夫執道理以耦變，先亦制後，後亦制先。道當隨事為變，不必待于先，人事當在後，趨時當居先也。是何則，不先其所以制人，人亦不能制也。

時之反側，間不容息，言時反側之間不容氣息促之甚也。先之則太過，後之則不逮。夫日回而月周，時不與人游，故聖人不貴尺之璧，而重寸之陰，時難得而易失也。禹之趨時也，履遺而弗取，冠挂而弗顧，非爭其先也，而爭其得時也。是故聖人守清道而抱雌節，清和淨也，雌柔弱也。因循而應變，常後

老子古微　上篇三章　四之

而不先、柔弱以靜、靜安以定、靜、詳也、攻大礱堅、莫能與之爭、攻大礱堅、喩難也、無與聖人之爭也、

右第三章第六節

天下之物、莫柔弱於水、然而大不可極、深不可測、測、盡也、脩極於無窮、遠淪於無涯、息耗減益、通於不訾、訾、量也、上天則為雨露、下地則為潤澤、萬物弗得不生、百事不得不成、大包羣生、而無好憎、澤及蚑蟯、蚑、蚑行也、蟯、微小之蟲也、而不求報、施而有也、不富贍天下而不既、贍、足也、既、盡也、德施百姓而不費、德澤加于百姓、不以為己財費也、行而不可得窮極也、流膏不止也、微而不可得把握也、擊之無創、刺之不傷、斬之不斷、焚之不然、水之性也、淖溺流遁、錯繆相紛、而不可靡散、遁、逸也、錯繆相紛、彼此相糾也、利貫金石、強濟天下、水流鉄石、是其利也、舟船所載無有重、是其強也、濟、通也、動溶

無形之域、而翱翔忽區之上、忽怳之區上也、言其飛為雲雨、無所不上也、邅囘川谷之間、邅囘、猶委曲也、而滔騰大荒之野、有餘不足、與天地取、篆按文子道原作任天下取與、授萬物而無所前後、前後皆與先、是故無所私而無所公、公私一也、靡濫振蕩、與天地鴻洞、鴻、大也、洞、通也、讀同異之同無所左而無所右、蟠委錯紾、紾、轉也、與萬物始終、是謂至德、言水之為德最大、故曰至德也夫水所以能成其至德於天下者、以其淖溺潤滑也、故老聃之言曰、天下至柔、馳騁天下之至堅、出於無有、入於無閒、水是也、吾是以知無為之有益、有益于生

右第三章第七節、篆按此節又總說志弱事強

夫無形者、物之大祖也、無音者、聲之大宗也、無形生有形、故為物大祖、無音生有音、故為聲大宗、祖、宗、皆本也、其子為光、其孫為水、皆生於無形

乎。（光無形、道所貴也、觀之、故子為光也、水有形而不可毀、差之、故孫為水也、）夫光可見而不可握、水可循而不可毀。故有像之類、莫尊於水。出生入死、自無蹠有、自有蹠無、而以衰賤矣。（出生、出生道、謂去清淨也、入死、入死道、謂蓬情欲也、蹠適、自無形適有形、離其本也、自有是形適無形、不能復得道、家術棄。故曰而以衰賤也、）故清靜者德之至也、而柔弱者道之要也、（要、約也）虛無恬愉者、萬物之用也、（萬物由之、得為人用、）肅然應感、殷然反本、（達吉按殷然、太平御覽作殺然、）則淪於無形矣。

右第三章第八節　纂按此下三節、廣上文無不為義。

所謂無形者、一之謂也。（一者、道之本、）所謂一者、無匹合於天下者也。卓然獨立、塊然獨處、上通九天、下貫九野、（九天、八方中央也、九野亦如之、）員不中規、方不中矩。大渾而為一、葉累而無根、（無根、言微妙也、）懷囊天地、為道關門、（門、道之門、）穆忞隱閔、（穆忞隱閔、皆無

形之類也純德獨存、純、不雜粹也、布施而不既、用之而不勤。既、盡也、勤、
勞也、是故視之不見其形、聽之不聞其聲、循之不得其身。
無形而有形生焉、無形、道也、有形、萬物也、無聲而五音鳴焉、音生于無
聲也、無味而五味形焉、形、或作和、無色而五色成焉。是故有生
於無、實出於虛、有形生于無形、人也、實、財也、天下為之圈、則名實同
居。圈、取也、名、爵號之名也、實、幣帛之屬也、一曰仁義之功賞也、音之數不過五、宮商角徵
羽也、而五音之變不可勝聽也、變、更相生也、味之和不過五、甘酸
鹹辛苦也、而五味之化不可勝嘗也、化、亦變也、色之數不過五、青赤
白黑黃也、而五色之變不可勝觀也。纂按說文觀、諦視也、故音者、宮立、
而五音形矣、宮在中央、聲之主也、形、正也、味者甘立而五味亭矣、亭、平
也、甘、中央味也、色者、白立而五色成矣、白者、所在以染之、故五色可成也、道者、
一立而萬物生矣。

老子古微　上篇三章

四七

右第三章第九節

是故一之理（理道也）施四海。一之解際天地。（解達也際機也解讀解故之也）其全也純兮若樸（樸若玉樸也在石而未剖也）其散也混兮若濁。濁而徐清沖而徐盈澹兮其若深淵（沖虛也盈滿也澹定不動之貌也）況兮其若浮雲。若無而有若亡而存萬物之總皆閱一孔。（總衆聚也）百事之根皆出一門。（道之門也）其動無形變化若神其行無迹常後而先。（道之先也）

右第三章第十節（第十一節八老子十章注）

△史記太史公自序道家使人精神專一動合無形贍足萬物其為術也因陰陽之大順采儒墨之善撮名法之要與時遷移應物變化立俗施事無所不宜指約而易操事少而功多儒者則不然以為人主天下之儀表也

主倡而臣和、主先而臣隨、如此則主勞而臣逸、至於大道之要、去健羨、晋灼漢書注、老子曰、善閉者無關揵、嚴君平曰、折關破揵、使姦者自止、顏監云、今本字、皆作健、紲聽明、釋此而任術、纂按尹文子大道上篇、術者人君之所密用、羣下不可妄窺、夫神大用則竭、形大勞則敝、形神騷動、騷動、漢書作蚤衰、欲與天地長久、非所聞也、○又云道家無為、又曰無不為、其實易行、其辭難知、其術以虛無為本、以因循為用、纂按文子自然篇、以道治天下、非易人性也、因其所有而條暢之、故因即大、作即小、古之瀆水者、因水之流也、生稼者因地之宜也、征伐者因民之欲也、能因則無敵於天下矣、物必有自然、而後人事有治、故先王之制法、因人之性而為之節文、無其性、不可使順教、有其性、無其資、不可使遵道、人之性有仁義之資、其非聖人為之法度、不可使向方、因其所惡以禁姦、故刑罰不用、威行如神、因其性即天下聽從、拂其性即法度張而不用、○淮南子脩務訓、循理而舉事、因資而立功、○莊子在宥篇、賤而不可不任者、物也、卑而不可不因者、民也、○又天道篇、形名已明、而因任次之、○又天運篇、四時迭起、萬物循生、○又刻意篇、去智與故、循天之理、成玄英疏、皆云、循、順也、○太玄曰、夫道、有因有循、有革有化、無成勢、無常形、故能究萬物之情、不為物先、不為物後、故能為萬物主、有法無法、因時為業、有度無度、因物與合、顧亭林答李子德書云、漢書司馬遷傳作因物與舍、古讀舍為怨、與度為韻、後人不知、改為合、吳汝綸案、今漢書作與舍、後漢馮衍傳引作與物趨舍、故曰、聖人不朽、王依改巧、時變是守、虛者道之常也、因者君之綱也、羣臣竝至、使各自明也、其實中其聲者謂之端、實不中其聲者謂之窾、徐廣云、窾音款、空也、錢云、漢書作款、款空聲相近、莊子養生主、導大窾、向秀讀窾為空、窾言不聽、姦乃不生、賢不肖自分、白黑乃形、在所欲用耳、何事不成、乃合大道、混混冥冥、光耀天下、復反無名、凡人所生者神也、所託者形也、神大用則竭、形大勞則斃、形神離則死、死者不可復生、離者不可復反、故聖人重之、由是觀之、神者生之本也、形者生之具也、不先定其神，漢書句下有形字。篆按莊子天地篇，神生不定者，道之所不載也，而曰我有以治天下，何由哉。

篆曰：腹、欲古音在三部。治、志、事、治古音一部。亂、治、協韻。劉師培曰：以亂協治，則以亂力雙聲，亂音轉力。

四章

道盅、句而用之或不盈、淵兮似萬物之宗、盅宗韻 挫其銳、解其紛、龢其光、同其塵、湛兮似或存、吾不知誰之子、初學記二十三引作誰氏之子 象帝之先、紛塵存先韻

△淮南子原道訓、夫道◎者、原流泉浡、一作源流泉浡 沖◎而徐盈◎、

△淮南子道應訓、趙襄子攻翟而勝之、取尤人終人、高誘注尤人、終人、翟之二邑、 使者來謁之、襄子方將食、而有憂色、左右曰、一朝而兩、城下、此人之所喜也、今君有憂色、何也、襄子曰、江河之大也、不過三日、三日滅也、而飄風暴雨、日中不須臾、言其不終日也、今趙氏之德行無所積、今一朝兩城下、亡其及我乎、孔子聞之曰、趙氏其昌乎、夫憂所以為昌也、而喜所以為亡也、勝非其難也、持之者其難也、賢主以此

上篇四章

持勝、故其福及後世、齊楚吳越皆嘗勝矣、然而卒取亡焉、不通乎持勝也、唯有道之主能持勝、孔子勁杓國門之關、杓引也、古者縣門下從上杓引之者難也、而不肎以力聞、墨子為守攻、公輸般服、而不肎以兵知、劉寫本有注云、墨子雖善為兵、而不肎以知兵聞也、善持勝者、以強為弱、故老子曰、道沖、而用之又弗盈也、

△文子微明篇、江河之大溢、不過三日、飄風暴雨、日中不出、須臾止、德無所積而不憂者、亡其及也、夫憂者所以昌也、喜者所以亡也、故善者以弱為強、轉禍為福、道沖而用之又不滿也、

△說文皿部、盅器虛也、段玉裁注、此虛字乃虛中之虛也、盅虛字今作沖、水部曰、沖涌繇也、〈隸楷古今字〉則作沖非也、沖行而盅廢矣、从皿、中聲、直弓切、老子曰、道盅而用之、又段注水部沖字云、凡用沖虛字者、皆盅之假借、老子道盅而用之、今本作沖、尚書沖人、亦空虛無所知

之意、○王筠說文句讀盡字注云、老子、盡器以爲和、范應元注、古本作盡、器虛也、又大滿若盡、范注、郭雲王弼同古本、

△莊子天下篇、堅則毁矣、銳◎則挫㊂矣、郭象注、進躁無崖爲銳、

△淮南子道應訓、吳起爲楚令尹、適魏、問屈宜若曰、高誘注、屈宜若楚、大夫、亡在魏者也、王不知起之不肖、而以爲令尹、先生試觀起之爲人也、屈子曰、將柰何、吳起曰、將衰楚國之爵篆按、衰、當是衰字、下同、而平其制祿、損其有餘、而綏其不足、砥礪甲兵、時爭利於天下、屈子曰、宜若聞之、昔善治國家者、不變其故、不易其常、今子將衰楚國之爵而平其制祿、損其有餘、而綏其不足、是變其故、易其常也、行之者不利、宜若聞之曰、怒者、逆德也、兵者、凶器也、爭者、人之所本也、今子陰謀逆德、好用凶器、始人之所本、逆之至也、本者、

謂兵爭也、且子用魯兵、不安得志於齊而得志焉、起為魯將、伐齊、敗之、子用魏兵、不安得志於秦而得志焉、起為魏西河守、秦兵不敢東下也、安若聞之、非禍人不能成禍、吾固惑吾王之數逆天道、戾人理、至今無禍、差須夫子也、差須、猶意須也、吳起惕然曰、尚可更乎、屈子曰、成形劉寫李作刑、注同之徒、不可更也、成形之徒、形禍已成于眾、子不若敦愛而篤行之、老子曰、挫◎其◎銳◎、解◎其◎紛◎、和◎其◎光◎、同◎其◎塵◎、

△文子下德篇、善治國者、不變其故、不易其常、舊註、因而治之夫怒者逆德也、兵者凶器也、爭者人之所亂也、陰謀逆德、好用凶器、治人之所亂、逆之至也、謂不順治人之道也、非禍人不能成禍、直任所作、不如挫◎其◎銳◎、解◎其◎紛◎、和◎其◎光◎、同◎其◎塵◎、摧其凶銳之器、釋其紛結之心、而與萬物和光、同彼塵俗而化、

△左昭二十年傳、齊侯至自田、晏子侍于遄臺、子猶馳而
造焉、杜注子猶梁丘據、公曰、唯據與我和夫、晏子對曰、據亦同
也、焉得為和、公曰、和與同異乎、對曰、異、和如羹焉、水火
醯醢鹽梅、以烹魚肉、燀之以薪、宰夫和之、齊之以味、濟
其不及、以洩其過、君子食之、以平其心、君臣亦然、君所
謂可、而有否焉、臣獻其否、以成其可、君所謂否、而有可
焉、臣獻其可、以去其否、是以政平而不干、民無爭心、故
詩曰、亦有和羹、既戒既平、鬷嘏無言、時靡有爭、先王之
濟五味、和五聲也、以平其心成其政也、聲亦如味、一氣、
二體、三類、四物、五聲、六律、七音、八風、九歌、以相成也、清
濁、小大、短長、疾徐、哀樂、剛柔、遲速、高下、出入、周疏、以相
濟也、君子聽之、以平其心、心平德和、故詩曰、德音不瑕、

今據不然、君所謂可、據亦曰可、君所謂否、據亦曰否、若
以水濟水、誰能食之、若琴瑟之專壹、誰能聽之、同之不
可也如是、

△莊子外物篇、老萊子之弟子出薪、遇仲尼、反以告曰、有
人於彼、脩上而趨下、郭象注、長上而促下也。釋文、老萊子、楚人也、出薪、出採薪也、趨下、音促、李云、下、短也。末僂而後耳、耳郤近後而上僂。○末僂。李云、末上謂頭前也、又謂背聾也、後耳。司馬云、耳郤後。視若營四海、視之傴然。似營他人事者。○視若營四海。夫勞形役智。以應世務。失其自然者也。故堯有亢龍之喻。舜有卷僂之談。周公類之走狼、仲尼比之逸狗。豈不或信哉。傴、律悲反、
不知其誰氏之子、老萊子曰、是丘也、

△莊子大宗師、長於上古而不為老、又天道篇、長於上古
而不為壽、郭象注、日新也、又注、壽者、期之遠耳、無期故
無所偁壽、成玄英疏、豈但長於上古、抑乃象帝之先、既

其不滅不生、復有何夭何壽也、

篆曰、盅、宗、古音在九部。紛、存、先、古音讀若先聲之詵、先聲在十三部、詩小弁一見、屈賦二見、古音十三部。靈、以十二部合韻十三部。又見大司命、以塵韻門雲、

五章

天地不仁、以萬物爲芻狗、聖人不仁、以百姓爲芻狗、天地之間、其猶橐籥乎、虛而不詘、動而愈出、詘出韻多言數窮、不如守中、窮中韻

△莊子齊物論、大仁不○仁○、郭象注、無愛而自存也、成玄英疏、亭毒羣品、汎愛無心、譬彼青春、非爲仁也、仁常而不成、注、物無常愛、而常愛必不周、疏、不能忘愛釋知、玄同彼我、而恒懷恩惠、每挍親情、欲効成功、無時可見、

△莊子大宗師、許由曰、吾師乎、吾師乎、𩐎萬物而不爲義、澤及萬世而不爲○仁○、郭象注、皆自爾耳。亦無愛爲於其間也、安所寄其仁義、○釋文、爲于僞反、注同、𩐎子兮反、司馬云、碎也、○成玄英疏、吾師乎者、至道也、至如素秋霜降、碎落萬物、豈有情斷割而爲義哉、青春和氣、生育萬物、豈有情恩愛而爲仁哉、

△莊子天道篇、莊子曰、吾師乎、吾師乎、𩐎萬物而不爲戾、

郭象注、變而相雜故曰韲、自韲耳、非吾師之暴戾○成玄英疏、莊子以自然至道為師、言我所師大道、亭毒生靈、假令韲萬物、亦無心暴怒、故素秋搖落、而彫零者不怨、此明雖復斷截、而非戾也、澤及萬世而不為仁仁者兼愛之名耳、無愛故無所稱仁、○疏、仁者偏愛之迹也、言大道開闔天地、造化蒼生、慈澤無窮、而不偏愛、故不為仁、

△莊子大宗師、古之真人、淒然似秋、郭象注、殺物非為威也、煖然似春、生物非為仁也、喜怒通四時、夫體道合變者、與寒暑同其溫嚴、而未嘗有心也、然有溫嚴之貌、生殺之節、故寄名於喜怒、與物有宜、而莫知其極、無心於物、故不奪物宜、無物不宜、故莫知其極、故聖人之用兵也、亡國而不失人心、利澤施乎萬世、不為愛人、因人心之所欲亡而亡之、故不失人心也、夫白日登天、六合俱照、非愛人而照之也、故聖人之在天下、煖焉若陽春之自和、故蒙澤者不謝、淒乎若秋霜之自降、故彫落者不怨、○釋文、亡國而不失人心、崔云、亡敵國而得其人心、故樂通物、非聖人也、夫聖人無樂也、直莫之塞、而物自通、有親、非仁也、至仁無親、任理而自存、

△莊子刻意篇、無不忘也、無不有也、郭象注、忘故能有、若有之則不能救其忘矣、故有者非有之而有也、忘而有之也、澹然、無極、而眾美從之、若厲已以爲之、則不能無極、而眾惡生、此天地之道、聖人之德也、不爲萬物而萬物自生者、天地也、不爲百行而百行自成者、聖人也、○成玄英疏、天地無心於亭毒而萬物生、聖人無心於化育而百行成、是以天地以無生生而爲道、聖人以無爲爲而成德、故老經云、天地不仁、聖人不仁、故曰、天恬惔寂漠、虛無無爲、此天地之平、而道德之質也、非夫寂漠無爲也、則危其平而喪其質也、○釋文、質、正也、故曰、聖人休休焉、則平易矣、休乎恬惔寂漠、息乎虛無無爲、則雖歷乎險阻之變、常平夷而無難、平易則恬惔矣、患難生於有爲、有爲亦生於患難、故平易恬惔交相成也、平易恬惔、則憂患不能入、邪氣不能襲、泯然與正理俱往、故其德全、而神不虧、夫不平不惔者、豈唯傷其形哉、神德並喪於內也、

△莊子秋水篇、是故大人之行、不出乎害人、郭象注、大人者、無意而任天行也、舉足而投諸吉地、豈出害人之塗哉、不多仁恩、無害、而不自多其恩、○又云、嚴

乎若國之有君、其無私德。公當而已、○釋文、嚴、魚檢反、又如字、繇繇乎若祭之有社、其無私福。天下之所同求、○繇、音由、泛泛乎其若四方之無窮、其無所畛域。泛泛然、無所在、兼懷萬物。其孰承翼。掩御羣生、反之分內而平往者也、豈扶疏而承翼哉、是謂無方。無方、故能以萬物為方、萬物一齊、孰短孰長。莫不皆足、

△莊子列御寇篇、施於人而不忘、釋文、施、始致反、非天布也、郭象注、布而識之、非芻狗萬物也、

△莊子天運篇、聖也者、達於情而遂於命也、郭象注、故有情有命者莫不資焉、成玄英疏、所言聖者、更無他義也、適有物之情、順自然之命、故謂之聖、

△莊子天運篇、請問至仁、莊子曰、至仁無親、郭象注、無親者、非薄德之謂也、夫人之一體、非有親也、而首自在上、足自處下、府藏居內、皮毛在外、外內上下、尊卑貴賤、於其體中各任其極、而未有親愛於其間也、然至仁足矣、故五親六族、賢愚遠近、不失分於天下者、理自然也、又奚取於有親哉、

五五

△莊子天運篇、孔子西遊於衛、顏淵問師金曰、以夫子之行為奚如、師金曰、惜乎、而夫子其窮哉、顏淵曰、何也、師金曰、夫芻◎狗◎之未陳也、盛以篋衍、巾以文繡、尸祝齊戒以將之、及其已陳也、行者踐其首脊、蘇者取而爨之而已、將復取而盛以篋衍、巾以文繡、遊居寢臥其下、彼不得夢、必且數眯焉、郭象注、廢弃之物、於時無用、則更致它妖也、○釋文、師金、李云、師魯大師也、金其名也、行、下孟反、芻狗、李云、結芻為狗、巫祝用之、史記云、樵蘇後爨、注云、蘇、取草也、數、音朔、眯、司馬云、厭也、音一琰反、今而夫子亦取先王已陳芻狗、聚弟子遊居寢臥其下、故伐樹於宋、削迹於衛、窮於商周、是非其夢耶。圍於陳蔡之閒、七日不火食、死生相與鄰、是非其眯邪。此皆絕聖棄知之意耳、無所稍嫌也、夫先王典禮、所以適時用也、時過而不弃、即為民妖、所以興矯效之端也、

○淮南子齊俗訓、世之明事者、多離道德之本、曰禮義

篆按即儀字足以治天下此未可與言術也、所謂禮義者、五帝三王之法籍、風俗一世之迹也、譬若芻◎狗◎土龍之始成、高誘注、束芻為狗、以謝過求福、土龍、以請雨、文以青黃飾以綺繡纏以朱絲、尸祝袀袨、袀、純服、袨、墨齋衣也、大夫端冕、端冕、冠也、以送迎之、及其已用之後、則壤土草薊而已、薊、芥之奇字、夫有孰貴之、〇又說山訓、聖人用物、若用朱絲約芻◎狗◎、若為土龍以求雨、芻狗待之而求福、求、猶得也、土龍待之而得食、土龍致雨、雨而成穀、〇禮檀弓篇、塗車芻◎靈、自古有之、明器之道也、鄭玄注、芻靈、束茅為人馬、謂之靈者、神之類也、

△文子自然篇、天◎地◎不◎仁◎以◎萬◎物◎為◎芻◎狗◎聖◎人◎不◎仁◎以◎百◎姓◎為◎芻◎狗◎舊註、天地生萬物、聖人養百姓、豈有心于物、有私于人哉、一以觀之、有同芻狗、夫慈愛仁義者、近狹之道也、狹者入大而迷、近者行遠而惑、

聖人之道、入大不迷、行遠不惑、常虛自守、可以為極、是謂天德、道德玄微、仁義迮狹、中庸登小徑以致迷、上聖陟道術而無滯、自非靈府恒明、安能與天為極、

△賈誼新書道術篇、道者所從接物也、其本者謂之虛、其末者謂之術、其為原無屈、其應變無極、

△淮南子原道訓、夫太上之道、恍兮忽兮、用不屈兮、遂兮動兮、不虛動兮、

△莊子齊物論、樂出虛、

△淮南子道應訓、王壽負書而行、見徐馮於周、高誘注、王壽、古好書之人、徐馮、周之隱者也、徐馮曰、事者應變而動、變生於時、故知時者無常行、書者言之所出也、言出於知者、知者藏書、於是王壽乃焚書而舞之、自喜焚其書、故舞之也、故老子曰、多言數窮、不如守中、

上篇五章

△周易困卦、兌上坎下象曰有言不信尚口乃窮也、虞翻注震為言、折入兌、張惠言注、上當反初、成益體震、今二上折乾入兌、故有言不信、乾為信、乾滅故不信、兌為口、上變口滅乾、故尚口乃窮、

△黄帝金人銘、我古之慎言人也、戒之哉、戒之哉、無多言、多言多敗、無多事、多事多患、安樂必戒、無行所悔、勿謂何傷、其禍將長、勿謂何害、其禍將大、勿謂無殘、其禍將然、勿謂莫聞、天妖伺人、熒熒不滅、炎炎奈何、涓涓不壅、將成江河、緜緜不絕、將成網羅、青青不伐、將尋斧柯、誠不能慎之、禍之根也、曰是何傷、禍之門也、強梁者不得其死、好勝者必遇其敵、盜怨主人、民害其貴、君子知天下之不可蓋也、故後之下之、使人慕之、執雌持下、莫能與之爭者、人皆趨彼、我獨守此、衆人惑惑、我獨不從、内

藏我知、不與人論技、我雖尊富、人莫害我、夫江河長百谷者、以其卑下也、天道無親、常與善人、戒之哉、戒之哉、

△逸周書周祝篇、角之美、殺其牛、榮華之言◎、後有茅。言牛以角死、虛言致譏也、石有玉而傷其山、萬民之患在多◎言◎患在怠行而多言

△孫詒讓輯墨子佚文云、禽子問曰、多言有益乎、墨子曰、蝦蟆蛙黽、日夜而鳴、口乾而人不聽之、今鶴雞篆疑應作鶵雞時夜而鳴、天下振動、多◎言◎何◎益◎唯其言之時也、見太平御覽

△莊子則陽篇、言◎而足、則終日言而盡道、郭象注、求道於言意之表、則足、言◎而不足、則終日言而盡物、不能忘言而存意、則不足、道物之極、言默不足以載、夫道物之極、常莫為而自爾、不在言與不言、非言非默、議其有極、極於自爾、非言默而議也、

篆按、屈、說文在尾部作𡳐然今人屈伸字、古作詘、出、古音在十五部。窮、中、

古音九部。

六章

浴神不死、是謂玄牝、（死牝韻）玄牝之門、是謂天地根、緜緜若存、用之不勤、（門根存勤韻）

△莊子刻意篇、聖人其寢不夢、其覺無憂、其神純粹、（郭象注、一無所欲。釋文覺、古孝反、）其魂不罷、（○有欲乃疲、罷、音皮）虛無恬惔、乃合天德。（乃與天地合恬惔之德也）故曰、悲樂者德之邪、喜怒者道之過、好惡者德之失。故心不憂樂、德之至也、（至德常適、故情無所槩、）一而不變、靜之至也、（靜而一者、不可變也、）無所於忤、虛之至也、（其心豁然確盡、乃無纖介之違、）不與物交、惔之至也、（物自來耳、至淡者無交物之情、）無所於逆、粹之至也。（若襍乎濁欲、則有所不順、）故曰、形勞而不休則弊、精用而不已則勞、勞則竭。（物皆有當、不可失也、）水之性、不襍則清、莫動則平、鬱閉而不流、亦不能清、天德之象也。（象天德者、無心而皆會也、）故曰、

純粹而不襍無非至當之事也靜一而不變、常在當上住惔而無為、
與會俱而已矣、動而以天行、若夫逐欲而動、人行也、此養神之道也、夫有
干越之劍者、柙而藏之、不敢用也、寶之至也、況敢輕用其神乎、○
吳有谿名干谿、越有山名若耶、竝出善鐵、鑄為名劍也、精神四達竝流、無所不極、
上際於天、下蟠於地、夫體天地之極、應萬物之數、以為精神者、故若是矣、若是而有落天
地之功者、任天行耳、非輕用也、化育萬物、不可為象、所育無方、其名為同帝、
同天帝之不為、純素之道、唯神是守、守而勿失、與神為一、常以純素
守乎至寂、而不蕩於外、則冥、一之精通、合乎天倫、精者、物之真也、野語有之
曰、眾人重利、廉士重名、賢士尚志、聖人貴精、與神為一、非守神也、
不遠其精、非貴精也、然其迹則貴守之也、故素也者、謂其無所與襍也、純也
者、謂其不虧其神也、苟以不虧為純、則雖百行同舉、萬變參備、乃至純也、苟以不襍為素、
則雖龍章鳳姿、倩乎有非常之觀、乃至素也、若不能保其自然之質、而襍乎外飾、則雖犬羊之鞹、庸得謂之純

素哉、能體純素、謂之真人、

△莊子知北游、老聃語孔子曰、精神◎生於道、

△莊子天下篇、獨與天地精神◎往來、

△莊子列御寇篇、彼至人者、歸精神◎乎無始、而甘冥乎無何有之鄉、水流乎無形、發泄乎太清、郭象注、泊然無為、而任其天行也、

△莊子天道篇、老老、疏本作夫、子曰、夫道、於大不終、於小不遺、故萬物備、成玄英疏、終窮也、二儀雖大、猶在道中、不能窮道之量、秋毫雖小、待之成體、此則於小不遺、既其能小能大、故知備在萬物、廣廣乎其無不容也、吳汝綸案王懷祖讀書襍志引此文、廣廣讀為曠曠、是也、淵乎其不可測也、疏、既大無不包、細無不入、貫穿萬物、囊括二儀、故廣廣歟其寬博、淵乎美其深遠、形德仁義、神◎之末也、非至人、孰能定之、疏、夫形德仁義者、精神之末迹耳、非所以迹也、救物之弊、不得已而用之、自非至聖神人、誰能定其粗妙邪、夫至人有世、不亦大乎、而不足以為之累用世故不患其大也、

○疏、聖人威跨萬乘、王有世界、位居九五、不亦大乎、而姑射汾陽、忘物忘已、即動即寂、何四海之能累乎、
天下奮棅而不與之偕、靜而順之、○疏、棅、權也、偕、俱也、社稷顛覆、宇內崩離、趨世之人、
奮動權棅、必靜而自守、不與並逐也、○釋文、棅、音柄、司馬云、威權也、審乎無假而不與利
遷、任真而直往也、○疏、志性安靜、委命任真、榮位既不關情、財利豈能遷動也、極物之真、能
守其本、疏、夫聖人靈鑒洞徹、窮理盡性、斯極物之真者也、◎而應感無方、動不傷寂、能守其本、故外
天地、遺萬物、而神未嘗有所困也、疏、雖復握圖御寓、總統群方、而忘外二儀、
遺棄萬物、是以為既無為、事無事、心閑神王、何困弊之有、既通乎道、合乎德、疏、淡泊之心、通
乎至道、虛忘之智、合乎上德、乃境智相會、能所冥符也、斯退仁義、進道德也、賓禮樂、以情
性為主也、○疏、退仁義之澆薄、進道德之淳和、擯禮樂之浮華、主無為之虛淡、至人之心、有所
定矣、定於無為也、○疏、恬淡無為而用不乖寂定矣、

△莊子達生篇、彼將處乎不淫之度、郭象注、止於所受之分、而藏乎
無端之紀、冥然與變化日新、游乎萬物之所終始、終始者、物之極、壹其

六十

性、飾則二矣、養其氣、不以心使之、合其德、不以物離性、以通乎物之所造、萬物皆造於自爾、夫若是者、其天守全、其神◎無郤、物奚自入焉、夫醉者之墜車、雖疾不死、骨節與人同、而犯害與人異、其神◎全也、乘亦不知也、墜亦不知也、死生驚懼不入乎其胸中、是故遻物而不慴、彼得全於酒、而猶若是、醉故失其所知耳、非自然無心者也。○釋文、郤、去逆反、遻、音咢愕、爾雅云、遻、忤也、郭注云、謂干觸、慴、之涉反、懼也、李郭音習、而況得全於天乎、聖人藏於天、故莫之能傷也、不闚性分之外、故曰藏、

△列子天瑞篇、有生張湛注、今塊然之形也、不生、生物而不自生者也、有化今存亡變改也、不化、化物而不自化者也、不生者能生生、不生者固生物之宗、不化者能化化、不化者固化物之主、生者不能不生、化者不能不化、生者非能生而生、化者非能化而化也、直、自不得不生、不得不化者也、故常生常化、涉于有動之分者、不

得暫無也、常生常化者、無時不生、無時不化、生化相因存亡復往理無閒也、
陰陽爾、四時爾、陰陽四時、節變化之物而復屬于有生之域者、皆隨此陶運、四時改而不停、萬
物化而不息者也、不生者、疑獨、不生之主、豈可實而驗哉、疑其冥一而無始終也、不化
者往復、往復、其際不可終、代謝無閒、形氣轉續、其道不終、疑獨、其道不
可窮、亦何以知其窮與不窮哉、直自疑其獨立而不改、周行而不殆也、黃帝書曰、谷◎神◎
不◎死◎古有此書、今已不存、夫谷虛而宅有、亦如莊子之稱環中、至虛無物、故謂谷神、本自無主、故曰不死、
是◎謂◎玄◎牝◎玄◎牝◎之◎門◎是◎謂◎天◎地◎之◎根◎綿◎綿◎若◎存、◎用◎之◎不◎
勤◎篆按、唐封演撰封氏見聞記道教篇云、本自黃帝、至老君祖述其言、故偁為黃老之學、戰國時圃寇蒙莊
之徒著書、咸以黃老為宗師、圃寇天瑞篇引黃帝之書曰、谷神不死、是為玄牝、玄牝之門、是為天地根、綿綿若
存、用之不勤、此章黃帝之言、而存五千之內、則老氏所書同出已明矣、故生物者不生、化
物者不化、莊子亦有此言、向秀注曰、吾之生也、非吾之所生、則生自生耳、生生者豈有物哉、故不生
也、吾之化也、非物之所化、則化自化耳、化化者豈有物哉、無物也、故不化焉、若使生物者亦生、化物者亦化、則

與物俱化、亦奚異于物、明夫不生不化者、然後能為生化之本也、自生自化、自形自色、自智自力、自消自息、皆自爾耳、豈有尸而為之者哉、謂之生化形色智力消息者、非也、

篆曰、言、道、在、老子之前。而、載、於、道、德、經、者。黃、帝、書、曰。谷神不死、是謂玄牝、玄牝之門、是謂天地根、緜緜若存、用之不勤。見列子天瑞有、焱、氏、頌、曰、聽、之不聞其聲、視之不見其形、充滿天地、苞裹六極。見莊子天運、畢沅疑有焱氏即有熊氏金、人、銘、曰、强梁者不得其死。見孔子家語觀周篇天道無親、常與善人。見薛據孔子集語六藝篇引說苑

△淮南子原道訓云、神◎託於秋毫之末。高誘注、言微眇也、○篆按、此即谷神也、

義

而大篆按大下刘本有與字、宇宙之總。宇宙、喻天地、總合也、○篆按此即是謂天地之。

義根

右第二章第一節（節錄）

是故聖人保其精神◎

右第三章第一節（節錄）

是故夫得道已定、而不待萬物之推移也、非以一時之變化而定吾所以自得也、吾。所。謂。得。者。性。命。之。情。處。其。所。安。也。夫性命者、與形俱出其宗、宗、本、形備而性命成。性命成而好憎生矣。故士有一定之論、女有不易之行。有士之同志、同志德也、至其交接、有一會而交定、故曰有一定之論也。貞女專一、亦無二心、雖有偏喪、不復更醮、故曰有不易之行也。規矩不能方圓、鉤繩不能曲直。雖規矩鉤繩、無以施於此、天地之永、登丘不可為脩、居卑不可為短。是故得道者窮而不懾、達而不榮、雖窮賤不以為懾懼也、雖顯達不以為榮幸也、處高而不機、機、危也、持盈而不傾。傾、覆也、新而不朗、久而不渝、朗、明也、渝、變也、朗讀汝南朗陵之朗、入火不焦、入水不濡。是故不待勢而尊、不待財而富、不待力而強、平虛下流、與化翱翔。翱翔、猶傾仰也、若然者、藏金於山、藏珠於淵、舜藏金於嶄（劉作嶄）巖之山、藏珠于五湖之淵、以塞貪淫之欲也不利貨財、不貪勢名。勢位爵號之名也是故不以康為樂、康、安也不以慊為悲、慊、約也、慊、讀僻向慊之慊、不以貴為安、不以賤為危。形。神。氣。志。各。居。其宜◎以。隨。天。地。之。所。為◎

右第三章第十八節、篆按此下七節、廣上文聖人保其精神義、仍廣篇首神託於秋豪之末、而大宇當之總義、

夫形者、生之舍也、氣者、生之充也、神◎者、生之制也、一失位則三者傷矣。是故聖人使人各處其位、守其職、而不得相干也。故夫形者、非其所安也而處之則廢、氣不當

其所充而用之則，泄神，非其所宜而行之則昧，昧，不明也，此三者不可不慎守也。

右第三章第十九第

夫舉天下萬物蚑蟯貞蟲，蚑行蟯動之蟲也，蟯讀饒，貞蟲，細腰之屬也，蝡動蚑作，蚑讀鳥跂步之跂也，皆知其所喜憎利害者，何也，以其性之在焉而不離也，忽去之則骨肉無倫矣。去之，去道也，則骨肉靡滅無倫也，四今人之所以眭然能視，眭讀曰桂，營然能聽，營讀疾營之營，形體能抗，抗讀扣耳之扣，而百節可屈伸，察能分白黑，視醜美，而知能別同異，明是非者，何也，氣為之充，而神為之使也。

右第三章第二十節

何以知其然也，凡人之志各有所在，而神有所繫者，其行也足蹪趎埳頭抵植木而不自知也，蹪，蹪也，楚人讀蹪為蹪，知猶覺也、招之而不能見也、呼之而不能聞也。不能見招之者、不能聞呼之者、耳目非去之也、然而不能應者何也、神。失、其、守、也。精神失其所守故在於小則忘於大、在於中則忘於外、在於上則忘於下、在於左則忘於右、若楚白公勝將欲慮亂、立於朝、倒杖策、上貫其頤、血流至地、而不覺、此之類也無所不充、則無所不在、精神無所不充、在、存也、是。故。貴。虛。者。以。豪。末。為。宅。也。、虛者、情無所念慮也、以豪末為宅者、言精微也、

右第三章第二十一節

今夫狂者之不能避水火之難而越溝瀆之險者。豈無形、神、氣、志哉、然而用之異也、與人異也失其所守之位而離其外內之舍。是故舉錯不能當、動靜不能中、當、合也、中、適也、終身運枯形于連嘍列埒之門運、行也、枯、猶病也、形、體也、連嘍、猶離嘍也、委曲之類、列埒、不平均也、連、讀陵聾幽州陵陵蓮之連、嘍、讀培嘍無松柏之嘍。○逵吉按古無嘍字、連嘍即連遱也、所謂

離婁亦即麗廔也遠廔蓋正字而蹟蹈于汚壑穽陷之中。汚壑、大壑、壑、讀赫赫明明之赫、雖生俱與人鈞然而不免為人戮笑者何也、形、神、相、失、也。故以神◎為主者形從而利8以形為制者神從而害8神清靜故利、形有情欲故害也、

右第三章第二十二節

貪饕多欲之人、漠睧於勢利、誘慕於名位、漠睧、猶鈍睧、不知足額、誘、進也、慕、貪、漠、溺之漠、睧、讀纖絹纖密睧無間孔之睧也冀以過人之智植於高世、劉寓本有注云、冀猶庶幾也、植、立也、庶幾立高名於世也○豪按此注疑出許慎則精神日以耗而彌遠久淫而不還、淫、過、還、復、形、閉、中、距、則、神、無、由、入、矣、神、精神也、清靜之性、無從還入也、是以天下時有盲妄自失之患。此膏燭之類也、火逾然而消逾亟。逾、益也、亟、疾也夫、精、神、氣、志、者、靜而日充者以壯、躁而日耗者以老。

右第三章第二十三節

是故聖人將養其神。和弱其氣。平夷其形。而。與。道。沈。浮。俛。仰。沈浮、猶盛衰、俛仰、猶升降、恬然則縱之、迫則用之、其縱之也若委衣、其用之也若發機。機、弩機關、言其疾也、如是則萬物之化無不遇、劉寫本有注、遇、時也、而百事之變無不應。應、當之也。纂按、至此應為第三章

右第三章第二十四節

△太史公自序說道家云、凡人所生者神也、所託者形也、神大用則竭、形大勞則敝、形神離則死、死者不可復生、離者不可復反、故聖人重之、由是觀之、神者生之本也、形者生之具也、不先定其神、漢書句下有形字。纂按、莊子天地篇、神生不定者、道之所不載也、而曰我有以治天下、何由哉、

△後漢邊韶孝先老子銘云、其二篇之書、稱天地所㠯能

長且久者、呂不自生也、厥初生民、遺體相續、其死生之義可知也、或有浴神不死是謂玄牝之言、由是世之好道者觸類而長之、呂老子離合于混沌之氣、與三光為終始、觀天作讖、（缺）降斗星、隨日九變、與時消息、規榘三光、四靈在旁、存想丹田、大一紫房、道成身化、蟬蛻渡世、自羲農呂來、（缺）為聖者作師、銘曰、出入丹爐、上下黃庭、背棄流俗、舍景匿形、苞元神化、呼吸至精、世不能原、卬其永生、

箋曰、漢書藝文志曰、道家者流、蓋出於史官、歷記成敗存亡禍福古今之道、今本書所錄、即原斯義、其涉及醫經經方房中神仙者、則藝文志方技略中事、茲不深究也、又唐釋道宣撰玄奘傳亦云、奘曰、觀老子

治身治國之文、文詞具矣、叩齒咽液之序、其言鄙陋、
老但五千文、自餘千卷、多是醫方、故篆於俗傳老子
養生要訣等文、太平御覽七百十二託偽亂真、不錄也、再道藏
目錄洞神部叙說老子、分在天在人二期、其言奇詭、
有類邊韶所指世不能原、仰其永生者矣、曰、太上老
君、在天皇時為通玄天師。地皇時為有古先生。人皇
時為盤古先生。伏羲時為鬱華。神農時為大成子。祝
融時為廣壽。黃帝時為廣成子。帝嚳時為錄圖子。帝
堯時為務成子。帝舜時為尹壽子。夏禹時為真行子。
商湯王時為錫則子。後以商王陽甲十八年降胎、至
武丁九年生。在周西伯時為藏史、號燮邑子。武王時
為柱下史、號育成子。成王時為經成子。康王時為郭

叔子。西出關自流沙還、授禮于孔子。在天以玉晨大道君爲師。在人間以常樅子爲師。如上所説、置之不論可也、

△莊子則陽篇、萬物有乎生而莫見其根◎、有乎出而莫見其門◎、郭象注、無根無門、忽爾自然、故莫見也、唯無其生亡其出者、爲能覩其門而測其根也、

△文心雕龍諸子篇云、鶡冠楚隱士鶡冠子緜◎緜◎亟發深言、

△莊子大宗師、故聖人將遊於物之所不得遯而皆存◎、郭象注、夫聖人遊於變化之途、放於日新之流、萬物萬化亦與之萬化、化者無極亦與之無極、誰得遯之哉、夫於生爲亡、而於死爲存、於死爲存、則何時而非存哉、

△莊子知北遊、惛然若◎亡而存◎、郭象注、昭然若存則亡矣、油然不形而神◎、摯然有形則不神、。釋文、油、音由、謂無所給惜也、萬物畜而不知、此之謂本根◎、畜之而不得其本性之根、故不知其所以畜也、

△莊子大宗師、夫道、自本自根◎、未有天地、自古以固存◎、成玄英疏、存、有也、

△莊子知北游、物已死生方圓、莫知其根◎也、郭象注、夫死者已自死、生者已自生、圓者已自圓、方者已自方、未有為其根者、故莫知、扁然而萬物自古以固存◎豈待為之而後存焉、○釋文、扁、音篇、

△文子精誠篇、大道無為、無為即無有、無有者、不居也、不居者、即處而無形、無形者、不動、不動者、無言也、無言者、即靜而無聲、無形無聲者、視之不見、聽之不聞、是謂微妙、是謂至神、緜◎緜◎若◎存◎、是◎謂◎天◎地◎之◎根◎、道、無形無聲、故聖人強為之形、以一字為名、天地之道、大以小為本、多以少為始、天子以天地為品、以萬物為資、功德至大、勢名至貴、二德之美、與天地配、故不可不軌大道以為天

下母、讚義、道天地王、域中之四大、道無為故悠久、天無言故高明、地無聲故博厚、兼而有之王也、王乃天之子、地之主、民之父母、惟其愛養萬物、不以為恩、故功德至大、勢名至貴、無得而逾焉、

纂、按死、牝、扶死反古音在十五部、門、根、存、勤、古音十三部、

七章

天長地久、天地所以能長且久者、以其不自生、故能長生、

是以聖人後其身而身先、外其身而身存、（先存韻）以其無厶、（從河上本。篆曰、與上文以其不自生句法同、）故能成其厶、

△韓詩外傳卷三云、公儀休相魯而嗜魚、一國人獻魚、而不受、其弟諫曰、嗜魚不受何也、曰、夫欲嗜魚、故不受也、受魚而免於相、則不能自給魚、無受而不免於相、長自給於魚、此明於魚、為己者也、故老子曰、後◎其◎身◎而◎身◎先◎外◎其◎身◎而◎身◎存◎非◎以◎其◎無◎私◎乎◎故◎能◎成◎其◎私◎詩曰、思無邪、此之謂也、

△淮南子道應訓、公儀休相魯（高誘注、公儀休、故魯博士也、）而嗜魚、一國獻魚、公儀子弗受、其弟子諫曰、夫子嗜魚、弗受、何也、

荅曰、夫唯嗜魚、故弗受、夫受魚而免於相、雖嗜魚不能自給魚、毋受魚而不免於相、則能長自給魚、此明於為人為已者也、故老子曰、後◎其◎身◎而◎身◎先◎外◎其◎身◎而◎身◎存◎非◎以◎其◎無◎私◎邪◎故◎能◎成◎其◎私◎、一曰、知足不辱、

△莊子天下篇、未嘗先◎人而常隨人、成玄英疏、和而不唱也、

△莊子天道篇、孔子曰、中心物愷、兼愛無私、此仁義之情也、郭象注、此常人之所謂仁義者也、故寄孔老以正之、老聃曰、夫兼愛不亦迂乎、無◎私◎焉、乃私◎也、世所謂無私者、釋已而愛人、夫愛人者、欲人之愛已、此乃甚私、非忘公而公也、

纂曰、先、存、古音在十三部、

八章

上善若水、水善利萬物、而不爭、物爭韻處眾人之所惡、故幾

於道、篆按以上喻以下合、居善地、心善淵、與善仁、言善信、淵仁信韻政善

治、政從傳本、事善能、動善時、夫唯不爭、故無尤、道治能時尤韻

△莊子德充符篇、何謂德不形、曰、平者、水◎停之盛也、郭象注、天

下之平、莫盛於停水也、其可以為法也、無情至平、故天下取正焉、內保之而外

不蕩也、內保其明、外無情、為玄鑒洞照、與物無私、故能全其平而行其法也、

△莊子天道篇、水◎靜則明燭鬚眉、平中準、大匠取法焉、成

玄英疏、夫水動則波流、止便澄靜、懸鑒洞照、與物無私、

故能明燭鬚眉、清而中正、治諸邪枉、可為準的、縱使工

倕之巧、猶須倣水取平、故老經云、上◎善◎若◎水◎

△莊子刻意篇、水◎之性不雜則清、莫動則平、鬱閉而不流

亦不能清、天德之象也、郭象注、象天德者、無心而偕會
也、成玄英疏、象者、法效也、以況聖人心靈皎潔、鑑照無
私、法象自然、與玄天合德、故老經云、上◎善◎若◎水◎也、
△賈誼新書脩政語篇、黃帝曰、道◎若◎川谷之水◎、其出無已、
其行無上、故服人而不為仇、分人而不譐者、其惟道矣
譐、噂沓也、故播之於天下而不忘者、其惟道矣、是以道高比
於天、道明比於日、道安比於山、故言之者見謂智、潭本作見
謂之智、學之者見謂賢、守之者見謂信、樂之者見謂仁、行
之者見謂聖人、故惟道不可竊也、不可以虛為也、故黃
帝職道義、經天地、紀人倫、序萬物、以信與仁為天下先、
然後濟東海、入江內、取綠圖、西濟積石、涉流沙、登於崑
崙、於是還歸中國潭本歸作居以平天下、天下太平、唯躬道

而已、

△大戴禮記勸學篇、子貢曰、君子見大水必觀、何也、王聘珍注說文云、川、貫穿通流水也、孔子曰、夫水者君子比德焉、偏與之而無私、似德。與、及也、偏與之者、水流澄也、無私、謂其本性就下、非有私也、德者、得其性者也、所及者生、所不及者死、似仁、易曰、潤萬物者莫潤乎水、孟子曰、民非水火不生活、白虎通云、仁者好生、其流行庳下、倨句、皆循其理、似義。庳讀曰卑、倨、直也、句、曲也、循、從也、理、條理也、荀子議兵云、義者循理、其赴百仞之谿不疑、似勇。赴、趨也、水注川曰谿、疑、止也、韓子曰、不疑之謂勇、淺者流行、深淵不測、似智。李注爾雅云、淵、藏也、智者洪深而有謀、弱約危通、似察。說文云、弱、橈也、謂橈曲也、約、纏束也、言水之旋繞也、危、險、通、達也、弱約危通者、謂水流於曲處、則繞之、危地皆能達、察、明也、纖微皆審謂之察、春秋繁露云、水循嶽赴下、不遺小閒、既似察者、受惡不讓、似貞。惡、垢穢也、讓、辭也、釋名云、貞、定也、苞裹一作裹不清以入、鮮絜以出、似善化。苞裹、藏納也、鮮、明也、潔、清也、化、變也、謂納汙而流潔、若變化其

汙然、必出量必平、似正。出、行也、必出者、孟子曰、水無有不下也、量、斗斛名、喻科坎也、易曰、坎不盈、祇既平、左傳曰、正直為正、盈不求概、似厲。盈、滿也、楊云、概、平斗斛之木、盈不求概、謂盈科則進、滿而不溢也、廣雅云、厲、方也、折必以東西、西一作也、似意。折、謂曲折、必以東西者、孟子曰、水性無分於東西也、似意者、意東而東、意西而西也、是以見大川必觀焉。纂按、又荀子宥坐篇、說苑雜言畧同、

△李康運命論、然則聖人所以為聖者、蓋在乎樂天知命矣、譬如水回也、通之斯為川焉、塞之斯為淵焉、升之於雲則雨施、沈之於地則土潤、體清以洗物、不亂於濁、受濁以濟物、不傷於清、是以聖人處窮達如一也、

△淮南子原道訓、夫善游者溺、善騎者墮、各以其所好反自為禍、禍、害也、是故好事者、未嘗不中。高誘注、中、傷也。好為情欲之事者、未嘗不自傷也、爭利者、未嘗不窮也。昔共工之力、觸不周之山、

使地東南傾。共工以水行霸於伏犧神農間者也、非堯時共工也、不周山、昆侖西北、傾、猶下也、天文言天傾西北、地傾東南、先言傾高也、此言東南後言傾、明其下也、與高辛爭為帝、高辛、帝嚳有天下之號也、嚳、黃帝之曾孫、遂潛于淵、宗族殘滅、繼嗣絕祀。謂共工也越王翳逃山穴、越人熏而出之、遂不得已。已止也、翳、越太子也、賢、不欲為王、逃於山穴之中、越人以火熏出而立之、故曰遂不得已、在春秋後、故不書于經也、由是觀之、得在時不在爭、治在道不在聖。治、為也、雖聖不得為、故曰在道、孔子是也、

右第二章第十三節

篆按此二節說不爭、仍申上文得於和義、

土處下不在高、故安而不危、水下流不爭先、故疾而不遲。昔舜耕於歷山、朞年而田者爭處墝埆、以封壤肥饒相讓。歷山、在沛陰城陽也、一曰、沛南歷城山也、墝埆、讀入相墝橡之墝釣於河濱、朞年而漁、者爭處湍瀨、以曲隈深潭相予。漁、讀告語、湍瀨、水淺流急、少魚之處

也、曲隈、崖岸委曲、深潭回流、饒魚之處、潭讀蕈、蕈之覃當此之時、口不設言、手不指麾、口不設不信之言也、手不指麾、不妄有所規擬也、執。玄。德。於。心。而。化。馳。若。神。玄、天也、馳、行也、若神、若有神化之也、使舜無其志、雖口辯而户說之、不能化一人。志、王天下之志也、一曰人心之志也、是故不道之道、莽乎大哉。道不可道、曰不道之道、故夫能理三苗、朝羽民、三苗、堯時所、放渾敦窮奇叨飻之等、理、治也、羽民、南方羽國之民、使之朝者、德以懷遠也、徙裸國、納肅慎、未發號施令而移風易俗者、其唯心行者乎。徙、化也、裸國、在南方、禹所入也、肅慎、在北方、遠也、傳曰肅慎燕亳、吾北土也、惟神化為能然也、○纂按上文云恬愉無矜而得于和。下文亦云、好憎者心之過也。法度刑罰、何足以致之也、言不足以致之也、明不如仁心化之為大、○纂按至何足以致之也、應為第二章、

右第二章第十四節第三章起入老子一章注

纂曰淵、仁、信、古多借為屈伸之伸、古音在十二部。治、古讀如貽能、時、

尤、古讀如貽、古音一部、道、以三部合韵一部、爭、物、協韵刘師培云、以爭協物、則以爭脂雙聲、讀爭若脂、猶楚辭以匹協程也、

九章

持而盈之、不如其已、(持已韻)揣而梲之、(揣梲韻)不可長保、金玉滿室、(室依傳本、)莫之能守、富貴而驕、自遺其咎、(治要引作還自遺咎)功遂身復、(遂韻)退天之道、(道保守咎韻)

△淮南子道應訓、白公勝得荊國、不能以府庫分人、七日、(高誘注、白公簒得楚国、貪其財而不分人也、得積七日也、)石乙入曰、(石乙、白公之黨、)不義得之、又不能布施、患必至矣、不能予人、不若焚之、毋令人害我、白公弗聽也、九日、葉公入、(葉公、楚大夫子高、自方城之外、入殺白公、)乃發大府之貨以予衆、出高庫之兵以賦民、因而攻之、十有九日而禽白公、(葉公殺白公也、)夫國非其有也、而欲有之、可謂至貪也、不能為人、又無以自為、可謂至愚矣、譬白公之嗇也、何以異於梟之愛其子也、(梟子長、食其母、)故老子曰、持◎

而盈之、不如其已、揣而銳之、不可長保也、

△文子微明篇、以不義而得之、又不布施、患及其身、不能為人、又無以自為、可謂愚人、無以異于梟愛其子也、故持而盈之、不如其已、揣而銳之、不可長保、

△淮南子道應訓、魏武侯問於李克曰、（高誘注、李克、武侯之相、）吳之所以亡者、何也、李克對曰、數戰而數勝、武侯曰、數戰數勝、國之福也、其獨以亡、何故也、對曰、數戰則民罷、數勝則主憍、以憍主使罷民、而國不亡者、天下鮮矣、憍則恣、恣則極物、罷則怨、怨則極慮、上下俱極、吳之亡猶晚矣、夫差之所以自剄於干遂也、（越伐吳、夫差所以自殺也、）故老子曰、功成名遂身退、天之道也、

△文子道德篇、夫亟戰而數勝者、則國必亡、亟戰則民罷、

數勝則主驕、以驕主使罷民、而國不亡者、則寡矣、主驕則恣、恣則極物、民罷則怨、怨則極慮、上下俱極而不亡者、未之有也、故功◎遂◎身◎退、天◎之道◎也、

△文子上德篇、狡兔得而獵犬烹、高鳥盡而良弓藏、功◎成◎名◎遂◎身◎退、天◎道◎然也　舊註、審進退之宜、盡窮通之數、抱道守德、全身保名、可謂賢也、

△吳陸景誡盈篇云、富貴天下之至榮、位勢人情之所趨、然古之智士、或山藏林竄、忽而不慕、或功◎成◎身◎退◎、逝若脫屣者、何哉、蓋居高畏其危、處滿懼其盈、富貴榮勢、本非禍始而多以凶終者、持之失德、守之背道、道德喪而身隨之矣、是以留侯范蠡、棄貴如遺、叔敖蕭何、不宅美地、此皆知盛衰之分、識倚伏之機、故身全名著、與福始卒、自此以來、重臣貴戚隆盛之族、莫不罹患構禍、鮮以

善終、大者破家、小者滅身、唯金張子弟、世履忠篤、故保貴持寵、祚鍾昆嗣、歐陽詢藝文類聚卷二十三引。

△逸周書佚文、成功之下、不可久處、史記蔡澤傳

篆按持、已、漢人已午與古音在一部。保、守、咎、道古音三部。段玉裁六書音均表云、考古第一部與第三部合用、不可枚數、如老子持而盈之節、已保守咎道為韻、(中畧)皆之咍與尤幽合韻、而支脂二部合尤幽者絕少、知古合韻即音轉之權與也、

揣、梲、遂、退、小篆復古文退、古音十五部。

十章

載營魄裒一、裒、褒也、從畢沅說、能無離乎、摶氣至柔、能如嬰兒乎、兒智雖為四句、從王弼注滌除玄覽、能無疵乎、愛民治國、能無以智乎、天門開闔、能為雌乎、明白四達、能無以為乎、離兒疵知雌為韻生之畜之、生而不有、為而不恃、長而不宰、是謂玄悳、之有恃宰德韻

△屈原遠游篇、載營魄而登霞同遐兮、王逸注、抱我靈魄而上升也、○陸士衡弔魏武帝文、迨營魄之未離、又陸士衡贈從兄車騎詩、營魄懷茲土、李善注、老子曰、載營魄抱一、能無離乎、鍾會曰、載、辭也、經護為營、形氣為魄、謂魂魄經護其形氣、使之長存也、

△莊子庚桑楚篇、南榮趎曰、趎願聞衛生之經、老子曰、衛生之經、能抱一乎、郭象注、不離其性、○釋文、衛生、李云、防衛其生、令合道也、能勿失、

乎（還自得也。）能無卜筮而知凶吉乎、（當則吉、過則凶、無所卜也。○篆按一、失、吉韵、原作吉凶、非、）能止乎（止於分也、）能已乎（無追故迹、）能舍諸人而求諸己乎（全我而不效彼、）能翛然乎（無停迹也、）能侗然乎、（無節礙也、○侗、向敕動反、云直而無累之謂、）能兒子乎。兒子終日嗥而嗌不嗄、和之至也（任聲之自出、不由於喜怒、○嗥、本又作號、嗌音益、崔云、喉也、嗄、司馬云、楚人謂啼極無聲為嗄。）終日握而而手不掜、共其德也、（任手之自擭。非獨得也。○擭、李云、捲手曰握、掜、向音藝、崔云、寄也。）終日視而目不瞚、偏不在外也、（任目之自見、非係於色也、○瞚。字又作瞬、同音舜、動也。）行不知所之、（任足之自行。無所趣。）居不知所為、（綜體而自任也。）與物委蛇、（斯順之也。）而同其波。（物波亦波。）是衛生之經已。南榮趎曰、然則是至人之德已乎。（若能自改而用此言、便欲自謂至人之德、）曰、非也、是乃所謂冰解凍釋者能乎、（能乎．明非自爾。）夫至人者、相與交食乎地、而交樂乎天、（自無其心、皆與物共。○崔云、交。俱也。）不．以人物利害相攖、不相與爲怪、不相與爲謀、不相與爲事、翛然而往、侗然而來、是謂衛生之經已。曰、然則是至乎。謂已便可得此言而至邪、○攖。崔云、猶貫也、曰、未也、吾固告汝曰、能兒子乎、非以此言爲不至也、但能聞而學者非自至耳、苟不自至、則雖聞至言、適可以爲經、胡可得至哉、故學者不至、至者不學也。兒子動不知所爲、行不知所之、身若槁木之枝、而心若死灰、若是者、禍亦不至、福亦不來、禍福無有、惡有人災也、禍福生於失得、入災由於愛惡、今槁木死灰、無情之至、則愛惡失得、無自而來、宇泰定者發乎天光、夫德宇泰然而定、則其所發者天光耳。非人耀、○宇泰定。王云。宇。器宇也。謂器宇閒泰、則靜定也。發乎天光者人見其人、天光自發。則人見其人。物見其物。物各自見而不見彼。所以泰然而定也。人有翛者乃今有恆、人而翛人。則自得矣。所以常泰。有恆者、人舍之、天助之、常泰、故能反居我宅。而自然獲助也。人之所舍、謂之天民、天之所助、謂之天子、出則天子。處則天民。此二者俱以泰然而自得之。非爲而得之也。

△淮南子道應訓顏回謂仲尼曰、回益矣、仲尼曰、何謂也、曰、回忘禮樂矣（高誘注、回忘禮樂、絶聖弃智、入于無爲也、）仲尼曰、可矣、猶未也、異日復見、曰、回益矣、仲尼曰、何謂也、曰、回忘仁義矣、仲尼曰、可矣、猶未也、異日復見、曰、回坐忘矣、（言坐自忘其身、以至道也、）仲尼遽然曰、何謂坐忘、顏回曰、隳支體、黜聰明、離形去知、洞於化通、是謂坐忘、仲尼曰、洞則無善也、化則無常矣、而夫子薦賢、（薦、先也、）回入賢、丘請從之後、故老子曰、載營魄抱一、能無離乎、專氣至柔、能如嬰兒乎、

△淮南子原道訓、是故聖人偃其智故、（纂按莊子刻意篇、聖人去知與故、循天之理、成玄英疏、內去心知、外忘事故、）

右第三章第一節（節錄）

是故至人之治也、（高誘注、至道之人、）掩其聰明、滅其文章、依道

廢智、與民同出于公。公正、約其所守、寡其所求、去其誘慕、除其嗜欲、誘慕喻貪榮勢也、故去之嗜欲情欲也、故除之也、損篆按損當依文子道原作捐、其思慮。常浩淡也、約其所守則察、不煩擾也、寡其所求則得。易供、故得夫任耳目以聽視者、勞形而不明、以知慮為治者、苦心而無功。是故聖人一度循軌、一、齊也、軌、法也、不變其宜、不易其常、故篆按故當依文子道原作放準循繩、曲因其當。

右第三章第十一節、篆按此節廣上文聖人偃其智故義、第十二節起入老子十二章注

△莊子庚桑楚篇、有乎生、有乎死、有乎出、有乎入、入出而无見其形、是謂天◎門◎、天門者、无有也、

△莊子天運篇、怨恩取與、諫教生殺、八者、正之器也、唯循大變無所湮者、為能用之、故曰正者正也、其心以為不

然者、天門弗開矣（郭象注、守故不變、則失正矣、釋文天門。一云謂心也、一云大道也。）

△淮南子道應訓、齧缺問道於被衣、（高誘注齧缺、被衣、皆堯時老人也、）被衣曰、正女形、壹女視、天和將至、攝女知、正女度、神將來舍、德將來附、若美而道將為女居、惷乎若新生之犢、而無求其故、言未卒、齧缺繼以讎夷、（讎夷、熟視不言貌、）被衣行歌而去、曰、形若槁骸、心如死灰、直實不知、以故自持、墨墨恢恢、無心可與謀、彼何人哉、故老子曰、明白四達、能無以知乎、

△文子道原篇、正汝形、一汝視、天和將至、攝汝知、正汝度、神將來舍、德將為汝容、道將為汝居、瞳兮若新生之犢、而無求其故、形若枯木、心若死灰、眞其實知、而不以曲故自持、恢恢、無心可謀、明白四達、能無知乎、

△莊子天道篇、夫明白於天地之德者、此之謂大本大宗、與天和者也、所以均調天下、與人和者也、

△莊子天地篇、孔子謂子貢曰、夫明白入素、無為復朴、體性抱神、以遊世俗之間者、汝將固驚耶、郭象注、此真渾沌也、故與世同波而不自失、則雖遊於世俗、而泯然無迹、豈必使汝驚哉、且渾沌氏之術、予與汝何足以識之哉、在彼為彼、在此為此、渾沌玄同、孰識之哉、所識者常識其迹耳、

△莊子山木篇、仲尼曰、始用四達、郭象注、感應旁通為四達、

△莊子知北遊、无門无房、四達之皇皇也、

△淮南子原道訓、夫太上之道、生萬物而不有、高誘注、不以為己有者也、成化像而弗宰、宰、主也、

△莊子達生篇、有孫休者、成玄英疏、姓孫、名休、魯人也、踵門而詫子扁

慶子曰、休居鄉不見謂不脩、臨難不見謂不勇、然而田原不遇歲、事君不遇世、賓於鄉里、逐於州部、則胡罪乎天哉、休惡遇此命也、疏、踵、頻也、詫、告也、歎也、不能述道、而怨迭邅、頻來至門而數也、姓扁、名子慶、魯之賢人、孫休之師也、孫休俗人、不達天命、頻詣門而言之、我居鄉里、不見道我不修飾、臨於危难、不見道我無勇武、而營田於平原、逢歲不熟、禾稼不收、[illegible]朝廷以事君、不遇聖明、不靡好爵、被鄉閭而賓弃、遭州部而放逐、有何罪於上天、苟遇斯之運命、扁子曰、子獨不聞夫至人之自行耶、忘其肝膽、遺其耳目、郭象注、闇付自然也、○疏、夫至人立行、虛遠清高、故能內忘五藏之肝膽、外遺六根之耳目、蕩然空靜、無纖介於胷臆、芒然彷徨乎塵垢之外、注、凡非真性、皆塵垢也、○釋文、芒、武剛反、彷徨、元嘉本作房皇、音同、逍遙乎無事之業、注、凡自為者、皆無事之業也、○疏、芒然、無心之貌也、彷徨、是縱放之名、逍遙、是任適之稱、而處染不染、縱放於囂塵之表、涉事無事、任適於物務之中也、是謂為而不恃、注、率性自為耳、非恃而為之、長而不宰、注、任其自長耳、非宰而長之、○疏、接物施化、不恃藉於我勞、長養黎元、豈斷割而從已、今汝飾知以驚愚、修身以明汙、昭昭乎若揭日月而行也、疏、汝光。飾心智、驚動愚俗、修營身形、顯他汙穢、昭昭明白、自炫其能、犹如擔揭日月而行於世也、豈是韜光匿耀以蒙養恬哉、汝得全而形軀、具而九竅、無中道夭於聾盲跛蹇、而比於人數、亦幸矣、又何暇乎天之怨哉、子往矣

△尚書、堯典、帝舜玄⊙悳⊙孔傳、玄幽潛也

△莊子天地篇是謂⊙玄⊙德⊙、同乎大順、

篆

按離、兒、疵、知、雌、為、古音在十六部。之、有、恃、宰、德、古音一部。

十一章

三十輻共一轂、輻轂韻當其無有車之用、埏篆曰方言埏取也從手不從土埴以為器、當其無有器之用、鑿戶牖以為室、當其無有室之用、故有之以為利、無之以為用、

△周禮攷工記輪人云、轂◎也者、以◎為◎利◎轉也、輻◎也者以為直指也、牙音訝也者以為固抱也、說文䡈字即周禮牙字、又輈人云、輪輻◎三◎十◎、以象日月也、日月之行、三十日而合宿、

△大戴禮記保傅篇、古之為路車也、三◎十◎輻◎以象月、

△文子上德篇、轂◎虛而中空、三◎十◎輻◎各盡其力、使一輻獨入、眾輻皆棄、何近遠之能至、○又云、三◎十◎輻◎共◎一◎轂◎、各直一鑿、不得相入、猶人臣各守其職也、

△莊子馬蹄篇、陶者曰、我善治埴◎、圓者中規、方者中矩、成玄

英疏、塡、黏也、亦土也、

△莊子外物篇、惠子謂莊子曰、子言無用。莊子曰、知無用而始可與言用矣。夫地、非不廣且大也、人之所用、容足耳、然則廁足而墊之致黃泉、人尚有用乎。惠子曰、無用。莊子曰、然則無用之爲用也亦明矣。廁、音側、又音測、墊丁念反、司馬崔云、下也、本又作塹、七念反、掘也、致至也、本又作至、

△莊子人間世郭象注、夫無用者、泊然不爲、而羣才自用、自用者各得其敘、而不與焉、

△莊子徐无鬼篇、故足之於地也、踐雖踐、恃其所不蹍而後善博也、成玄英疏、踐蹍俱履蹈也、夫足之能行、必履於地、仍賴不踐之土而後得行、若無餘地、則無由安善而致遠也、此舉喻也、博人之於知也、少雖少、恃其所不知而後知天之所謂也、知有明暗、能有少多、各止其分、則物逍遙、是以地藉不踐而得行、心賴不

知而能照、所以處寂并恬、天然之理、故老經云、有之以為利、無之以為用、此合諭也、

篆曰、輻、轂、古音在三部、

十二章

五色令人目盲、五音令人耳聾、五味令人口爽、馳騁田獵令人心發狂、難得之貨令人行妨、盲聾爽狂妨韻是以聖人為腹不為目、腹目韻故去彼取此、

△莊子天地篇、且夫失性有五、成玄英疏、迷情失性、抑乃多端、要且而言、其數有五、一曰五◎色◎亂目、使目不明◎疏、五色者、青黃赤白黑也、流俗耽貪、以此乱目、不能見理、故曰不明也、二曰五◎聲◎亂耳、使耳不聰◎疏、五聲謂宮商角徵羽也、滛滞俗聲、不能聞道、故曰不聰、三曰五臭薰鼻、困惾中顙、疏、五臭謂羶薰香鯹腐、惾、塞也、謂刻賊不通也、言鼻耽五臭、故壅塞不通、而中傷顙額也、呼香為臭、故易云其臭如蘭、四曰五◎味◎濁口、使口厲爽◎疏、五味謂酸辛甘苦鹹也、厲、病、爽、失也、今人著五味、穢濁口根、遂使鹹苦成痾、舌失其味、故言爽也、五曰趣舍滑心、◎使性飛揚、◎疏、趣、取也、滑、乱也、順心則取、違情則舍、撓亂其心、使自然之性、馳競不息、輕浮躁動、故曰飛揚也、此五者、皆生之害也、疏、總結前

之五事、皆是伐命之刀、害生之斧、是生民之巨害也、○繹文、慢子公反、郭音俊、又素奉反、李云、困慢、猶刻賊不通也、中、丁仲反、顙、桑蕩反、濁、本又作噣、音同、滑、李音骨、本亦作噣、

△莊子駢拇篇、是故駢於明者、亂五色、淫文章、青黃黼黻之煌煌非乎、而離朱是已。多於聰者、亂五聲、淫六律、金石絲竹黃鐘大呂之聲非乎、而師曠是已。郭象注、夫有耳目者、未嘗以慕聾盲自困也、所困常在於希離慕曠、則離曠雖性聰明、乃是亂耳目之主也。○黼黻、周禮云、白與黑謂之黼、黑與青謂之黻。離朱、司馬云、黃帝時人。百步見秋豪之末、孟子作離婁。師曠、司馬云、晉賢大夫也。善音律、能致鬼神。史記云、冀州南和人。生而無目。○又云、屬其性於五味、雖通如俞兒、非吾所謂臧也、郭注、率性通味乃善、○崔云、尸子曰、膳、俞兒和之以薑桂、爲人主上食、淮南云、俞兒狄牙、嘗淄澠之水而別之、一云、俞兒黃帝時人、狄牙則易牙、齊桓公時識味人也、一云、俞兒亦齊人、淮南子一本作申兒、疑申當作臾、屬其性乎五聲、雖通如師曠、非吾所謂聰也。屬其性乎五色、雖通如離朱、非吾所謂明也、不付

之於我而屬之於彼。則雖通之如彼。而我已喪矣。故各任其耳目之用。而不係於離曠。乃聰明也。

△莊子在宥篇、說明邪、是淫於色也、說聰邪、是淫於聲也、

△莊子徐无鬼篇、故目之於明也殆。耳之於聽也殆。心之於殉也殆。有意則無崖。故殆。

△莊子外物篇、目徹為明、耳徹為聰、鼻徹為顫、口徹為甘、心徹為知、知徹為德、凡道不欲壅、壅則哽、哽而不止則跈、郭注、當通而塞、則理有不泄、而相騰踐也、○顫舒延反、哽庚猛反、塞也。跈女展反、廣雅云履也、止也、本或作蹍、同也、跈則眾害生、生、起也、物之有知者恃息、凡根生者無知、亦作恃息其不殷、非天之罪、殷、當也、夫息不由知。由知然後失當。失當而後不通。故知恃息。息不息恃知也。然知欲之用。制之知由人。非不得已之符也。天之穿之、日夜無降、通理有常無、運。人則顧塞其竇、無性任天、竇乃開

△淮南子原道訓、是故聖人內修其本。纂按即爲腹義、而不外飾

老子古文　上篇　十二章

其末。纂按即不為目義

右第三章第一節（節錄）

夫喜怒者、道之邪也、道貴平和、故喜怒為邪也、憂悲者、德之失也。尚德恬和、故憂悲為失、論語曰、其德坦蕩蕩是也、好憎者、心之過也。嗜欲者、性之累。也。心當專一、中扃外閉、反有所好憎、故曰過、性當清靜、以奉天素、而反嗜欲、故為之累也。

纂按上文云無為為之而合於道、無為言之而通乎德、恬愉無矜而得於和、有萬不同而便於性、

人大怒破陰、大喜墜陽、怒者、陰氣也、陰為堅冰、積陰相薄、故破陰、喜者、陽氣、陽氣升于上、積陽相薄、故曰墜陽也、薄氣發瘖、驚怖為狂。憂悲多恚、病乃成積。好憎繁多、禍乃相隨。故心不憂樂、德之至也、通而不變、靜之至也、變、更也、嗜欲不載、虛之至也、不載于性、無所好憎、平之至也、不與物散、粹之至也、散、亂、粹、純、能此五者、則通於神

明，通於神明者，得其内者也。

右第三章第十二節。篆按此下三節廣上文聖人内修其本義。○又按此節與莊子刻意篇畧同，已引入六章谷神注。

是故以中制外，百事不廢。（中，心也。外，情欲也。）中能得之，則外能收之。（收也。）養中之得，則五藏寧，思慮平。（五藏寧者，各得其所。思慮平者，不妄喜怒。）筋力勁強，耳目聰明，疏達而不悖，（悖，謬也。）堅強而不韇。（韇，折。）無所大過，而無所不逮。處小而不逼，處大而不窕。（在小能小，在大能大。）其魂不躁，其神不嬈。（躁，狡。嬈，煩嬈也。言精神定矣。）湫漻寂寞，為天下梟。（湫漻，清靜也。寂寞，恬淡也。梟，雄也。○下文迫則能應至無忘玄伏，劉寫本在大道坦坦上。）大道坦坦，去身不遠，求之近者，往而復反。（近謂身也。）迫則能應，感則能動，物穆無窮。（穆，美。○遠吉按物疑當作沕。）變無形像，（言能化也。）優

八四

游委縱、如響之與景、響、應聲、景、應形、登高臨下、無失所秉、履危行險、無忘玄伏、玄伏、道也、能存之此、其德不虧、萬物紛糅、與之轉化、以聽天下、若背風而馳、疾而易也、是。謂。至。德。至。德。則。樂。矣。、古之人有居巖穴而神不遺者、遺、失也、末世有勢為萬乘而日憂悲者、由此觀之、聖亡纂按、亡、当依文子道原作忘、乎治人、而在于得道、樂亡纂按同上乎富貴、而在于德和、知大已而小天下、則幾於道矣、幾、近也、許由務光是、

右第三章第十三節

所。謂。樂。者。、豈必處京臺章華、京臺、章華、楚之大臺、皆游雲夢沙邱、雲夢、楚澤、在南郡華容也、沙邱、紂臺名也、在鉅鹿也、耳聽九韶六瑩、九韶、舜樂也、六瑩、顓頊樂也、口味煎熬芬芳、馳騁夷道、夷、平也、釣射鸘鷫之。謂。樂。乎。、鸘鷫、鳥名也、長頸綠身、其形似雁、一曰、鳳皇之別名也。○逵吉按太平御覽引作釣射瀟湘、当是異本、馬融注

左傳、鷫鷞、雁也、其羽如練、高首而脩頸、說文解字云、五方神鳥、西方曰鷫鷞、中央曰鳳皇、故一曰鳳皇別名也、吾所謂樂者、人得其得者也。夫。得其。得。者。不以奢為樂、不以廉為悲、廉猶儉也、與陰俱閉、與陽俱開、故子夏心戰而臞、得道而肥、子夏、名商、孔子弟子也、入學見先王之道而說之、又出見富貴之樂而欲之、二者交爭、故戰而臞也、先王之道勝、無所復思、故肥也、聖人不以身役物、不以欲滑和、不以身為物役、不以情欲亂中和之道也、是故其為懽不忻忻、忻忻、為過制也、其為悲不惙惙、惙惙、為傷性也、萬方百變、消搖而無所定、吾獨慷慨遺物、而與道同出。是故有、以、自、得、之、也、自得其天性也、喬木之下、空穴之中、足以適情。喬木、上竦少陰之木也、空穴、巖穴也、唯處此中、夫自得者足以適其情性、無、以、自、得、也、雖以天下為家、萬民為臣妾、不足以養生也。言無以自得之人、猶以此為不足也、能至于無樂者、則無不樂8無不樂、則至極樂矣8至樂、至德之樂、極、亦至也、○篆按上文云漠然無為而無不為、澹然無治而無

不治也、

右第三章第十四節

夫建鍾鼓、列管弦、管、簫也、弦、琴瑟也、席旃茵、傅旄象、傅、著也、旄、旄也、象、以象牙飾也、為耳聽朝歌北鄙靡靡之樂、朝歌、紂都、鄙邑、紂使師涓作鄙邑靡靡之樂也、故師延為晉平公歌之、師曠知之、曰、亡國之音也、齊靡曼之色、齊、列也、靡曼、美色也、陳酒行觴、夜以繼日、樂不數也、強弩弋高、鳥走犬逐狡兔、此其為樂也、炎炎赫赫、怵然若有所誘慕、誘、進也、慕、有所思、怵然、猶惕然、解車休馬罷酒徹樂、而心忽然若有所喪、悵然若有所亡也、是何則、不以內樂外、而以外樂內、樂作而喜、曲終而悲、悲喜轉而相生、精神亂營、不得須臾平、營、惑、察其所以不得其形、不得樂之形也、而日以傷生、失其得者也、是故內不得於中、稟授於外、而以自飾也、不浸於肌膚、不浹於骨

髓、浸、潤也、浹、通也、不畱於心志、不滯於五藏、故從外入者、無主
於中、不止、從中出者、無應於外、不行、故聽善言便計、雖
愚者知說之、稱至德高行、雖不肖者知慕之、說之者衆、
而用之者鮮、慕之者多、而行之者寡、所以然者何也、不。
能。反。諸。性。也。夫內不閉於中、而強學問者不入於耳、而
不著於心、此何以異於聾者之歌也、效人爲之、而無以
自樂也、聲出於口、則越而散矣。散、去耳、不閑也、夫心者五藏之
主也、所以制使四支、流行血氣、馳騁于是非之境、而出
入于百事之門戶者也、是故不得於心、而有經天下之
氣、經、理也、是猶無耳而欲調鐘鼓、無目而欲喜文章也、亦
必不勝其任矣。

右第三章第十五節、纂 按此節廣上文聖人不外飾

其末義、

故天下神器、不可為也、器、物用也、為、治也、為者敗之、執者失之。

夫許由小天下而不以己易堯者、志遺於天下也。許由、陽城人也、箕山之隱士也、堯以其賢、聘之、欲禪天下焉、不肯就、故曰志遺于天下也、所以然者何也、因天下而為天下也。天下之要、不在於彼而在於我。彼、謂堯也、我、謂許由、不在於人而在於我身。身身得、則萬物備矣。徹於心術之論、則嗜欲好憎外矣。外不在心、是故無所喜而無所怒、無所樂而無所苦。萬物玄同也、玄、天也、無非無是。化育玄耀、生而如死。玄、天也、耀、明也、生而如死、言無所欲也、夫天下者、亦吾有也、吾、亦天下之有也、天下之與我、豈有間哉。言相比也、夫有天下者、豈必攝權持勢操殺生之柄、而以行其號令邪、吾所謂有天下者、非謂此也、自得而已、自得其天性也、一曰、不失其身也、自得則天下亦得我矣。吾與天下相得則常相有已、又焉有不得容其間者乎、所謂自得者、全其身者也、全其身則與道為一矣。

右第三章第十六節、纂按此節又廣上文聖人內修其本義、

故雖游於江潯海裔潯、厓也、裔、邊也、讀葛覃之覃也、滑馳要褭建翠蓋要褭、馬名、日行萬里、褭讀橈弱之弱、翠蓋、以翠鳥羽飾蓋也、目觀掉羽武象之樂、掉羽、羽舞、武象、周武王之樂、耳聽滔朗奇麗激抮之音、激揚、抮轉、皆曲名也、揚鄭衛之浩樂、結激楚之遺風、鄭聲、鄭會、晉平公說新聲、使師延為桑間濮上之樂、濮在衛地、故鄭衛之浩樂也、必為鄭衛之俗樂、夫結激清楚、以娛樂也、遺風、猶餘聲也、射沼濱之高鳥、逐苑囿之走獸、此齊民之所以淫泆流湎、齊於凡民、故曰齊民、沼、池也、濱、水厓也、聖人處之、不足以營其精神、亂其氣志、營、惑也

使心怵然失其情性。處窮僻之鄉、側谿谷之間、（側、伏也、）隱于榛薄之中、（蘩木曰榛、深草曰薄、）環堵之室、茨之以生茅、蓬戶瓮牖、揉桑為樞、（堵長一丈、高一丈、面環一堵、為方一丈、故曰環堵、言其小也、編蓬為戶、以破瓮蔽牖、揉桑條以為戶樞、）上漏下溼、潤浸北房、（浸、積也、北房、陰堂也、）雪霜滾灖、浸潭苽蔣、（滾灖、雪霜之貌也、浸潭之潤、以生苽蔣實、苽者、蔣實也、其米曰彫胡、滾、讀維繩之維、灖、讀抆滅之抆、苽、讀觚哉之觚也、蔣、讀水縈之縈也、○逵吉按藏本灖讀抆滅之抆、作讀校滅之校、盧詹事文弨云、或當作抆滅之抆、因抆灖聲相近也、故據莊子語改之、孫編修星衍云、当作校滅之滅、因滅灖聲相近也、當以盧君之言為是、今依改之、）逍遙于廣澤之中、而仿洋于山峽之旁、（兩山之間為峽、）此齊民之所為形植黎（劉寫本黎作蔾、）累憂悲而不得志也。聖人處之、不為愁悴怨懟、（懟、病也、）而不失其所以自樂也。是何也、則內有以通于天機、（機、發也、）而不以貴賤貧富勞逸失其志德者也、故夫烏之啞啞、鵲之唶唶、豈嘗為寒、

暑燥溼變其聲哉◎言體道者、不為貴賤貧富勞逸易其志、如鳥鵲之不為寒暑易其聲、

右第三章第十七節 篆按此節又廣上文聖人不外飾其末義、第十八節起至末、入老子六章注

△淮南子道應訓、季子治亶父三年、高誘注、季子、子賤也、而巫馬期絻衣短褐、巫馬期、孔子弟子也、易容貌往觀化焉、易服而往、微以視之、見得魚釋之、巫馬期問焉、曰、凡子所為魚者、欲得也、今得而釋之、何也、漁者對曰、季子不欲人取小魚也、古者魚不盈尺不上俎也、所得者小魚、是以釋之、巫馬期歸、以報孔子、曰、季子之德至矣、使人闇行、若有嚴刑在其側者、季子何以至於此、孔子曰、丘嘗問之以治、言曰、誠於此◎者刑於彼◎、季子必行此術也、故老子曰、去◎彼◎取◎此◎、

篆曰、盲、爽、狂、妨、古音在十部◎聾、以九部合韻十部、段五

裁六書音韵表云、古人以第九部入第十部用者、

如老子五音令人耳聾、聾讀如郎、合韻盲爽狂字、腹、

目、古音三部、

十三章

寵辱若驚、貴大患若身、何謂寵辱若驚、寵爲下、得之若驚、失之若驚、是謂寵辱若驚。何謂貴大患若身、吾所以有大患者、爲吾有身、及吾無身、吾有何患、故貴以身爲天下、若可寄天下。愛以身爲天下、若可託天下。

△莊子在宥篇、故君子不得已而臨莅天下、莫若無爲、無爲也而後安其性命之情、故貴以身於爲天下、則可以託天下、愛以身於爲天下、則可以寄天下、注疏見第二章

△莊子讓王篇、堯以天下讓許由、許由不受、又讓於子州支父、子州支父曰、以我爲天子、猶之可也、雖然、我適有幽憂之病、方且治之、未暇治天下也、釋文、支父、李云字也。即支伯也。幽憂之病。王云。謂夫天下至重也、而不以害其生、又泥他物其病深固也。

乎、唯無以天下為者、可以託天下也、舜讓天下於子州支伯、子州支伯曰、予適有幽憂之病、方且治之、未暇治天下也、故天下大器也、而不以易生、此有道者之所以異乎俗者也、○大王亶父居邠、狄人攻之、事之以皮帛而不受、事之以犬馬而不受、事之以珠玉而不受、狄人之所求者土地也、大王亶父曰、與人之兄居而殺其弟、與人之父居而殺其子、吾不忍也、子皆勉居矣、為吾臣與為狄人臣、奚以異、且吾聞之、不以所用養害所養、因杖筴而去之、民相連而從之、遂成國於岐山之下、釋文不以所用養害所養。地。所以養人也。今爭以殺人。是以地害人也。人為地養。故不以地故害人也。司馬云違讀曰韋。夫大王亶父可謂能尊生矣、能尊生者、雖貴富不以養傷身、雖貧賤不以利累形、今世之人、居高官尊爵者皆重失之、見利輕亡其身、豈不惑哉、釋文、不以養傷身、不以利累形、王云、富貴有養而不以昧養傷身、貧賤無利而不以求利累形也、越人三世弑其君、王子搜患之、逃乎丹穴、而越國無君、求王子搜不得、從之丹穴、王子搜不肯出、越人薰之以艾、乘以王輿、釋文、王子搜、李云、王子名、淮南子作翳。丹穴。爾雅云南戴日爲丹穴。王子搜援綏登車、仰天而呼曰、君乎君乎、獨不可以舍我乎、王子搜非惡爲君也、惡爲君之患也、若王子搜者、可謂不以國傷生矣、此固越人之所欲得爲君也、

△呂氏春秋貴生篇、聖人深慮天下、莫貴於生、夫耳目鼻口、生之役也、高注、役、事也。○案有君在故曰役。觀下文自明。之耳雖欲聲、目雖欲色、鼻雖欲芬香、口雖欲滋味、害於生則止在四官者、止、禁也、四官、耳目鼻口也、不欲利於生者則弗爲、則不治此四官之欲、由此觀

之、耳目鼻口、不得擅行、必有所制、擅、專也、制、制於心也、譬之若官職、不得擅為、為、作、必有所制、制於君也、此貴生之術也、堯以天下讓於子州支父、子州支父、古賢人也、子州支父對曰、以我為天下、猶可也、雖然、我適有幽憂之病、方將治之、未暇在天下也、幽、隱也、詩曰、如有隱憂、我心不悅、未暇在於治天下、天下、重物也、重、大、物、事、而不以害其生、又況於它物乎、它、猶異也、惟不以天下害其生者也、可以託天下、託、付、

△淮南子道應訓、大王亶父居邠、翟人攻之、事之以皮帛珠玉而弗受、曰、翟人之所求者地、無以財物為也、大王亶父曰、與人之兄居、而殺其弟、與人之父處、而殺其子、吾弗為、皆勉處矣、為吾臣與翟人奚以異、且吾聞之也、不以其所養害其養、杖策而去、民相連而從之、遂成國

於岐山之下、（高誘注、岐山、今之美陽北山也、下有周地、因是以爲天下號也、）其大王亶父、可謂能保生矣、雖富貴不以養傷生、雖貧賤不以利累形、今受其先人之爵祿、則必重失之、生（生字篆依文子補）所自來者久矣、而輕失之、豈不惑哉、故老子曰、貴以身爲天下、焉可以託天下、愛以身爲天下、焉可以寄天下矣、

△文子上仁篇、能尊生、雖富貴不以養傷身、雖貧賤不以利累形、今受先祖之遺爵、必重失之、生之所由來久矣、而輕失之、豈不惑哉、貴以身治天下、可以寄天下、愛以身治天下、可以託天下、

老子古影 卅二

十四章

視之不見名曰夷、聽之不聞名曰希、搏之不得名曰微、夷希微韻此三者、不可致詰、故混而爲一、詰一韻其上不皦、其下不昧、繩繩不可名、復歸於無物、昧物韻是謂無狀之狀、無物之像、是謂芴芒、狀像芒韻迎之不見其首、隨之不見其後、執古之道、以御今之有、首後道有韻能知古始、是謂道紀、始紀韻

△韓非子解老云、人希見生象也、而得死象之骨、案其圖以想其生也、段玉裁云、韓非此說、直同俚語故諸人之所以意想者、皆謂之象也、今道雖不可得聞見、聖人執其見功、以處見其形、故曰無狀之狀、無物之象

△管子內業篇云、夫道者所以充形也、而人不能固、其往不復、其來不舍、謀乎莫聞其音、卒乎乃在于心、冥冥乎

上篇十四章

不見其形、溪溪乎與我俱生、不見其形、不聞其聲、而序其成、謂之道、注云、雖無形聲、常依序而成、故謂之道、

△莊子大宗師、夫道、可傳而不可受、可得而不可見、郭象注、咸得自容、而莫見其狀、

△莊子天運篇、予欲慮之而不能知也、望之而不能見也、逐之而不能及也、成玄英疏、道非心識、故謀慮而不能知、道非聲色、故瞻望而不能見、道非形質、故追逐而不能逮也、○又云、故有猋氏為之頌曰、聽之不聞其聲、視之不見其形、充滿天地、苞裹六極、畢沅老子道德經攷異序云、黃帝號有熊氏、古者熊猋聲相轉、疑有猋氏即有熊氏、

△莊子天地篇、視乎冥冥、聽乎無聲、冥冥之中、獨見曉焉、無聲之中、獨聞和焉、

△莊子知北游、視之無形、聽之無聲、於人之論者、謂之冥

冥、所以論道、而非道也、郭象注、冥冥而猶復非道、明道之無名也、

△莊子知北游、光曜問乎無有曰、夫子有乎、其無有乎、光曜不得問、而孰視其狀貌、窅然空然、終日視之而不見、聽之而不聞、搏之而不得也、光曜曰、至矣、其孰能至此乎、予能有無矣、而未能無無也。及爲無有矣、何從至此哉。

△周易乾鑿度云、夫有形者生於無形、則乾坤安從而生、故有太易、有太初、有太始、有太素、太易者未見氣也、太初者、氣之始也、太始者、形之始也、太素者質之始也、氣形質具而未相離、謂之渾沌、渾沌者言萬物相渾沌而未相離也、視之不見、聽之不聞、循之不得、故曰易也、

△詩文王篇、上天之載、無聲無臭、鄭箋、天之道難知也、耳

不聞聲音、鼻不聞香臭、
△禮孔子閒居說禮樂云、是故正明目而視之、不可得而見也、傾耳而聽之、不可得而聞也、志氣塞乎天地、
△春秋繁露立元神篇、天積衆精以自剛、聖人積衆賢以自強、是以建治之術、貴得賢而同心、爲人君者其要貴神、神者不可得而視也、不可得而聽也、是故視而不見其形、聽而不聞其聲、聲之不聞故莫得其響、不見其形故莫得其影、莫得其影則無以曲直也、莫得其響則無以清濁也、無以曲直則其功不可得而敗、無以清濁則其名不可得而度也、所謂不見其形者、非不見其進止之形也。言其所以進止不可得而見也。所謂不聞其聲者、非不聞其號令之聲也。言其所以號令不可得而聞

也8不見不聞、是謂冥昏、能冥則明、能昏則彰、能冥能昏、是謂神人8君貴居冥而明其位、處陰而向陽、惡人見其情、而欲知人之心、是故為人君者、執無源之慮、行無端之事、以不求奪、以不問問、吾以不求奪則我利矣、彼以不出出則彼費矣、吾以不問問則我神矣、彼以不對對則彼情矣、故終日問之彼不知其所對、終日奪之彼不知其所出、吾則以明而彼不知其所亡、故人臣居陽而為陰、人君居陰而為陽、陰道尚形而露情、陽道無端而貴神。

△抱朴子道意篇、道者、吳札晉野、蝎聰不能尋其音聲乎窈冥之內回狪狶猕猪、疾走不能迹其兆朕乎宇宙之外、回為聲之聲、為響之響、為形之形、為影之影、

△淮南子道應訓、田駢以道術說齊王、（高誘注、田駢、齊臣。）王應之曰、寡人所有齊國也。道術難以除患、願聞國之政、田駢對曰、臣之言、無政而可以為政、譬之若林木、無材而可以為材、願王察其所謂、而自取齊國之政焉、已雖無除其患害、天地之間、六合之內、可陶冶而變化也、齊國之政、何足問哉、此老聃之所謂無狀之狀、無物之象者也、若王之所問者齊也、田駢所稱者材也、材不及林、林不及雨、（雨然後材乃得生也、）雨不及陰陽、陰陽不及和、和不及道、（纂按、劉寫本有注、道者、求之由、生之本也、）

△文子微明篇、道無正而可以為正。譬若山林而可以為材、材不及山林、山林不及雲雨、雲雨不及陰陽、陰陽不及和、和不及道、道者、所謂無狀之狀、無物之象也。無違

其意、天地之間可陶冶而變化也、纘義、道無正形、物隨而形、觀山林變、而至于雲雨陰陽之知、則知凡天地間之無形無象者、皆可陶冶而變化、道其神矣夫、

△莊子至樂篇、芒◎乎芴◎乎、而無從出乎、郭象注、皆自出耳、未有為而出之也、芴乎芒乎、而無◎有象◎乎、無有為之象

△莊子齊物論、日夜相代乎前、而莫知其所萌、成玄英疏、日晝月夜、輪轉循環、更相遞代、互為前後、推求根緒、莫知其狀者也、欲明世間萬法、虛妄不真、推求生死、即體皆寂、故老經云、迎◎之◎不◎見◎其◎首◎、隨◎之◎不◎見◎其◎後◎理由若此、

△莊子大宗師、夫道、自本自根、未有天地、自古以固存、成玄英疏、自、從也、存、有也、虛通至道、無始無終、從本以來、未有天地、五氣未兆、大道存焉、故老經曰、有物混成、先

天地生、又云、迎之不見其首、隨之不見其後者也、

△莊子天運篇．其卒無尾、其始无首、郭象注、運轉無極成玄英疏、尋求自然之理、無始無終、討論至樂之聲、無首無尾、故老經云、迎之不見其首、隨之不見其後

△莊子秋水篇、道无終始、物有死生、郭象注、死生者無窮之變耳、非終始也、成玄英疏、虛通之道、無終無始、執滯之物、妄計死生、故老經云、迎之不見其首、隨之不見其後

△莊子田子方篇、生有所乎萌、死有所乎歸、始終相反乎無端、而莫知乎其所窮、郭象注、萌於未聚也、歸於散也、無端、所謂迎之不見其首、隨之不見其後、篆按管子兵法篇、始乎無端者道也、

△文子微明篇、民之所以生活衣與食也、事周于衣食則有功、不周于衣食則無功、事無功、德不長、故隨時而不成、無更其刑、順時而不成、無更其理、時將復起、是◎謂◎道◎紀◎纘義、国非民不立、民非食不生、不易之理也、是故民足于衣食則可活、不足于衣食則困功、功不立則德不長矣、

△莊子天地篇、執德之謂紀◎郭象注、德者人之綱要、

纂曰、夷、希、說文無希字、稀从希聲、在十五部嵗、說文人部、嵗、从人、从攴、段玉裁云、耑省聲、作微誤、昧、物、古音在十五部。詁、一、古音十二部。狀、象、恍、一作慌、荒聲在十部、說文無恍慌字古音十部。首、道、有、古音三部。後、以四部合韻三部。三百篇三四部分用、此經及漢以後不分、始、紀、古音一部。

十五章

古之善爲上者、篆曰、從俞樾說、𢼸眇玄通、深不可識、夫唯不可識、

故彊爲之容曰、篆曰、依傅本增曰字豫焉若冬涉川、猶兮若畏四鄰、

儼兮其若客、篆曰、客原作容、今從傅本、渙兮若冰之將釋、客釋韻敦兮其

若樸、曠兮其若谷、混兮其若濁、樸谷濁韻孰能濁以止、篆曰、止、依河上

公本增、靜之徐清、孰能安以久、止久韻動之徐生、保此道者不

欲盈、夫唯不盈、故能敝原作蔽、篆按應依二十二章作敝、不新成、清生盈成韻、

△文子上仁篇、古之善爲天下者、無爲而無不爲也、故爲

天下有容、能得其容無爲而有功、不得其容動作必凶。

爲天下有容者、豫兮其若冬涉大川、猶兮其若畏四鄰、

儼兮其若容、渙兮其若冰之液、敦兮其若樸、混兮其若

濁、廣兮其若谷、此爲天下容、豫兮其若冬涉大川者、不

敢行也。猶兮其若畏四鄰者、恐自傷也。儼兮其若容者、謙恭敬也。渙兮其若冰之液者、不敢積藏也。敦兮其若樸者、不敢廉成也。混兮其若濁者、不敢清明也。廣兮其若谷者、不敢盛盈也。進不敢行者、退不敢先也。恐自傷者、守柔弱不敢矜也。謙恭敬者、自卑下尊敬人也。不敢積藏者、自損弊不敢堅也。不敢廉成者、自虧缺不敢全也。不敢清明者、處濁辱而不敢新鮮也。不敢盛盈者、見不足而不敢自賢也。夫道退故能先、守柔弱故能矜、自卑下故能高人、自損弊故實堅、自虧缺故盛全、處濁辱故新鮮、見不足故能賢、道無爲而無不爲也。

△淮南子原道訓、夫道者、原流泉浡、沖而徐盈、混混滑滑、一作汨汨濁而徐清、

△文子道原篇、道者一立而萬物生矣、故一之理施于四海、一之嘏察于天地、其全也、敦兮其若樸、其散也、渾兮其若濁、濁而徐清、沖而徐盈、澹然若大海、汎兮若浮雲、若無而有、若亡而存、篆按以上係述淮南子原道訓第三章第十節、已見前第二章注、

△淮南子道應訓、孔子觀桓公之廟、高誘注、桓公、魯君、有器焉、謂之宥卮、宥在坐右、孔子曰、善哉、予得見此器、顧曰、弟子取水、水至、灌之其中則正、中水半卮也、其盈則覆、孔子造然革容曰、善哉、持盈者乎、子貢在側、曰、請問持盈、曰、益而損之、曰、何謂益而損之、曰、夫物盛而衰、樂極則悲、日中而移、月盈而虧、是故聰明睿智守之以愚、多聞博辯守之以陋、代篆按劉寫本作武力毅勇守之以畏、富貴廣大守之以儉、德施天下守之以讓、此五者、先王所以守天下而弗失

也、反此五者、未嘗不危也、故老子曰、服此道者不欲盈、夫唯不盈、故能弊而不新成、

△文子守弱篇、故三皇五帝有戒之器、命曰侑卮、其沖即正、其盈即覆、夫物盛則衰、日中則移、月滿則虧、樂終而悲、是故聰明廣智守以愚、多聞博辯守以儉、武力勇毅守以畏、富貴廣大守以狹、德施天下守以讓、此五者先王所以守天下也、服此道者不欲盈、夫惟不盈、是以弊不新成、

篆曰、客、客、一本作客、釋、古音在五部。樸、谷、濁、古音三部。清、生、盈、成、古音十一部。止、久、古音一部。

十六章

致虛極、守靜竺、萬物竝作、吾以觀其復、韻竺復 凡物芸芸、各歸其根、韻芸根 歸根曰靜、是謂復命、復命曰常、知常曰明、不知常、妄作凶、知常容、容乃公、公乃王、常明王韻 凶容公韻 王乃天、天乃道、道乃久、沒身不殆、道久殆韻

△賈誼新書道術篇、曰、數聞道之名矣、而未知其實也、請問道者何謂也、對曰、道者所從接物也、其本者謂之虛、其末者謂之術、虛者言其精微也、平素而無設施也、術也者、所從制物也、動靜之數也、凡此皆道也、曰、請問、虛之、接、物、何、如、對曰、鏡義而居、從潭本、王耕心次詁曰、鏡義而居、謂以此義為立身之具、如下所陳者是也、無執不臧、美惡畢至、各得其當、衡虛無私、平靜而處、輕重畢懸、各得其所、明主者、南面而正、句 清虛而靜、建潭本而正倒、以正而清為句、非也、令名自宣、句 命

物自定、建譚本無宣字則於命字為句、如鑑之應、如衡之稱有疊和之
有端隨之、物鞫其極而以當施之、譚本無當字此虛之接物
也、曰請、問、術、之、接、物、何、如、對曰、人主仁而境內和矣、故
其士民莫弗親也、人主義而境內理矣、故其士民莫弗
順也、人主有禮而境內肅矣、故其士民莫弗敬也、人主
有信而境內貞矣、故其士民莫弗信也、人主公而境內
服矣、故其士民莫弗戴也、人主法而境內軌矣、故其士
民莫弗輔也、舉賢則民化善、使能則官職治、英俊在位
則主尊、羽翼勝任則民顯操德而固則威立、教順而必
則令行、譚本必字在令字下周聽則不蔽、稽驗則不惶、明好惡則
民心化、密事端則人主神、術者、接物之隊、凡權重者必
謹於事、令行者必謹於言、則過敗鮮矣、此術之接物之

道也、其為原無屈、其應變無極、故聖人尊之、夫道之詳不可勝述也、

△莊子天道篇、天道運而無所積、故萬物成。成玄英疏、運、動也、轉也、積、滯也、蓄也、言天道運轉、覆育蒼生、照之以日月、潤之以雨露、鼓動陶鑄、曾無滯積、是以四序回轉、萬物生成也、帝道運而無所積、故天下歸、疏、王者法天象地、運御羣品、散而不積、施化無方、所以六合同歸、八方欵附、聖道運而無所積、故海內服。郭象注、此三者、皆恣物之性、而無所牽滯也、○釋文、積謂滯積不通、○疏、聖道者、玄聖素王之道也、隨應垂迹、制法立數、舟航有識、拯濟無窮、道合於天、德用於帝、出處不一、故有帝聖二道也、而運智救時、亦無滯蓄、慈造弘博、故海內服也、明於天、通於聖、六通四辟於帝王之德者、其自為也、昧然無不靜者矣、任其自為。故雖六通四辟、而無傷於靜也。○釋文、六通、謂六氣。陰陽風雨晦明。四辟。四方開也。○疏、六通、謂四方上下也、四辟者、謂春秋冬夏也、夫唯照天道之無為、洞聖情之絕慮、通六合以生化、順四序以施為、以此而總萬乘、可謂帝王之德也、任物自動、故曰自為、晦迹韜光、其猶昧闇、動不傷寂、故無不靜、

上篇十六章

也、聖人之靜也、非曰靜也、善故靜也。善之乃靜。則有時而動也。○疏、夫聖人之所以虛靜者、直形同槁木、心若死灰、亦不知靜之故靜也、若以靜為善美、而有情於為靜者、斯則有時而動矣、

萬物無足以鐃心者故靜也。斯乃自得也。○疏、妙體二儀非有、萬境皆空、是以參變同塵、而無喧撓、非由飾勵而得靜也。○吳汝綸本、王懷祖云、鐃與撓通、

水靜則明燭鬚眉、平中準、大匠取法焉。疏、夫水動則波流、止便澄靜、懸鑒洞照、與物無私、故能明燭鬚眉清而中正、治諸邪枉、可為準的、縱使工倕之巧、猶須微水取平、故老經云、上善若水、此舉喻言之義、

水靜猶明、而況精神聖人之心、靜乎。天地之鑒也。萬物之鏡也。夫有其具而任其自為、故所照無不洞明。○疏、夫聖人德合二儀、智周萬物、豈與夫無情之水同日論耶、水靜猶明燭鬚眉、況精神聖人之心靜乎、是以鑒天地之精微、鏡萬物之玄賾者、固其宜矣、此合譬也、

夫虛靜恬淡、寂漠、無為者、天地之平、而道德之至凡不平不至者。生於有為。○疏、虛靜恬淡、寂漠無為、四者異名同實者也、歎無為之美、故具此四名、而天地以此為平、道德用茲為重也、

故帝王聖

故帝王聖人休焉、未嘗動也、○疏、息慮故平至也、休則虛、虛則實、實者倫矣、倫、理也、○疏、既休慮息心、乃与虛空合德、与虛空合德、則會於真實之道、真實之道、則自然之理也、虛則靜、靜則動、動則得矣。不失其所以動○疏、理虛靜寂、寂而能動、斯得之矣、靜則無為、無為也、則任事者責矣。夫無為也、則羣才萬品各任其事、而自當其責矣、故曰、巍巍乎舜禹之有天下、而不與焉、此之謂也、○疏、任事、臣也、言臣下各有任職之事也、夫帝王任智、安靜無為、則臣下職任、各司憂責、斯則主上無為、而臣下有事、故冕旒垂目、而不與焉、無為則俞俞、俞俞者憂患不能處、年壽長矣。俞俞然、從容自得之貌、○疏、夫有為滯境、塵累所以嬰其心、無為自得、憂患不能處其慮、俞俞和樂、故年壽長矣、夫虛靜恬淡寂漠無為者、萬物之本也。尋其本、皆在不為中來。○疏、此四句萬物根原、故盡舉前言、結成其美也、明此以南鄉、堯之為君也。明此以北面、舜之為臣也。疏、夫揖讓之美、無出唐虞、君臣之盛、莫先堯舜、故舉二君以明四德、雖南面北面、而平至一焉、以此處上、帝王天子之德也。以此處下、玄聖素王之道也、此皆無為之至也、有其道為天下所歸、而無其爵者、所謂素王自貴也、○疏、用此無為而處物上者、天子帝堯之德也、用此虛淡而居臣下者、玄聖素王、之道也、夫有其道而無其爵者、所謂玄聖素王自貴者也、即老君尼父是也、○吳汝綸本、姚云、素王是漢人語、

以此退居而閒游江海山林之士服、

疏、退居謂晦迹隱處也、用此道而退居、故能游翫山水、從容閒樂、是以天下隱士無不服、從、即巢許之流是也、

以此進爲而撫世則功大名顯而天下一也、

此又其次也、故退則巢許之流、進則伊望之倫也、夫無為之體大矣、天下何所不無為哉、故主上不為冢宰之任、則伊呂靜而司尹矣、冢宰不爲百官之所執、則百官靜而御事矣、百官不爲萬民之所務、則萬民靜而安其業矣、萬民不易彼我之所能、則天下之彼我靜而自得矣、故自天子以下至于庶人、下及昆蟲、孰能有為而成哉、是故彌無爲而彌尊也、○疏、進為、謂顯迹出仕也、夫妙體無為、而同塵降迹者、故能撫蒼生於仁壽、弘至德於聖朝、著莫測之功名、顯阿衡之政績、是以天下大同、車書共執、盡善盡美、其唯伊望之倫乎、

靜而聖、動而王。

時行則行、時止則止、

無爲也而尊、

自然為物所尊奉。○疏、其應靜也、玄聖素王之尊、其應動也、九五萬乘之貴、無為也、而尊、出則天子、處則素王、是知道之所在、孰敢不貴也、

樸素而天下莫能與之

爭美、（夫美配天者、唯樸素也。疏、夫淳樸素質無為虛靜者、實萬物之根本也、故所尊貴、孰能與之爭美）也、

△文子道原篇、故道者、虛無平易清靜柔弱純粹素樸、此五者、道之形象也、虛無者、道之舍也。平易者、道之素也。清靜者、道之鑒也。柔弱者、道之用也、反者道之常也、柔者道之剛也、弱者道之強也。純粹素樸者、道之幹也。○又云、虛者中無載也、平者、心無累也、嗜欲不載、虛之至也、無所好憎、平之至也、一（篆按淮南原道訓一作通）而不變、靜之至也、不與物雜、粹之至也、不憂不樂、（篆按原道訓作心不憂樂）德之至也、

△淮南子道應訓、尹需學御三年而無得焉、私自苦痛、常寢想之、（高誘注、寢堅思之、）中夜、夢受秋駕於師、（秋駕、善御之術、）明日往

朝師望之謂之曰、吾非愛道於子也、恐子不可予也、今日教子以秋駕、尹需反走、北面再拜曰、臣有天幸、今夕固夢受之、故老子曰、致◎虛◎極◎守◎靜◎篤◎萬◎物◎竝◎作◎吾◎以◎觀◎其◎復◎也、

△莊子天地篇、願聞神人、郭象注、願聞所以迹也、曰、上神乘光、與形滅亡、乘光者、乃無光、此謂照曠、無我而任物、空虛無所懷者、非闇塞也、致命盡情、情盡命至、天地樂矣、事不妨樂、斯無事矣、天地樂而萬事銷亡、萬◎物◎復◎情、此之謂混冥、情復而混冥無迹也、

△淮南子原道訓、恬愉無矜、而得於和。高誘注、恬愉、無所好憎也、無矜、不自大也、有萬不同、而便於性。萬事不同、能於便性者、性不同也、

右第二章第一節（節錄）

人生而靜、天◎之◎性◎也◎感而後動、蒙按、應依文子道原作感物而動、性◎之◎

害也。物至而神應、知(篆按三知字文子道原皆作智)之動也。物(事也)知與物接而好憎生焉、(接交也。情欲也。)好憎成形而知誘於外、不能反己而天理滅矣。(形見也。誘感也。不能反己、本所受天清淨之性、故曰天理滅也。猶衰也。)故達於道者、不以人易天、(天性也。不以人事易其天性也。一說曰天身也、不以人間利欲之事易其身也。)外與物化而内不失其情、(言通道之人、雖外貌與物化、内不失其無欲之本情也。)至無而供其求。時騁而要其宿。(言天時自騁、道要其宿會也。)小大脩短、各有其具。(具、猶備也。)萬物之至、騰踴肴亂、而不失其數。(不失其數、各應其度。)是以處上而民弗重、居前而衆弗害、(言民戴仰而愛之也。)天下歸之、姦邪畏之、以其無爭於萬物也。故莫敢與之爭、

右第二章第七節　篆按此節承上說得於和、便於性、

夫臨江而鈞、曠日而不能盈羅、雖有鈎箴芒距、(距、爪也。讀距守)

之也、距微綸芳餌、加之以詹何娟嬛之數、猶不能與網罟爭得也。詹何、娟嬛、古善釣入名、數術也、射者扜烏號之弓、彎綦劉寫本作蔡、注同衛之箭、扜、張也、彎、引也、綦、美箭所出地名也、衛、利也、烏號、桑柘、（劉寫本作柘桑）其材堅勁、烏峙其上、及其將飛、枝必橈下勁能復、（劉寫本復下有起字）巢烏隨之烏不敢飛、號呼其上、伐其枝以為弓、因曰烏號之弓也、一說、黃帝鑄鼎於荊山鼎湖、得道而仙、乘龍而上、其臣援弓射龍、欲下黃帝不能也、烏、於也、號、呼也、於是抱弓而號、因名其弓為烏號之弓也。逵吉按司馬相如子虛賦注、應劭說烏號、與誘前一義同、重之羿逢蒙子之巧、以要飛鳥、猶不能與羅者競多。羿、古諸侯、有窮之君也、逢蒙、羿弟子、皆攻射而百發百中、故曰之巧、要、取也、競、逐也、何則、以所持之小也。張天下以為之籠、因江海以為罟、又何亡魚、失鳥之有乎。罟、魚网也、詩云施罟濊濊、故矢不若繳、繳不若無形之像。言其大也、夫釋大道而任小數、無以異於使蟹捕鼠、蟾蠩捕蚤。不足以禁姦塞邪、亂乃逾滋。以艾灼蠏匡上、內置穴中、乃熱走窮穴、適能禽一鼠也、蟾蠩、蟼

也、跳行舒遲、補益亦不能悉得、故曰不足以禁姦也、逾濫益甚也、

右第二章第八節、篆按此二節說體道者得其大、仍申上文得於和義、

昔者、夏鯀作三仞之城、諸侯背之、海外有狡心、鯀、帝顓項五世孫、禹之父也、八尺曰仞、鯀作城郭、以其役勞、故諸侯背之、四海之外、皆有狡猾之心也、禹知天下之叛也、乃壞城平池、散財物。焚甲兵施之。以德。中外賓服、四夷納職。四夷、海外也、職、貢也。遠按太平御覽作中外賓服吉合諸侯于塗山、執玉帛者萬國。塗山、在九江當塗縣、玉、圭、帛、玄纁也、故機械之心藏于胷中、則純白不粹、神德不全、機械、巧詐也、藏之于胷臆之內、故純白之道不粹、精神專一之德不全也、粹、讀禍祟之祟、在身者不知、何遠之所能懷。懷、來也、是故革堅則兵利、城成則衝生、言攻戰之備、于此生也、若以湯沃沸、亂乃逾甚。是故鞭噬狗、策蹏馬、而欲教之、雖伊尹造父弗

能化。(伊尹、名摯、鄗(劉寫本鄗作能)湯之賢相也、造父、周穆王之臣也、善御、雖此二人、不能化之、)欲害之心亡於中、則飢虎可尾、何況狗馬之類乎。故體道者、逸而不窮、任數者、勞而無功。夫峭法刻誅者、非霸王之業也。箠策繁用者、非致遠之術也。(繁、數也、)

右第二章第九節

離朱之明、察箴末於百步之外、(離朱者、黃帝臣、明目人也、)不能見淵中之魚。師曠之聰、合八風之調、(師曠、晉平公樂師、子野也、八風、八卦之風聲也、)而不能聽十里之外。故任一人之能、不足以治三畝之宅也、脩。(篆按、應依文子道原作循、)道。理。之。數。因。天。地。之。(篆按、應依文子道原去之字、下文天地之性、自然之勢、分兩項、)自。然。則六合不足均也。(均、平也、)是故禹之決瀆也、因水以為師、神農之播穀也、因苗以為教。(禹、鯀之子、名文命、受禪成功曰禹、因以水性自下、決使東流、以為後世師法也、神農、少典之子、炎帝也、農植嘉穀、神而化之、故號曰神農也、播、布也、布種百穀、因苗之生而長育之、以為後世之常教也、夫萍樹根於水、萍、大蘋也、木樹根於土、鳥排虛而飛、獸蹠實而走、蹠、足也、實、地也、蹠、讀捃摭之摭、蛟龍水居、虎豹山處、天地之性也。蛟、水蛟、其皮有珠、世人以為刀劍之口是也、蛟、讀人情性交易之交、緩氣言乃得耳、兩木相摩而然、金火相守而流、流、釋也、員者常轉、窾者主浮、自然之勢也。員、輪丸之屬也、窾、空也、舟船之屬也、故曰自然之勢也、窾、讀科條之科也、是故春風至則甘雨降、生育萬物、明堂月令曰、清風至則穀雨是也、育、長也、風、或作分、羽者嫗伏、毛者孕育、嫗伏、以氣剖卵也、孕者、懷胎育生也、草木榮華、鳥獸卵胎、莫見其為者、而功既成矣。既、已也、秋風下霜、倒生挫傷、草木首地而生、故曰倒生、挫傷者、彫落也、鷹鵰搏鷙、昆蟲蟄藏、蟄、讀什伍之什、草木注根、魚鱉湊淵、莫見其為者、滅而無形。滅、沒也、形、見也、木處榛巢、水居窟穴、聚木曰榛。逵

吉按說文解字、榛、菆也、菆、蓐也、蓐、陳草復生也、一曰菆也、皆轉相訓注、菆、音側鳩切、古菆聚同聲、聚木即菆木

一〇五

也、禽獸有芃、芃、蓊也、人民有室、陸處宜牛馬、舟行宜多水、匈奴出氈裘、匈奴、獫狁、北胡也、于越生葛絺、于、吳也、絺、細葛也、各生所急以備燥溼、各因所處以禦寒暑、竝得其宜、物便其所、由此觀之、萬。物。固。以。自。然、聖。人。又。何。事。焉。事、治也、

右第二章第十節　纂按此下三節仍申上文便於性義

九疑之南、陸事寡而水事衆、九疑、山名也、在蒼梧、虞舜所葬也、於是民人被髮文身以像鱗蟲、被、剪也、文身、刻畫其體、內默其中、（纂按默疑是墨字）為蛟龍之狀、以入水、蛟龍不害也、故曰以象鱗蟲也、短綣不絝、以便涉游、短袂攘卷以便刺舟、因之也。卷、卷臂也、因之、因水之宜也、鴈門之北、狄不穀食、賤長貴壯、俗尚氣力、人不弛弓、馬不解勒、便之也。不穀食、肉酪而已、北狄、鮮卑也、弛、舍也、便、習也、故禹之裸國、解衣而入、衣帶而出、因之

也。裸國、在南方、聖人治禮、不求變俗、故曰因之也、今夫徙樹者失其陰陽之性、則莫不枯槁、失、猶易也、故橘樹之江北則化而為枳、鴝鵒不過濟、見于周禮故、春秋傳曰、鴝鵒來巢、言非中国之禽、所以為魯昭公亡異也、貈渡汶而死、形性不可易、勢居不可移也。是故達。於。道。者。反於清淨反、本也、天本授人清淨之性、故曰反也、究於物者終於無為、無為者不以為物為也、恬養性以漢處神、則入于天門。

右第二章第十一節

所謂天者、純粹樸素質直皓白、未始有與雜糅者也。所謂人者偶𥈮智故、曲巧偽詐、所以俛仰於世人、而與俗交者也。故牛岐蹏而戴角、馬被髦而全足者、天也。絡馬之口、穿牛之鼻者、人也。循天者、與道游者也、循、隨也、游、行也、隨人者、與俗交者也。夫井魚、不可與語大、拘於隘也、夏蟲

不可與語寒、言蟬蜩不知寒雪也、篤於時也、曲士不可與語至道、天、身
拘於俗、束於教也。故聖人不、以、人、滑、天、不以欲亂情、
也、不以人事滑亂其身也、以欲亂其清淨之性者也、不謀而當、不言而信、不慮
而得、不為而成、詩云、不識不知、順帝之則、日不謀而當、不慮而得也、故精通于靈
府與造化者為人。為治也、

右第二章第十二節十三十四節入老子八章注

△莊子在宥篇、萬物◎云◎云◎、各◎復◎其◎根◎、各復其根而不知、郭象注、不知而復、乃真復也、渾渾沌沌、終身不離、渾沌無知、而任其自復、乃能終身不離其本也、若彼知之、乃是離之、

△莊子知北游、今已為物也、郭象注、物失其所。故有為物。欲復◎歸◎根◎、不亦難乎、其易也、其唯大人乎、其歸根之易者、唯大人耳、大人體合變化、故化物不難。

△文子上禮篇：世之將喪性命、猶陰氣之所起也、主闇昧而不明、道廢而不行、德滅而不揚、舉事戾于天、發號逆四時、春秋縮其和、天地除其德、人君處位而不安、大夫隱遁而不言、群臣推上意而壞常、疏骨肉而自容、邪人諂而陰謀、遽載驕主、而象其亂人、以成其事、是故君臣乖而不親、骨肉疏而不附、田無立苗、路無緩步、金積折廉、璧襲無贏、殼龜無腹、蓍筮日施、天下不合而為一家、諸侯制法、各異習俗、悖拔其根而棄其本、鑿五刑為刻削、爭于錐刀之末、斬刈百姓、盡其太半、舉兵為難、攻城濫殺、覆高危安、大衝車、高重壘、除戰隊、便陣死路、犯嚴敵、百往一反、名聲苟盛、兼國有地、伏尸數十萬、老弱飢寒而死者不可勝計、自此之後、天下未嘗得安其性命、

樂其習俗也、賢聖勃然而起、持以道德、輔以仁義、近者進其智、遠者懷其德、天下混而為一、子孫相代輔佐、黜讒佞之端、息末辯之說、除刻削之法、去煩苛之事、屏流言之迹、塞朋黨之門、消智能、循大常、隳枝體、黜聰明、大通混冥、萬物各復歸其根、夫聖人非能生時、時至而不失也、是以不得中絕、

△易繫辭下篇、精義入神、以致用也、利用安身、以崇德也、韓康伯注、精義由於入神以致其用、利用由於安身以崇其德、理必由乎其宗、事各本乎其根、歸根則窒、天下之理得也、

△莊子則陽篇、復命搖作、而以天為師、郭象注、搖者自搖、作者自作、莫不復命而師其天然也、○成疏、反天真根、復於本命、雖復搖動、順物而作、動靜無心、合於天地、故師於二儀也、

△莊子駢拇篇、屈折禮樂、呴俞仁義、以慰天下之心者、此失其常然也、天下有常然、常然者、曲者不以鉤、直者不以繩、圓者不以規、方者不以矩、附離篆按同麗不以膠漆、約束不以纆索、故天下誘然皆生、而不知其所以生、同焉皆得、而不知其所以得、

△莊子天運篇、一死一生、一僨一起、所常無窮、郭象注、以變化為常、則所常者無窮也、

△逸周書命訓篇、大命有常、小命日成、廣說見第五十八章禍福節、

篆曰、篤、應作竺、說文、竺、厚也、復、古音在三部。䞉、根、古音十三部。常、明、王、古音十部。凶、容、公、古音九部。久、殆、古音一部。道、以三部合韵一部。劉師培曰、以道協殆、則以道特雙聲、讀道為特、犹易恆卦以道

者 … 岸

協始

也

一〇

十七章

太上、下知有之、其次、親而譽之、其次、畏之、其次、侮之、譽侮韻
信不足焉、有不信焉、悠兮其貴言、功成事遂、百姓皆謂我
自嘫、嘫焉言韻
△晉傅玄義信篇、蓋天地著信、而四時不悖、日月著信、而
昏明有常、王者体信、而萬國以安、諸侯秉信、而境內以
和、君子履信、而厥身以立、古之聖君賢佐、將化世美俗、
去信須臾、而能安上治民者、未之有也、夫象天則地、履
信思順、以壹天下、此王者之信也、據法持正、行以不貳、
此諸侯之信也、言出乎口、結乎心、守以不移、以立其身、
此君子之信也、講信修義、而人道定矣、若君不信以御
臣、臣不信以奉君、父不信以教子、子不信以事父、夫不

信以遇婦、婦不信以承夫、則君臣相疑於朝、父子相疑於家、夫婦相疑於室矣、小大混然而懷奸心、上下紛然而競相欺、人倫於是亡矣、夫信由上而結者也、故君以信訓其臣、則臣以信忠其君、父以信誨其子、則子以信孝其父、夫以信先其婦、則婦以信順其夫、上秉常以化下、下服常而應上、其不化者、百未有一也、夫為人上竭至誠開信以待下、則懷信者歡然而樂進、不信者赧然而回意矣、老子不云乎、信不足焉有不信也、故以信待人、不信思信、不信待人、信思不信、況本無信者乎、先王欲下之信也、故示之以款誠、而民莫欺其上、申之以礼教、而民篤於義矣、夫以上接下、而以不信隨之、是亦日夜見災也、周幽以詭烽滅国、齊襄以瓜時致殺、非其顯乎、故禍莫大於無信、無信則不知所親、不知所親則左右書篆按書字疑當作皆、己之所疑、況天下乎、信者亦疑、不信亦疑、則忠誠者喪心而結舌、懷姦者飾邪以自納、此無信之禍也、日本尾張本羣書治要卷四十九

△梁元帝金樓子戒子篇、夫和之不備、或應以不和、猶信不◎足◎焉◎、必◎有◎不◎信◎、

△太公三略云、夫三皇無言、而化流四海、故天下無所歸功、黃石公注、君臣忘言而化自流、故天下無所歸美其功、帝者體天則地、有言有令、而天下太平、君臣讓功、四海化行、百◎姓◎不◎知◎其◎所◎以◎然◎、故使臣不待禮賞有功、美而無害、雖有言有令、而君臣讓功、不待禮賞有功之人而自勸、蓋盡美而無害者也、

△關尹子極篇、聖人之治天下、不我賢愚、故因人之賢而

賢之、因人之愚而愚之、不我是非、故因事之是而是之、因事之非而非之、知古今之大同、故或先古、或先今、知内外之大同、故或先内、或先外、天下之物、無得以累之、故本之以謙、天下之物、無得以外之、故含之以虛、天下之物、無得以難之、故行之以易、天下之物、無得以窒之、故變之以權、以此中天下、可以制禮、以此和天下、可以作樂、以此公天下、可以理財、以此周天下、可以禦侮、以此因天下、可以立法、以此觀天下、可以制器、聖人不以一已治天下、而以天下治天下、天下歸功於聖人、聖人任功於天下、所以堯舜禹湯之治天下、天下皆曰自然、

△韓非子解老云、道者萬物之所然也、

△莊子齊物論、已而不知其然謂之道、

△莊子天地篇、季徹曰、大聖之治天下也、搖蕩民心、使之成教易俗、舉滅其賊心、而皆進其獨志、若性之自為、而民不知其所由然、郭象注、夫志各有趣、不可相效也、故因其自搖而搖之、則雖搖而非為也、因其自蕩而蕩之、則雖蕩而非動也、故其賊心自滅、獨志自進、教成俗易、闇然無迹、履性自為、而不知所由、皆云我自然矣、

△莊子繕性篇、古之人、在混芒之中、與一世而得澹漠焉、當是時也、陰陽和靜、鬼神不擾、四時得節、萬物不傷、羣生不夭、人雖有知、無所用之、郭象注、任其自然而已、○崔云、混混芒芒、未分時也、此之謂至一、當是時也、莫之為而常自然、物皆自然、故至一也、

△莊子外物篇、春雨日時、草木怒生、銚鎒於是乎始脩、郭注、夫事物之生、皆有由、○銚七遙反、削也。能有所穿削也。又他堯反、鎒乃豆反、似鋤田具也。草木之到植者過半、而不知其然、夫事由理發、故不覺、○到植、司馬云、鋤拔反之更生者曰到植。

△莊子庚桑楚篇、庚桑子曰、今以畏壘之細民、而竊竊焉欲俎豆予于賢人之間、我其杓之人邪、王云、斯由已吾爲人準的也。是以不釋於老聃之言、郭注兩云、功成事遂、而百姓皆謂我自爾、今畏壘反此、故不釋然、

△淮南子本經訓、昔容成氏之時、高誘注、容成黃帝時造曆術者道路鴈行列處、託嬰兒於巢上、置餘糧於畮首、虎豹可尾、虺蛇可蹍、而不知其所由然、時人謂自當然耳、故曰不知其所由然、

篆曰譽、侮、古音在五部。馬、言、然、應作說文口部嘫古音十四部。

十八章

大道廢、有仁義、智慧出、纂曰、從釋文作智慧、有大僞、廢出韻、義僞韻、六親不龢有孝慈、國家昏亂有忠臣

△莊子馬蹄篇、及至聖人、郭象注、聖人者、民得性之迹耳、非所以迹也、此云及至聖人、猶云及至其迹也、蹩躠爲仁、踶跂爲義、而天下始疑矣、澶漫爲樂、摘僻爲禮、而天下始分矣、夫聖迹既彰、則仁義不眞、而禮樂離性、徒得形表而已矣、有聖人即有斯弊、吾若是何哉、○蹩步結反、躠悉結反、踶直氏反、跂丘氏反、李云、蹩躠、踶跂、皆用心爲仁義之貌、澶徒旦反、漫武半反、李云、澶漫、猶縱逸也、摘僻、李云、糾擿邪辟而爲禮也、故純樸不殘、孰爲犧樽、白玉不毀、孰爲珪璋、道德不廢、安取仁義、性情不離、安用禮樂、五色不亂、孰爲文采、五聲不亂、孰應六律、凡此皆變樸爲華、弃本崇末、於其天素有殘廢矣、世雖貴之、非其貴也、○犧尊、司馬云、畫犧牛象以飾樽也、銳上方下曰珪。半珪曰璋。夫殘樸以爲器、工匠之罪也、毀道德以

為仁義聖人之過也、工匠則有規矩之制、聖人則有可尚之迹、夫赫胥氏之時、民居不知所為、行不知所之、含哺而熙、鼓腹而遊、民能已此矣、此民之真能也、〇司馬云、赫胥氏。上古帝王也。一云、蓋炎帝也。及至聖人、屈折禮樂以匡天下之形、縣跂仁義以慰天下之心、而民乃始踶跂好知、爭歸於利、不可止也、此亦聖人之過也、其過皆由乎迹之可尚也、〇縣音玄、踶、正氏反、跂、丘氏反、

△莊子天地篇、至德之世、上如標枝、郭象注、出物上而不自高也〇言樹杪之枝、無心在上也、民如野鹿、放而自得也、端正而不知以為義、相愛而不知以為仁、實而不知以為忠、當而不知以為信、率性自然、非由知也、蠢動而相使、不以為賜、用其自動、故動而不謝、是故行而無迹、主能任其自行、故無迹也、事而無傳、各止其分、故不傳教於彼也、

△莊子天運篇、孔子問道於老子、老子曰、仁義先王之蘧

廬也、郭象注猶傳舍也、止可以一宿而不可久處、覯而多責、夫仁義者、人之性也、人性有變、古今不同也、故遊寄而過去、則冥若無滯、而係於一方則見、見則偽生、偽生而責多矣、古之至人、假道於仁、託宿於義、隨時而變、無常迹也、以遊逍遙之虛、食於苟簡之田、立於不貸之圃、逍遙、無為也、有為則非仁義苟簡、易養也、且從其簡。故易養也。不貸、無出也、不貸者、不損己以為物也、古者謂是采真之遊。遊而任之、斯真采也、采真則色不偽矣、

△莊子天道篇、孔子西藏書於周室、子路謀曰、由聞周之徵藏史、有老聃者、免而歸居、夫子欲藏書、則試往因焉、成玄英疏、宣尼觀周德已衰、不可匡輔、故將已所修之書欲藏於周之府藏、庶為將來君王治化之術、故與門人謀議、詳其可否、老君姓李、名聃、為周徵藏史、猶今之秘書官、職典墳籍、見周室版蕩、所以解免其官、歸休靜處、故子路咨勸孔子、何不暫試過往、因而問焉、孔子曰、善、往見老聃、而老聃不許、疏、老子知欲藏之書、是先聖之已陳芻狗、不可久留、恐亂後人、故去不許、於是繙十二經

以說疏、孔子刪詩書、定禮樂、修春秋、贊易道、此六經也、又加六緯、合為十二經也、委曲敷演、故繙覆說之、○要汝繙本、姚云、十二經、漢人語、老子中其說、曰、大謾、願聞其要、疏中其說者、許其有理也、大謾者、嫌其繁設大多、請簡要之術也、孔子曰、要在仁義、疏、經有十二、乃得繁盈、切要而論、莫先仁義也、老聃曰、請問仁義人之性邪、疏、問此仁義、率性否乎、孔子曰、然、君子不仁則不成、不義則不生、仁義眞人之性也、又將奚為矣、疏、賢人君子、若不仁則名行不成、不義則生道不立、故知仁義是人之眞性、又將何為是疑之也邪、老聃曰、請問何謂仁義、疏、前言仁義是人之眞性、今之重問、請解所由也、孔子曰、中心物愷、物、一作勿、要汝繙按、物皆易之說文、兼愛無私、此仁義之情也、郭象注、此常人之所謂仁義者也、故寄孔老以正之、○疏、愷樂也、忠誠之心、願物安樂、慈愛平等、兼濟無私、九合人情、可為世數也、○釋文、藏書、司馬云、藏其所著書也、徵藏、才浪反、司馬云、徵藏、藏名也、史、藏府之史、免而歸、言老子見周之末、不復可匡、所以辭去也、十二經、說者云、詩書禮樂易春秋六經、又加六緯、合為十二經也、一說云、易上下經并十翼為十二、又一云、春秋十二公經也、中、丁仲反、老

二三

聃曰、意幾乎後言、夫兼愛不亦迂乎、夫至仁者、無愛而直前也、○意於其反、司馬云、不平聲也、無私焉乃私也、世所謂無私者、釋已而愛人、夫愛人者、欲人之愛已、此乃甚私、非忘公而公也、夫子若欲使天下無失其牧乎、司馬云、牧養也、○疏、欲使天下蒼生、咸得本性者、莫若上下各各守分、自全恬養、則夫治矣、則天地固有常矣、日月固有明矣、星辰固有列矣、疏、夫天地覆載、日月照臨、星辰羅列、此並自然之理、也、非閒人事、豈唯三種、萬物悉然、但當任之、莫不備足、何勞措意、妄為矜矯也、禽獸固有羣矣、樹木固有立矣、皆已自足、○疏、有識禽獸、無情草木、各得生立、各有羣分、豈資仁義方獲如此、夫子亦放德而行、循道而趨、已至矣、不待於兼愛也、○疏、循、順也、放任已德、而逍遙行世、順於天道、而趨步人間、至極妙行、莫過於此也、又何偈偈乎揭仁義若擊鼓而求亡子焉、無由得之、○疏、偈偈、勵力貌也、揭、擔負也、亡子、逃人也、言孔丘勉勵身心、擔負仁義、強行於世、以教蒼生、何異乎打擊大鼓、而求覓亡子、是以鼓聲愈大、而亡者愈離、仁義彌彰、而去道彌遠、故無由行之、○偈偈、用力之貌、○吳汝綸案、焉當作為、意、夫子亂人之性也、事至

而愛、當義而止、斯忘仁義者也、常念之、則亂眞也。○疏、亡子不獲、罪在鳴鼓、眞性不明、過由仁義、故發噫歎、總結之也、

△莊子齊物論、道隱於小成、成玄英疏、小成者、謂仁義五德、小道而有所成得也、世薄時澆、唯行仁義、不能行於大道、故老君云、大道廢有仁義

△莊子天運篇、莊子曰、夫至仁尚矣、孝固不足以言之、郭象注、必言之於忘仁忘孝之地、然後至矣、故曰、以敬孝易、以愛孝難、以愛孝易、而忘親難、忘親易、使親忘我難、使親忘我易、兼忘天下難、兼忘天下易、使天下兼忘我難、夫至仁者、百節皆適、則終日不自識也、聖人在上、非有爲也、恣之使各自得而已耳、自得其爲、則衆務自適、羣生自足、天下安得不各自忘我哉、各自忘矣、主其安在乎、斯所謂兼忘也、夫德遺堯舜而不爲也、遺堯舜、然後堯舜之德全耳、若係之在心、則非自得也、利澤施於萬世、天下莫知也、泯然常適、豈直

太息而言仁孝乎哉、失於江湖、乃思濡沫、夫孝悌仁義忠信貞廉◎此皆自勉以役其德者也◎、不足多也、

△淮南子道應訓、魏文侯觴諸大夫於曲陽、飲酒酣、文侯喟然歎曰、吾獨無豫讓以為臣乎、高誘注、豫讓事知伯、而死其難、故文侯思以為臣、蹇重舉白而進之、蹇重、文侯臣、舉白、進酒也、曰、請浮君、浮、罰也、以酒罰君、君曰何也、對曰、臣聞之、有命之父母、不知孝子、有道之君、不知忠臣、夫豫讓之君、亦何如哉、豫讓相其君、而君見殺、亦何如、不足貴也、文侯受觴而飲、釂而不獻、釂、盡也、曰、無管仲鮑叔以為臣、故有豫讓之功、故老子曰、國◎家◎昏◎亂◎有◎忠◎臣◎、

△莊子漁父篇、廷无忠◎臣◎、國◎家◎昏◎亂◎、諸侯之憂也、

篆曰、廢、出、古音在十五部、義、僞、古音十七部、

十九章

絶聖棄智、民利百倍、絶仁棄義、民復孝慈倍慈韻絶巧棄利、盜賊無有、此三者以爲文不足、故令有所屬、見素袌樸、少厶寡欲、巧有足屬樸欲韻

△莊子胠篋篇、故曰魚不可脱於淵、國之利器不可以示人、郭象注、魚失淵則爲人禽、利器明則爲盜資、故不可示人○成玄英疏、脱、失也、利器、聖迹也、示、明也、魚失水則爲物所禽、利器明則爲人所執、故不可也、彼聖人者、天下之利器也、夫聖人者誠能絶聖棄智、而與異物極、物極各異、則其迹利物之迹也、器猶迹耳、可執而用曰器也、非所以明天下也、示利器於天下、所以資其盜賊、○疏、夫聖人馭世、應物隨時、揖讓干戈、行藏匪一、不可執固、明示天下、若執而行者必致其弊、即燕噲白公之類是也、故絶聖棄知、大盜乃止、去其所資、則未施禁而自止也、○疏、棄絶聖智、天下之物各守其分、則盜自息、○息、擿玉毀珠、小盜不起、賤其所寶、則不加刑而自息也、○疏、藏玉於山、藏珠於川、不貴珠寶、豈有盜濫、○釋文、擿、持赤反、義與擲

字同崔云、猶投棄之也、焚符破璽、而民朴鄙、除矯詐之所賴者、則無以行其毒巧、○疏、
符璽者、表誠信也、矯詐之徒賴而用之、故焚燒毀破、可以反樸還淳而歸鄙野矣、掊斗折衡而
民不爭、夫小平乃大不平之所用也、○疏、斗衡者、所以量多少稱輕重也、既遺冒竊、翻為盜資、掊擊破
壞、合於古人之智守、故無忿爭、殫殘天下之聖法、而民始可與論議、外無
所矯、則內全我朴、而無自失之言也、○疏、彈、盡也、殘、毀也、聖法、謂五德也、既殘三王、又毀五帝、蘧廬咸盡、芻狗
不陳、忘筌忘蹄、物我冥極、然後始可與論重妙之境、議道德之遐也、○又云、夫弓弩畢弋
機變之知多、則鳥亂於上矣、鉤餌網罟罾笱之知多、則
魚亂於水矣、削格羅落罝罘之知多、則獸亂於澤矣、攻之
愈密、避之愈巧、則雖禽獸猶不可圖之以知、而況人哉、故治天下者、唯不任知、任知無妙也、○畢弋機變。李云、
免網曰畢、繳射曰弋、弩牙曰機、李云、削格、所以施羅網也。爾雅云、鳥罟謂之羅、兔罟謂之罝、罬謂之罦、罦、覆車
也、知詐漸毒頡滑堅白解垢同異之變多、則俗惑於辯
矣、上之所多者、下不能安其少也、性少而以逐多、則迷也、○漸毒、李云、漸漬之毒、不覺深也、頡滑、滑稽也、解

垢。詭曲之辭、故天下每每大亂、罪在於好知、故天下皆知求
其所不知、而莫知求其所已知者、不求所知、而求所不知、此乃舍己效人、而不
不止其分也、○每每、李云、猶昏昏也、皆知非其所不善、而莫知非其所已
善者、善其所善、爭尚之所由生也、是以大亂、故上悖日月之明、下爍
山川之精、中墮四時之施、惴耎之蟲、肖翹之物、莫不失
其性、甚矣夫、好知之亂天下也、夫吉凶悔吝、生於動也、而知之所動、誠能搖蕩
天地、運御羣生、故君人者、胡可以不忘其知哉、○悖、司馬云、薄食也、爍、崩竭也、墮、許規反、毀也、施、始鼓反、惴、本
亦作蝡、崔云、蠉蝡動蟲也、肖翹、音消、下音祁饒反、植物也。自三代以下者是已、舍夫
種種之機、而說夫役役之佞、釋夫恬惔無為、而說夫啍
啍之意、啍啍已亂天下矣、啍啍、以己誨人也、○種種、湻厚也、說、音悅、役役、有為人也。
啍啍、壯健之貌、

△莊子在宥篇、說聖邪、是相於藝也、說知邪、是相於疵也、

老子古義　上篇十九章　二七

郭象注、當理無悅、悅之則致淫悖之患矣、相助也、說、仁◎邪、是亂於德也、說、義◎邪、是悖於理也、

△莊子田子方篇、魏文侯曰、遠矣全德之君子、始吾以聖◎知◎之言、仁◎義◎之行、爲至矣、吾聞田子方之師、吾形解而不欲動、口鉗而不欲言、郭象注、自覺其近、吾所學者、直土梗耳、非真物也。○司馬云、土梗土人也。遭雨則壞。夫魏、直爲我累耳、知至貴者。以人爵爲累也。

△莊子庚桑楚篇、南榮趎曰、不知乎、人謂我朱愚、知◎乎、反愁我軀、不仁、則害彼、仁◎則反愁我己、不義則傷人、義◎則反愁我身、我安逃此而可、此三言者、趎之所患也、願因楚而問之、老子曰、向吾見若眉睫之閒、吾因以得汝矣、今汝又言、而信之、若規規然若喪父母、揭竿而求諸海也、汝亡人哉、惘惘乎、汝欲反汝情性而無由入、可憐哉、

△莊子在宥篇、崔瞿問於老聃曰、不治天下、安臧人心、老聃曰、汝慎無攖人心、郭象注、攖之則傷其自善也。○釋文、攖、司馬云、引也、崔云、羈落也、○疏、問在宥不治、人心何以履善、答曰、宥之放之、自合其理、作法理物、則攖澆人心、人心排下而進上、排之則下。進之則上。言其易搖蕩也。○疏、人心排他居下、進己在上、皆常情也、上下囚殺、無所排進、乃安全耳、○釋文、言囚殺萬物也、○疏、溺心上下、為境所遷、如桀之囚、攖煩困苦、淖約柔乎剛強、言能淖約、則剛強者柔矣、○疏、淖約柔弱也、矯情行於柔弱、欲制服於剛強、廉劌彫琢、其熱焦火、其寒凝冰、夫焦火之熱、凝冰之寒、皆喜怒并積之所生、若乃不彫不琢、各全其朴、則何冰炭之有哉、○劌、司馬云、傷也、廣雅云、利也、○疏、廉、務名也、劌、傷也、彫琢、名行、欲在物前、若違情起怒、寒甚凝冰、順心生喜、熱踰焦火、其疾俛仰之間、而再撫四海之外、風俗之所動也、○疏、逾境之心、一念之頃、已遍十方、況俯仰之間、不再臨四海哉、其居也淵而靜、其動也縣而天、靜之可使如淵、動之則係天而踊躍也、○縣而天、音玄、向本無而字、云希高慕遠、故曰縣天也、○疏、有欲之心、去無定準、偶爾而靜、如流水之遇淵潭、觸境而動、類高天之縣不息、動之則係天踊

躍、僨驕而不可係者其唯人心乎、人心之變、靡所不為、順而放之則靜而自通、治而係之則跂而僨驕、僨驕者、不可禁之勢也、○僨、郭音奔、○疏、排下進上、美惡喜怒、僨發驕矜、不可禁制者、其在人心乎、昔者黃帝始以仁義攖人之心、夫黃帝非為仁義也、直與物冥、則仁義之迹自見、迹自見則後世之心必自殉之、是亦黃帝之迹使物攖也、○疏、黃帝因宜作則、慈愛養民、實異偏尚之仁、義非之義、後代之王、執其軌轍、蒼生名之為聖、攖人之心、自此始也、弊起後王、寧非黃帝、堯舜於是乎股無胈、脛無毛、以養天下之形、愁其五藏、以為仁義、矜其血氣、以規法度、然猶有不勝也、○疏、胈、白肉也、堯舜行黃帝之迹、心形瘦弊、股瘦無白肉、脛禿無細毛、養天下形容、安萬物情性、五藏憂愁於內、血氣矜莊於外、行天仁義以為規矩、立法度以為楷模、尚不免流放凶族、則有不勝、堯於是放讙兜於崇山、投三苗於三峗、流共工於幽都、此不勝天下也、○疏、昔帝鴻氏有不才子、天下謂之混沌、即讙兜也、為黨共工、放南裔也、縉雲氏有不才子、天下謂之饕餮、即三苗也、為堯諸侯、封三苗之国、國左洞庭、右彭蠡、居豫章、近南岳、三峗、山名、在西裔、即秦州西羌地、少昊氏有不才子、天下謂之窮奇、即共工也、為堯水官、幽都、在北方、即幽州之地、尚書有殛鯀、此文不備也、四人皆包藏凶惡、不遵堯化、故投諸四裔、是堯不勝天下之事、救四凶由舜、今稱堯者、其時舜攝堯位故耳、

夫搖及三王、而天下大駭矣、夫堯舜帝王之名、皆其迹耳、我寄斯迹、而迹非我也、故駭者自世、世彌駭其迹、愈粗、粗之與妙、自塗之夷險耳、遊者豈常改其足哉、故聖人一也、而有堯舜湯武之異、明斯異者、時世之名耳、未足以名聖人之實也、故夫堯舜者、豈直一堯舜而已哉、是以雖有矜愁之貌、仁義之迹、而所以迹者故全也、○疏、施延也、自黃帝逮乎堯舜、聖迹滯、物擾亂、延及三王、驚駭更甚、

下有桀跖、上有曾史、○疏、桀跖行小人之行為下、曾史行君子之行、為上、

而儒、墨畢起、○疏、謂儒墨守迹、是非因之而起也、

於是乎喜怒相疑、○疏、喜是怒非、更相疑貳、愚知相欺、○疏、飾智驚愚、互為欺悔、善否相非、○疏、善與不善、彼此相非、誕信相譏、○疏、誕虛信實、自相譏誚、而天下衰矣、莫能齊於自得。○疏、相仍紛紛、宇宙衰也、

大德不同、而性命爛漫矣、立小異而不止於分、○疏、喜怒是非、熾然大盛、故天年夭枉、性命爛漫、爛漫、散亂也、

天下好知、而百姓求竭矣、知無涯、而好之、故無以供其求、○疏、聖人窮無涯之智、百姓焉不竭哉、

於是乎

釿鋸制焉、繩墨殺焉、椎鑿決焉、彫琢性命、遂至於此、○疏、繩墨、正木之曲直、禮義示人之隆殺、椎鑿穿木之孔竅、刑法決人之身首、工匠運斤鋸以殘木、聖人用禮法以傷道、天下脊脊大亂、罪在攖人心、故賢者伏處大山嵁岩之下、而萬乘之君、憂慄乎廟堂之上、若夫任自然而居當、則賢愚襲情、而貴賤履位、君臣上下、莫匪爾極、而天下無患矣、斯迹也、遂攖天下之心、使奔馳而不可止、故中知以下、莫不外飾其性以眩惑眾人、惡直而醜正、蕃徒相引、是以任真者失其據、而崇僞者竊其柄、於是主憂於上、民困於下矣、○脊脊。相踐藉也、本亦作肴肴、廣韻云、肴亂也、○疏、宇宙大乱、罪由聖智、君子道消、晦迹林藪、人君雖在廟堂、心恒憂慄、既無良輔、恐国傾危也、今世殊死者相枕也、桁楊者相推也、刑戮者相望也、而儒墨乃始離跂攘臂乎桎梏之間、意甚矣哉、其無愧而不知恥也甚矣、由腐儒守迹、故致斯禍、不思捐迹反一、而方復攘臂用迹以治迹、可謂無愧而不知恥之甚也、○殊死、廣雅云、殊斷也、司馬云、決也、漢令曰、蠻夷長有罪當殊之、桁、戶剛反、司馬云、脚長械也、崔云、械錮頸及脛者、皆曰桁楊、○疏、離跂用力貌也、聖迹為害物之具、而儒墨才復攘臂、分外

用力於桎梏之間、執迹封執、救當世之弊、何荒亂之吾能極哉、故發噫歎息、固陋不已、無愧而不知恥也、

未知聖知之不為桁楊椄槢也、仁義之不為桎梏鑿枘也、衍楊以椄槢為管、而桎梏以鑿枘為用、聖知仁義者、遠於罪之迹也、迹遠罪則民思尚之、尚之則矯詐生焉、矯詐生而禦奸之器不具者、未之有也、故弃所尚之則矯詐不作、矯詐不作則桁楊桎梏廢矣、何鑿枘椄槢之為哉。○椄槢、桎梏梁也、淮南曰、大者為柱梁、小者為椄槢也、鑿枘、三蒼云、柱頭枘也、鑿頭廁木、如柱頭枘。○疏、椄槢、械楔也、鑿、孔也、以物內孔中曰枘、械不楔不牢、梏無孔無用、亦猶憲章非聖迹不立、桀跖無仁義不行、聖迹是攖擾之原、仁義是殘害之本、曾史之不為桀跖嚆矢也、嚆矢、矢之猛者、言曾史為桀跖之利用也、故曰、絕聖棄知而天下大治、去其所以攖也、○疏、絕窮国之具、棄凶暴之資、即宇內清平、言大治也、

△莊子天道篇、老子曰、夫巧智神聖之人、吾自以為脫焉、郭象注、脫、過也。○篆按、謂超過也、

△莊子知北游、老聃語孔子曰、汝齋戒、疏瀹而心、澡雪而

精神、掊擊而知、

△莊子外物篇、老萊子謂仲尼曰、丘、去汝躬矜、與汝容知、斯為君子矣、○郭象法、謂仲尼能遺形去知、故以為君子、躬矜、為身矜脩善行、容知、音智、謂飾智為容好、

△淮南子道應訓、跖之徒問跖曰、盜亦有道乎、跖曰、奚適其無道也、夫意而中藏者聖也、入先者勇也、出後者義也、分均者仁也、知可否者智也、五者不備而能成大盜者、天下無之、由此觀之、盜賊之心必託聖人之道而後可行、故老子曰、絕聖棄智、民利百倍、

△後漢邊韶老子銘云、班固以老子絕聖棄知、禮為亂首、與仲尼道違、述漢書古今人表、檢以法度、抑而下之、老子缺與楚子西同科、材不及孫卿孟軻、二者之論殊矣、

所謂道不同不相為謀也、

△莊子駢拇篇、多方乎仁㊀義㊁而用之者、列於五藏哉、而非道德之正也、郭象注、夫與物冥者無多也、故多方於仁義者、雖列於五藏、然自一家之正耳、未能與物無方、而各正性命、故曰非道德之正、夫方之少多、天下未之有限、然少多之差、各有定分、豪芒之際、即不可以相跂、故各守其方、則少多無不自得、而或有聞多之不足以正少、因欲棄多而任少、是舉天下而棄之、不亦妄乎、多方、駢枝於五藏之情者、淫僻於仁義之行、五藏之情、直自多方耳、而少者橫複尚之、以至淫僻而失至當於體中也、○崔云、駢枝贅疣。雖非性之正。亦出於形。不可去也。五藏之情。雖非道德之正。亦列於性。不可治也。今設仁義。之教。以治五藏之情。猶削駢枝贅疣也。既傷自然之理。更益其疾也。而多方於聰明之用也、聰明之用、各有本分、故多方不為有餘、少方不為不足、然情欲之所薄、未嘗不賤少而貴多也、見夫可貴、而矯以尚之、則自多於本用、而因其自然之性、若乃忘其所貴、而保其素分、則與性無多、而異方俱全矣、枝於仁者、擢德塞性、以收名聲、使天下簧鼓以奉不及之法非乎、而曾史是已、夫曾

史性長於仁耳而性不長者橫復慕之慕之而仁仁已偽矣天下未嘗慕桀跖而必慕曾史則曾史之簧鼓天
下使失其真性甚於桀跖也○擢司馬云拔也簧鼓謂笙簧也鼓動也曾史曾參史鰌也意仁義其
非人情乎夫仁義自是人之情性但當任之耳彼仁人何其多憂也恐仁義非
人情而憂之者真可謂多憂也今世之仁人蒿目而憂世之患兼愛之迹可尚
則天下之目亂矣以可尚之迹蒿令有患而遂憂之此為陷人於難而後拯之也然今世正謂此為仁也○蒿
目好羔反司馬云亂也李云蒿目決性之貌不仁之人決性命之情而饕貴
富夫貴富所以可饕由有蒿之者也若乃無可尚之迹則人安其分將量力受任豈有決已效彼以饕竊非
望哉故意仁義其非人情乎自三代以下者天下何其囂
囂也夫仁義自是人情也而三代以下橫共囂囂棄情逐迹如將不及不亦多憂乎○囂囂崔云憂世之
貌且夫待鉤繩規矩而正者是削其性也待繩約膠漆
而固者是侵其德也屈折禮樂呴俞仁義以慰天下之
心者此失其常然也天下有常然常然者曲者不以鉤

直者不以繩、圓者不以規、方者不以矩、附離不以膠漆、約束不以纆索。故天下誘然皆生、而不知其所以生、同焉皆得、而不知其所以得、夫物有常然、任而不助、則泯然自得而不自覺也故古今不二、不可虧也、同物故與物無二而常全、則仁義又奚連連如膠漆纆索而遊乎道德之間為哉、任道自得、則抱朴獨往、連連假物、無為其間也。連連、司馬云、謂連續仁義遊道德間也、使天下惑也、仁義連連、祇足以惑物、使喪其真、夫小惑易方。大惑易性。亦東西易方、於體未虧、矜仁尚義、失其常然、以之死地、乃大惑也、何以知其然邪、自虞氏招仁義以撓天下也、天下莫不奔命於仁義、夫與物無傷者、非為仁也、而仁迹行焉、令萬理皆當者、非為義也、而義功見焉、故當而無傷者、非仁義之招也、然而天下奔馳、弃我徇彼、以失其常然、故亂心不由於醜而恒在美色、撓世不出於惡而恒由仁義、則仁義者、撓天下之具也、是非以仁義易其性與、雖虞氏無易之情、而天下之性固以異矣、且夫屬其性乎仁義者、雖通如曾史、非吾所謂臧也、（以此係彼為屬、屬性於仁、殉仁者耳、故不善也、）吾所謂臧者、非仁義之謂也、臧於其德而已矣、（善於自得、忘仁而仁、）吾所謂臧者、非所謂仁義之謂也、任其性命之情而已矣、（謂仁義為善、則損身以殉之、此於性命還自不仁也、身且不仁、其如人何、故任其性命、乃能及人、及人而不累於己、彼我同於自得、斯可謂善也、）吾所謂聰者、非謂其聞彼也、自聞而已矣、吾所謂明者、非謂其見彼也、自見而已矣、（夫絕離棄曠、自任聞見、則萬方之聰明、莫不皆全也、）夫不自見而見彼、不自得而得彼者、是得人之得、而不自得其得者也、適人之適、而不自適其適者也、（此舍己效人者也、雖效之若人、而己已亡矣、）夫適人之適、而不自適其適、雖盜跖與伯夷、是同為淫僻也、（苟以失性為淫僻、則雖所失之塗異、其於失之一也、）余愧乎道德、是以上不敢為仁義之操、而下不敢為淫僻之行也、（愧道德之不為、謝冥復之無迹、故絕操行、忘名利、從容吹累、遺我忘彼、若斯而已矣、）

△莊子天運篇、孔子見老耼而語仁義、老耼曰、夫仁義憯然乃憤吾心、亂莫大焉、郭象注、尚之以加其性、故亂、吾子使天下無失其朴、質全而仁義著、吾子亦放風而動、揔德而立矣、風自動、而依之、德自立而秉之、斯易持易行之道也。司馬云、放、依也、依無為之風而動也、又奚傑然若負建鼓而求亡子者邪、言夫揭仁義以趨道德之鄉、其猶擊鼓而求逃者、無由得也、

△莊子庚桑楚篇、老耼之役有庚桑楚者、偏得老耼之道、以北居畏壘之山、其臣之畫然知者去之、其妾之挈然仁者遠之、郭象注、畫然飾知、挈然矜仁、老耼之役、司馬云、役、學徒弟子也、庚桑楚、司馬云、楚名、庚桑姓也、太史公書作亢桑、李云、嵔壘、山名也、或云在魯、又云在梁州、挈。廣雅云、提也、司馬云、言人以仁智為臣妾、庚桑悉棄仁智也、擁腫之與居、擁腫、朴也、鞅掌之為使、鞅掌、自得、崔云、擁腫、無知貌。鞅掌、不仁意、

△莊子徐無鬼篇、魏武侯曰、欲見先生久矣、吾欲愛民而

爲義偃兵、其可乎、徐無鬼曰、不可、愛民、害民之始也、郭象注、愛民之迹、爲民所尚、尚之爲愛、愛已僞也、爲義偃兵、造兵之本也、爲義則名彰、名彰則競興、競興則喪其眞矣、父子君臣、懷情相欺、雖欲偃兵、其可得乎、君自此爲之、則殆不成、從無爲爲之乃成耳、凡成美、惡器也、美成於前、則僞生於後、故成美者、乃惡器也、君雖爲仁義、幾且僞哉、民將以僞繼之耳、未肯爲眞也、形固造形、仁義有形、固僞形必作、成固有伐、成則顯也、變固外戰、失其常然、○成固有伐、變固外戰、王云、成功在己、亦衆所不與、欲無有伐、其可得乎、夫僞生形造、又伐焉、非本所圖、勢之變也、旣有僞伐、得無戰乎、

△莊子徐無鬼篇、齧缺遇許由曰、子將奚之、曰將逃堯、曰奚謂邪、曰夫堯畜畜然仁、吾恐其爲天下笑、後世其人與人相食與、郭象注、仁者爭尚之原也、故畜畜、王云、郵愛勤勞之觀、○夫民不難聚也、愛之則親、利之則至、譽之則勸、致其所惡則散、愛利出乎仁義、捐仁義者寡、利仁義者衆、夫仁義之行、唯且

無誠、仁義既行、偽以為之、將且假夫禽貪者器、仁義可見則夫貪者將假斯器以獲其志、是以一人之斷制利天下、若夫仁義各出其情、則其斷制不止乎一人、譬之猶一覕也、一覕、割也、萬物萬形、而以劃割之、則有傷也、夫堯、知賢人之利天下也、而不知其賊天下也、夫唯外乎賢者知之矣、外賢、則賢不偽、

△莊子讓王篇、原憲曰、仁義之慝、憲不忍為也、司馬云、慝、惡也、謂依託仁義為姦惡、

△晉書李充傳、李充、字弘度、江夏人、幼好刑名之學、深抑虛浮之士、嘗著學箴、稱老子云、絕仁棄義、家復孝慈、豈仁義之道絕、然後孝慈乃生哉、蓋患乎情仁義者寡、而利仁義者眾也、道德喪而仁義彰、仁義彰而名利作、禮教之弊、直在茲也、先王以道德之不行、故以仁義化之、

行仁義之不篤、故以禮律檢之、檢之彌繁、而僞亦愈廣、老莊是乃明無爲之益、塞爭欲之門、夫極靈智之妙、總會通之和者、莫尚乎聖人、革一代之弘制、垂千載之遺風、則非聖不立、然則聖人之在世、吐言則爲訓辭、莅事則爲物軌、運通則與時隆、理喪則與世弊矣、是以大爲之論、以標其旨、物必有宗、事必有主、寄責於聖人、而遺累乎陳迹也、故化之以絕聖棄智、鎮之以無名之樸、聖教救其末、老莊明其本、本末之塗殊、而爲教一也、人之迷也其日久矣、見形者衆、及道者尠、不覿千仞之門、而逐適物之迹、逐迹逾篤、離本逾遠、遂使華端與薄俗俱興、妙緒與淳風並絕、所以聖人長潛、而迹未嘗滅矣、懼後進惑其如此。將越禮棄學。而希無爲之風。見義教之

殺、而不觀其隆矣、略言所懷、以補其闕、引道家之弘旨、會世教之適當、義不違本、言不流放、庶以祛困蒙之蔽、悟一往之惑乎、

△莊子天下篇、無為也而笑巧、◎郭象注、巧者有為、以傷神器之自成、故無為者、因其自生、任其自成、萬物各得自為、蜘蛛猶能結網、則人人自有所能矣、無貴於工倕也、○疏、率性而動、淳朴無為、嗤彼俗人、機心巧偽也、

△文子道德篇、問德、曰畜之養之、遂之長之、兼利無擇、與天地合、此之謂德、何謂仁、曰為上不矜其功、為下不羞其病、于大不矜、于小不偷、兼愛無私、久而不衰、此之謂仁也、何謂義、曰為上則輔弱、為下則守節、達不肆意、窮不易操、一度順理、不私枉橈、此之謂義也、何謂禮、曰為上則恭嚴、為下則卑敬、退讓守柔、為天下雌、立于不敢、

上篇十九章

設于不能、此之謂禮也、故修其德則下從令、修其仁則下不爭、修其義則下平正、修其禮則下尊敬、四者既修、國家安寧、故物生者道也、長者德也、愛者仁也、正者義也、敬者禮也、不畜不養、不能遂長、不慈不愛、不能成遂、不正不匡、不能久長、不敬不寵、不能貴重、故德者民之所貴也、仁◎者民之所懷也、義◎者民之所畏也、禮者民之所敬也、此四者、文◎之◎順◎也。聖人之所以御萬物也。君子無德則下怨、無仁則下爭、無義則下暴、無禮則下亂、四經不立、謂之無道、無道不亡者、未之有也、

△莊子山木篇、舜曰、形莫若緣、情莫若率、（郭象注、因形率情、不矯之以利）也、緣則不離、率則不勞、（形不假、故常全、情不矯、故常逸、）不離不勞則不求文◎以待形、（任朴而直前也、）不求文以待形、固不待物、（朴素而足、）

△逸周書周祝篇、文◎之美也而以身剝、自謂智也者故不◎足◎

孔晁以文受害、人自謂智、乃其所以愚也、

△莊子馬蹄篇、夫至德之世、同乎無◎欲◎、是謂素◎樸◎、郭象注、欲則離性以飾也、素樸而民性得矣、

△莊子山木篇、市南宜僚曰、南越有邑焉、名為建德之國、其民愚而朴、少◎私◎而寡◎欲◎、

篆曰、倍、慈、古音在一部。巧、有、足、屬、樸、欲、古音三部。

二十章

絕學無憂、唯之與阿、相去幾何、阿何韻善之與惡、相去何若、惡若韻人之所畏、不可不畏、荒兮其未央哉、荒央韻衆人媐媐、如享太牢、如春登臺、我獨泊兮其未兆、如嬰兒之未咳、哉嬰臺咳韻傫傫兮若無所歸、衆人皆有餘、而我獨若遺、畏歸遺韻我愚人之心也哉、純純兮、俗人昭昭、我獨昏昏、俗人察察、我獨悶悶、純昏悶韻忽兮若晦、篆曰、從釋文、飂兮若無止、衆人皆有已、而我獨頑似啚、我獨異於人、而貴食母、晦止已啚母韻、

△莊子德充符云、無趾語老聃曰、孔丘之於至人、其未邪、彼何賓賓以學子爲、郭象注、怪其方復學於老聃、賓賓、張云、猶賢賢也、彼且蘄以諔詭幻怪之名聞、不知至人之以是爲已桎梏邪、夫無心者、人學亦學、然古之學者爲已、今之學者爲人、其弊也遂至乎爲人之所爲矣、夫師人以自得者、率其常然

者也、舍己效人、而逐物於外者、求乎非常之名者也、夫非常之名、乃常之所生也、故學者非為幻怪也、幻怪之生、必由於學、禮者非為華薄也、而華薄之興、必由於禮、斯必然之理、至人之所無柰何、故以為己之桎梏、○桎、木在足也。梏、木在手也。老聃曰、胡不直使彼以死生為一條。以可不可為一貫者。解其桎梏、其可乎、欲以直理冥之、冀其無迹、無趾曰、天刑之、安可解、今仲尼非不冥也、顧自然之理、行則影從、言則響隨、夫順物則名迹斯立、而順物者非為名也、非為名則至矣、而終不免乎名、則孰能解之哉、故名者影響也、影響者形聲之桎梏也、明斯理也、則名迹可遺、名迹可遺、則尚彼可絕、尚彼可絕、則性命可全矣、

△莊子山木篇、孔子答桑雽曰、敬聞命矣、徐行翔佯而歸、絕學捐書、弟子無挹於前、其愛益加進、郭象注、去飾任素故也、○無挹。李云、無所執持也、○成玄英疏、絕有為之學。棄聖迹之書、不行華藻之教、故無揖讓之禮、徒有敬愛、日加進益焉、

△莊子天道篇、桓公讀書於堂上、吳汝綸案、管子淮南子、皆以為桓公、韓詩外傳作楚成王、又見淮南道應訓、輪扁汝綸按、扁音篇、古今人表作輪邊、斵輪於堂下、釋

椎鑿而上、問桓公曰、敢問公之所讀爲、疏本爲作者何言邪、公曰、聖人之言也、曰、聖人在乎、公曰、已死矣、曰、然則君之所讀者、古人之糟魄已夫、桓公曰、寡人讀書、輪人安得議乎、有說則可、無說則死、輪扁曰、臣也、以臣之事觀之、斲輪、徐則甘而不固、疾則苦而不入、不徐不疾、得之於手、而應於心、口不能言、有數存焉於其間、臣不能以喻臣之子、臣之子亦不能受之於臣、是以行年七十而老斲輪、郭象注、此言物各有性、教學之無益也。古之人與其不可傳也死矣、然則君之所讀者、古人之糟魄已夫、當古之事、已滅於古矣、雖或傳之、豈能使古在今哉、古不在今、今事已變、故絕學任性、與時變化、而後至焉、

△後漢書范升傳、升曰、絕學無憂、絕末學也、篆曰、此語可謂一字千金、

△莊子大宗師篇、泉涸、魚相與處於陸、相呴以溼、相濡以

沫、不如相忘於江湖、郭象注、與其不足而相愛、豈若有餘而相忘、與其譽堯而非桀也、不如兩忘而化其道、夫非譽皆生於不足、故至足者忘善惡、遺死生、與變化為一、曠然無不適矣、又安知堯桀之所在耶、

一二八

△莊子駢拇篇、自三代以下者、天下莫不以物易其性矣、郭象注、自三代以上實有無為之迹、無為之迹、亦有為者之所尚也、尚之則失其自然之素、故雖聖人有不得已、或以槃夷之事、易垂拱之性、而況悠悠者哉。○槃夷、謂創傷也、依字應作瘢痍、小人則以身殉利、士則以身殉名、大夫則以身殉家、聖人則以身殉天下、夫鶉居而鷇食、鳥行而無章者、何惜而不殉哉、故與世常冥、而唯變所適、其迹則殉世之迹也、而所遇者或時有槃夷禿脛之變、其迹則傷性之迹也、然而雖揮斥八極。而神氣無變。手足槃夷。而居形者不擾。則奚殉哉。無殉也。故乃不殉其所殉、而迹與世同殉也、○殉、崔云、殺身從之曰殉、故此數子者、事業不同、名聲異號、其於傷性、以身為殉、一也、伯夷死名於首陽之下、盜跖死利於東陵之上、二人者所死不同、其

於殘生傷性、均也、奚必伯夷之是、而盜跖之非乎、天下之所惜者、生也。今殉之太甚。俱殘其生。則所殉是非。不足復論。○首陽、山名、在河東蒲坂縣。東陵、李云、謂泰山也、一云陵名、今名東平陵、屬濟南郡、天下盡殉也、彼其所殉仁義也、則俗謂之君子、其所殉貨財也、則俗謂之小人、其殉一也、則有君子焉、有小人焉、若其殘生損性、則盜跖亦伯夷已、又惡取君子小人於其間哉。⊙天下皆以不殘為善。今均於殘生。則雖所殉不同。不足復計也。夫生奚為殘、性奚為易哉。皆由乎尚無為之迹也。若知迹之由乎無為而成。則絕尚去甚。而反冥我極矣。堯桀將均自得。君子小人奚辨哉。夫適人之適而不自適其適、雖盜跖與伯夷、是同為淫僻也、苟以失性為淫僻、則雖所失之塗異、其於失之一也、余愧乎道德、是以上不敢為仁義之操、而下不敢為淫僻之行也、惝道德之不為、謝冥復之無迹、故絕操行、忘名利、從容吹累、遺我忘彼、若斯而已矣

△莊子至樂篇、烈士為天下見善矣、未足以活身、吾未知

善之誠善邪◎誠不善邪、◎若以為善矣不足活身、以為不善矣、足以活人、郭象注、善則過當、故不周濟、故曰、忠諫不聽、蹲循勿爭、唯中庸之德為然。故夫子胥爭之以殘其形、不爭名亦不成、誠有善無有哉、故當緣督以為經也、

△莊子外物篇、相引以名、相結以隱、釋文李云、隱病患也、雖相引以名聲、是相結以病患、與其譽堯而非桀、不如兩忘而閉其所譽◎閉者、閉塞、反無非傷也、動無非邪也、順之則全、靜之則正、○反無非傷、反逆於理。動無非邪、動矜於是也、

△淮南子道應訓、成王問政於尹佚曰、高誘注尹佚、史佚也、吾何德之行、而民親其上、對曰、使之時而敬順之、王曰、其度安在、曰、如臨深淵、如履薄冰、王曰、懼哉王人乎、尹佚曰、天地之間、四海之内、善之則吾畜也、不善則吾讎也、昔夏

商之臣、反讎桀紂而臣湯武、宿沙之民皆自攻其君而歸神農、伏羲神農之間、有共工宿沙霸天下者也、此世之所明知也、如何其無懼也、故老子曰、人◎之◎所◎畏◎不◎可◎不◎畏◎也、

△文子上仁篇、文子問曰、何行而民親其上、曰、使之以時而敬愼之、如臨深淵、如履薄冰、天地之間、善即吾畜也、不善即吾讎也、昔者夏商之臣、反讎桀紂而臣湯武、宿沙之民、自攻其君歸神農氏、故曰、人◎之◎所◎畏◎不◎可◎不◎畏◎也◎

△逸周書佚文、容容隨衆進退也熙◎熙◎盛也皆爲利謀、熙◎熙◎攘攘衆也、皆爲利往、太平御覽四百四十九卷

△莊子天地篇、德人者、怊乎若嬰◎兒◎之失其母也、儻乎若行而失其道也◎、

上篇二十章

△莊子外物篇、嬰⊙兒⊙生、無碩師而能言、與能言者處也。郭象注、況然無習而自能者。非跂而學彼也。

△莊子天下篇、芒乎何之、忽乎何適。郭象注、無意趣也、成玄英疏、既無情于去取、亦任命而之適、萬物畢羅、莫足以歸⊙、故都任置疏、包羅庶物、囊括宇內、未嘗離適、何處歸根、

△莊子德充符、天鬻者天食⊙也、既受食於天、又惡用人、郭象注、言自然而稟之、成玄英疏、鬻、食也、食、稟也、天、自然也、稟自天然、各率其性、

篆曰、阿、何、古音在十七部。惡、若、古音五部。亢、央、古音十部。哉、熙、應作說文𦣞、臺、孩、古文孩、篆文咳、古音一部。畏、人之所畏二句、篆疑在歸遺二韻句之上或下歸、遺、古音十五部。純、昏、閔、古音十三部。晦、止、以、應作說文㠯、鄙、應作說文啚、母、古音一部。

二十一章

孔悳之容、惟道是从、(容从韻)道之為物、惟芒惟芴、(物芴韻)芴兮芒兮、其中有像、(芒像韻)芒兮芴兮、其中有物、(芴物韻)窈兮冥兮、其中有精、(冥精韻)其精甚真、其中有信、(真信韻)自古及今、其名不去、以閱衆甫、(去甫韻)吾何以知衆甫之狀哉、以此、

△莊子天地篇、願聞德人、曰、德人者、居無思、行無慮、(郭象注)率(自然耳、)不藏是非美惡、(無是非於胷中、而任之天下、)四海之內共利之之為悅、共給之之為安、(無自私之懷也、)怊乎若嬰兒之失其母也、儻乎若行而失其道也、財用有餘而不知其所自來、飲食取足而不知其所從、此謂德人之容、(郭象注、德者、神人迹也、故曰容、)○怊、音超、字林云、帳也、

△鶡冠子夜行篇、天、文也、地、理也、月、刑也、(陸佃注、陰以刻制、)日、德

也、陽以昭蘇四時、檢也、有明法而不議度數、節也、天地之節蓋有度數存焉、陰陽、氣也、五行、業也、五材也在地成形、故曰業、五政、道也、五長也在天成象、故曰道、五音、調也、聲成文、變成方、謂之音、斯謂之調、五聲、故也、五聲因習而異、在齊而齊言、居晉而晉語、斯之謂故、五味、事也、賞罰、約也、賞所以約之使赴功、罰所以約之使辟咎、此皆有驗、有所以然者、隨而不見其後、迎而不見其首、其所以然者道也、道無首尾、而欲從迹其所為、譬如捕風、逆之無前、從之無後、此雖顏子、恍然不能定也、又況賜之流乎、成功遂事、莫知其狀、夫孰知之、圖弗能載、名弗能舉、夫巧者不能盡、則辨者亦不能言矣、強為之說曰、芴乎芒乎中有象乎芒乎芴乎中有物乎、芒者似有、芴者似無、窅乎冥乎中有精乎致信究情、夫道有情有信、非若斷空、雖無而非理也、要在致而究之、形穢反無貌、貌且無之、況于形乎、鬼見一本作鬼不能見不能為人業、露則不神、豈足以建功立事哉、故善為人業者、徹矣妙矣、雖鬼不能窺其密也、故聖人貴夜行、

△莊子至樂篇、芒◎乎芴◎乎、而無從出乎、芴◎乎芒◎乎、而無有象乎、

△淮南子原道訓、夫太上之道、忽◎兮怳◎兮、不可為象兮、怳◎兮◎忽◎兮、用不屈兮、幽◎兮冥◎兮、應無形兮、遂兮洞兮、不虛動兮、

△莊子天地篇、故深之又深、而能物◎焉、神之又神、而能精◎焉、

△莊子應帝王、泰氏成玄英疏、伏犧氏其知情信◎、郭象注、任其自知、故情信、疏、率其真知、情無虛矯、故實信也、其德甚真◎、注、任其自得、故無偽、疏、以不德為德、德無所德、故不偽者也、

△莊子大宗師、夫道有情有◎信◎、无為无形、郭象注、有無情之情、故無為也、有無常之信、故無形也、

△莊子刻意篇、聖人信◎矣而不期、郭象注用天下之自信、非吾期也、成玄英疏、信若四時、必無差忒、

△淮南子道應訓、晉文公伐原、高誘注、原、周邑、襄王以原賜文公、原叛、伐之、與大夫期三日、三日而原不降、文公令去之、軍吏曰原不過一二日、將降矣、君曰、吾不知原三日而不可得下也、以與大夫期、盡而不罷、失信得原、吾弗為也、原人聞之、曰有君若此、可弗降也、遂降、溫人聞、亦請降、時周人亦以溫予文公、溫相連皆叛、故老子曰、窈◎兮◎冥◎兮◎其◎中◎有◎精◎其◎精◎甚◎真◎其◎中◎有◎信◎故美言可以市尊、美行可以加人

△淮南子主術訓、刑罰不足以移風、殺戮不足以禁姦、唯神化為貴、至精為神、夫疾呼不過聞百步、志之所在、踰于千里、高誘注、踰、猶過也、冬日之陽、夏日之陰、萬物歸之而莫

使之然、冬日仁、物歸陽、夏日猛、物歸陰、莫使之、自然如是也、故至精◎之像、弗招而
自來、不麾而自往、窈◎窈◎冥◎冥◎不知為之者誰、而功自成、
智者弗能誦、辯者弗能形、○故至精◎之所動、若春氣之
生、秋氣之殺也、雖馳傳騖置、不若此其亟、亟、疾、故君人者
其猶射者乎、於此豪末、於彼尋常矣、故慎所以感之也、
夫榮啟期一彈而孔子三日樂、感于和、鄒忌一徽而威
王終夕悲、感于憂、徽、騖彈也、威王、齊宣王之父也、在春秋後、徽讀紛麻縿車之縿也、動
諸琴瑟、形諸音聲、而能使人為之哀樂、哀、威王也、樂、孔子也、縣法
設賞而不能移風易俗者、其誠心弗施也、甯戚商歌車
下、桓公喟然而寤、甯戚飯牛車下、叩角商歌、齊桓公悟之、用以為相、至精入人
深矣、故曰樂聽其音則知其俗、見其俗則知其化、孔子
學鼓琴於師襄、師襄、魯樂太師也、而喻文王之志、見微以知明

矣、諭、教、敎之文王操也、鼓延陵季子聽魯樂而知殷夏之風、論近以識遠也、作之上古、施及千歲、而文不滅、況於竝世化民乎、湯之時七年旱、以身禱於桑林之際、而四海之雲湊、千里之雨至、湊、會也、或作蒸、蒸、升也、抱質效誠、感動天地、神諭方外、令行禁止、豈足為哉、

篆曰、容、從、應作說文从、古音在九部。物、惚、說文無惚字、莊子鶡冠作芴、古音十五部。恍、一作慌、說文無恍字、莊子鶡冠作芒、象、古音十部。冥、精、古音十一部。真、信、古音十二部。去、甫、古音五部。

二十二章

曲則全、枉則直、窪則盈、敝則新、盈新韻少則得、多則惑、是以聖人裒一為天下式、直得惑式韻不自見故明、不自是故彰、不自伐故有功、不自矜故長、明彰功長韻夫唯不爭、故天下莫能與之爭、古之所謂曲則全者、豈虛言哉、誠全而歸之、

△莊子天下篇、人皆求福、己獨曲全、郭象注委順至理則常全、故無所求福、福已足、曰苟免於咎、隨物、故物不得咎也、成玄英疏、咎、禍也、俗人愚迷、所為封執、但知求福、不能慮禍、惟大聖虛懷、委曲隨物、係會生道、且免災殃、以深為根、理根為太初之極、不可謂之淺也、以約為紀、去甚泰也。疏以深玄為德之本根、以儉約為行之綱紀、曰堅則毀矣、夫至順則雖金石無堅也、迕逆則雖水氣無耎也、至順則全、迕逆則毀、斯正理也、銳則挫矣、進躁無崖為銳、常寬容於物、各守其分、則自容有餘也、不削於人、全其性也。疏、退己謙和、故寬容於物、知足守分、故不侵削於人也、可謂至極、關尹老聃乎、古之博大真人

老子古說　上篇第二十二章

一二〇

哉、關尹老子、古之大聖、窮微極妙、冥真合道、教則浩蕩而容博、理則廣大而深玄、莊子無數、故有斯歎也、

△淮南子道應訓、晉公子重耳出亡、過曹、無禮焉、高誘注、曹共公聞重耳駢脅、使袒而捕魚、設薄以觀之、釐負羈之妻謂釐負羈曰、君無禮於晉公子、吾觀其從者、皆賢人也、從者狐偃趙衰之屬也、若以相夫子、反晉國、必伐曹、子何不先加德焉、釐負羈遺之壺餕而加璧焉、重耳受其餕而反其璧、及其反國、起師伐曹、克之、令三軍無入釐負羈之里、故老子曰、曲則全、枉則正、

△周禮考工記、築氏爲削、欲新而無窮、敝盡而無惡、

△揚子法言問道篇、或問、新敝、祕曰、問政教之陰殺、如衣之新敝、曰、新則襲之、敝則損益之、祕曰、政教之陰則因而襲之、敝則革而損益之、

△莊子人間世、天道不欲雜、雜則多、多則擾、擾則憂、憂而

不救、郭象注、若夫不得其人、則雖百醫守病、適足致疑、而不能一愈也、

△大戴禮記哀公問五義篇、是故知不務多、而務審其所知、行不務多、而務審其所由、言不務多、而務審其所謂、知既知之、行既由之、言既順之、若夫性命肌膚之不可易也、富貴不足以益、貧賤不足以損、若此則可謂士矣、

△易繫辭下、子曰、天下何思何慮、天下同歸而殊塗、一致而百慮、天下何思何慮、韓康伯注、夫少則得、多則惑、塗雖殊其歸則同、慮雖百其致不二、苟識其要、不在博求、一以貫之、不慮而盡矣、

△太公六韜文韜篇文王問太公曰、聖人何守、太公曰、何憂何嗇、萬物皆得、何嗇何憂、萬物皆遒、黃石公注、聖人無所憂慮吝嗇、而萬民自得所自聚集、政之所施、莫知其化、時之所在、莫知其移、

聖人守此、而萬物化、何窮之有、終而復始、優而游之、長轉求之、求而得之、不可不藏、既以藏之、不可不行、既以行之、如復明之、不自表著其功也　夫天地不自明、故能長生、聖人不自明、故能名彰、

△淮南子道應訓、趙簡子死、未葬、中牟入齊、高誘注、中牟自入直於齊也、已葬五日、襄子起兵攻圍之、未合而城自壞者十丈、襄子擊金而退之、軍法、鼓以進衆、鉦以退之、軍吏諫曰、君誅中牟之罪、而城自壞、是天助我、何故去之、襄子曰、吾聞之叔向曰、君子不乘人於利、不迫人於險、使之治城、城治而後攻之、中牟聞其義、乃請降、故老子曰、夫唯不爭、故天下莫能與之爭、

△魏劉劭人物志釋爭篇、老子曰、夫惟不爭、故天下莫能

與之爭、涼劉昞注、以謙讓為務者、所往而無爭、是故君子以爭途之不可由也、由於爭途者、必覆輪而致禍、是以越俗乘高、獨行於三等之上、何謂三等、大無功而自矜、一等、望塵自矜、故為下等也、有功而伐之、二等、自伐其能、故為中等、功大而不伐、三等、推功於物、故為上等、愚而好勝、一等、不自量度、故為下等、賢而尚人、二等、自美其能、故為中等、賢而能讓、三等、歸善於物、故為上等、纔己急人、一等、性不恕人、故為下等、急己急人、二等、論虔峭刻、故為中等、急己寬人、三等、讓身恕物、故為上等、

箋曰、直、得、惑、式、古音在一部。益、新、合韻。明、彰、長、古音十部。功、以第九部合韵十部。又見東方朔七諫沈江章

二十三章

希言自然、故飄風不終朝、驟雨不終日、孰爲此者、天地、天地尚不能久、而況於人乎、故從事於道者、同於道、篆曰依淮南子得者同於得、失者同於失、同於道者、道亦樂得之、同於得者、得亦樂得之、同於失者、失亦樂得之、信不足焉、有不信焉、

△揚雄太玄賦、若飄風不終朝兮、驟雨不終日、雷隱隱而飄息兮、火猶熾而速滅、自夫物有盛衰兮、況人事之所極、

△子華子執中篇、朱明長贏、不能盡其所以爲溫也、必隨之以揫斂之氣而爲秋、玄武沍陰、不能盡其所以寒也、必隨之以敷榮之氣而爲春、孰爲此者天也、天且不可

以盡而況於人乎、

△淮南子道應訓、大司馬捶鉤者、年八十矣、而不失鉤芒、高誘注、捶鍛鍛擊也、鉤、釣鉤也、大司馬曰、子巧耶、有道耶、曰臣有守也、臣年二十好捶鉤、於物無視也、非鉤無察也、是以用之者必假於弗用也、而以長得其用、而況持無不用者乎、物孰不濟焉、故老子曰、從事於道者同於道、

△易繫辭上、擬之而後言、議之而後動、擬議以成其變化、鳴鶴在陰、其子和之、我有好爵、吾與爾靡之、韓康伯注、鳴鶴則子和、脩誠則物應、我有好爵、與物散之、物亦以善應也、明擬議之道、繼以斯義者、誠以吉凶失得存乎所動、同乎道者、道亦得之、同乎失者、失亦違之、莫不以同相順、以類相應、

二十四章

跂者不立、案曰、依河上公本、及莊子庚桑楚篇郭象注、作跂、跨者不行、自見者不明、自是者不彰、自伐者無功、自矜者不長、其在道也、曰餘食贅行、行明彰功長行韻物或惡之、故有道者不處、惡處韻

△大戴禮記保傅篇、立◎而不跂◎

△莊子庚桑楚篇、券外者志乎期費、郭象注、券分也、有益無益、明欲損己以為物也、志乎期費者、唯◎賈人也、雖己所無、猶借彼而販賈也、人見其跂、猶之魁然、夫期費者、人已見其跂矣、而猶自以為安、◦魁、安也、一云主也、與物窮者、物入焉、窮謂終始、與物且者、其身之不能容、焉能容人、且、謂券外而跂者、跂◎都◎把◎地◎、焉能自容、不能自容、焉能容人、人不獲容則去也、◦且、始也、不能容人者無親、無親者盡人、身且不能容、則雖已非已、況能有親乎、故盡是他人、

△逸周書武紀篇、恃名不久、恃地◎不立、

△莊子山木篇、昔吾聞之大成之人曰、自伐者無功、功成者墮、名成者虧、郭象注、恃功名以為己成者、未之嘗全、孰能去功與名、而還與衆人、功自衆成、故還之、道、流而不明、昧然而自行耳、居得行、而不名處、彼皆居然自得此行耳、非由名而後處之、純純常常、乃比於狂、無心而動故也、削迹捐勢、不為功名、功自彼成、故勢不在我而名迹皆去、是故無責於人、人亦無責焉、恣情任彼、故彼各自當其責也、

△黃帝內經素問、寶命全形論云、故鍼有懸、布天下者五、黔首共餘食、莫知之也、王冰注、言鍼之道、有若高懸示人、彰布於天下者五矣、而百姓共知餘食、咸棄蔑之、不務於本、而崇乎末、莫知真要深在其中、

篆曰、行明、彰、長、行古音在十部。功、以第九部合韵十部。惡、處、古音五部。

一三八

二十五章

有物混成、先天地生、（成生韻）寂兮寥兮、獨立不改、周行而不殆、可以為天下母、（改殆母韻）吾不知其名、字之曰道、強為之名曰大、大曰逝、（大逝韻）逝曰遠、遠曰反、故道大天大地大人亦大、域中有四大、而王居其一焉、人法地、地法天、（一天韻）天法道、道法自然、（遠反然韻）

△管子曰、四時為、道生天地、

△莊子大宗師、夫道、自本自根、未有天地、自古以固存、生天生地、先天地生而不為久、

△莊子知北遊、有先天地生者物耶、物物者非物、物出不得先物也、猶其有物也、猶其有物也無已、郭象注、誰得先物者乎哉、吾以陰陽為先物、而陰陽者即所謂物耳、誰又先陰陽者乎、吾以自然為先之、而自然即物之自爾耳、吾以至

上篇第二十五章　一三九

道爲先之矣、而至道者乃至無也、既以無矣、又要爲先、
然則先物者誰乎哉、而猶有物無已、明物之自然、非有
使然也、○有先、悉聖人之愛人也終無已者亦乃取於
薦反、下及注同、取於自爾、故恩流
是者也、百代而不廢也

△淮南子原道訓、夫道者、覆天載地、廓四方、柝八極、高不
可際、深不可測、包裹天地、稟授無形、

△後漢王阜嚴可均全後漢文云、後漢滇王傳作追、字世公、老子聖母碑云、老子
者道也、乃生于無形之先、起于太初之前、行于太素之
玄、浮游六虛、出入幽冥、觀混合之未別、窺清濁之未分、
一御覽一

△莊子大宗師、朝徹而後能見獨、成玄英疏、夫至道凝然、
妙絶言象、非無非有、不古不今、獨往獨來、絶待絶對、觀
斯勝境、謂之見獨、故老經云、寂寥而不改、

△阮籍通老論云、聖人明于天人之理、達于自然之分、通于治化之體、審于大慎之訓、故君臣垂拱、完太素之樸、百姓熙怡、保性命之和一御覽。又云、道者法自然而為化、侯王能守之、萬物將自化、易謂之太極、春秋謂之元、老子謂之道◎、一御覽○又云、三皇依道、五帝伏德、三王施仁、五霸行義、強國任智、蓋優劣之異、薄厚之降也、御覽七十七

△魏何晏无◎名◎論云、為民所譽、則有名者也、无譽、无名者也、若夫聖人、名无名、譽无譽、謂无名為道、无譽為大、則夫无名者可以言有名矣、无譽者可以言有譽矣、然與夫可譽可名者、豈同用哉、此比于无所有、故皆有所有矣、而于有所有之中、當與无所有相從、而與夫有所有

者不同同類无遠而相應異類无近而不相違譬如陰中之陽陽中之陰各以物類自相求從夏日爲陽而夕夜遠與冬日共爲陰冬日爲陰而朝晝遠與夏日同爲陽皆異于近而同于遠也詳此異同而後无名之論可知矣凡所以至于此者何哉夫道者惟无所有者也自天地已來皆有所有矣然猶謂之道者以其能復用无所有也故雖處有名之域而沒其无名之象由以在陽之遠體而忘其自有陰之遠類也夏侯玄曰天地以自然運聖人以自然用自然者道也道本无名故老氏曰彊爲之名仲尼稱堯蕩蕩无能名焉下云巍巍成功則彊爲之名取世所知而稱耳豈有名而更當云无能名焉者邪夫惟无名故可得徧以天下之名名之然豈其

名也者曰此足前而終莫悟、是觀泰山崇崛、而謂元氣

不浩茫者也、（列子仲尼篇注）

△抱朴子（隋忘道家、篆按篇　洪但能得服食家）道意篇云、道者涵乾、括坤、其

本、無◎名◎、論其無、則影響猶為有焉、論其有、則萬物猶為

無焉、隸首不能計其多少、離朱不能察其髣髴、吳札晉

野竭聰不能尋其音聲乎窈冥之內、狷狶捞猗、淚走不

能逐其兆朕乎宇宙之外、以言乎邇、則周流秋毫而有

餘焉、以言乎遠、則彌綸太虛而不足焉、為聲之聲、為響

之響、為形之形、為影之影、方者得之而靜、圓者得之而

動、降者得之而俯、昇者得之以仰、強◎名◎為◎道◎、已失其真、

況乃復千割百判、億分萬析、使其姓號至於無垠、去道

遼遼、不亦遠哉、

△

莊子則陽篇、少知曰、然則謂之道足乎、成玄英疏、以道為名、名道於理、謂不足乎、欲明至道無名、故發斯聞、太公調曰、不然、今計物之數不止於萬、而期曰萬物者、以數之多者號而讀之也、郭象注、夫有數之物、猶不止於萬、況無數之數、謂道而足耶、○疏、期限也、號語也、夫有形之物、物乃無窮、今世人語之、限曰萬物者、此舉其大經為言也、亦猶虛道妙理、本自無名、據其功用、強名為道、名於理未足也、是故天地者、形之大者也、陰陽者氣之大者也、道者為之公、物得以通、通物無私、而強字之曰道、○疏、天覆地載、陰陽生育、故形氣之中最大者也、天道能通萬物、亭毒蒼生、施化無私、故謂之公也、因其大以號而讀之則可也、所謂道可道也、○疏、大通有物、生化羣品、語其始末、實曰無名、因其功號、讀亦可也、已有之矣、乃將得比哉、名已有矣、故乃將無可得而比耶、○疏、因其功用、已有道名、不得將此有名比於無名之理、以斯比擬、去之遠遼、則若以斯辯、譬猶狗馬、其不及遠矣、今名之辯、無不[redacted]遠矣、故謂道猶未足也、[redacted]在乎無名無言之域、而後至焉、雖有名、故莫之比也、○疏、夫猶以狗馬二獸語而相比者、非直大小有殊、亦乃貴賤斯

别也、今以有名之道比無名之理者、非直類妙不同、亦深遠斯異、故不及遠也、

△莊子天地篇、不同同之之謂大◎、郭象注、萬物萬形、各止其分、不引彼以同我、乃成大耳、◎疏、夫彫刻眾形、而性情各異、率其素分、飲食自然、任而不割、故謂之大也、

△禮記中庸曰、小悳川流、大悳敦化、此天◎地◎之所以為大◎也、

△淮南子道應訓、甯越欲干齊桓公、困窮無以自達、於是為商旅將任車、高誘注、任載也、詩曰我任我輦、以商於齊、暮宿於郭門之外、桓公郊迎客、夜開門、辟任車、爝火甚盛、爝、炬火也、從者甚眾、甯越飯牛車下、望見桓公而悲、擊牛角而疾商歌、桓公聞之、撫其僕之手曰、異哉、歌者非常人也、命後車載之、桓公及至從者以請、桓公贛之衣冠而見、說以為天下、桓公大說、將任之、羣臣爭之曰、客衛人也、衛之去

齊不遠、君不若使人問之、問之而故賢者也、用之未晚、
桓公曰、不然、問之患其有小惡也、以人之小惡而忘人
之大美、此人主之所以失天下之士也、凡聽必有驗、一
聽而弗復問、合其所以也、合己聽知之意所以用之、且人固難合也、
篆按合缺應作全權而用其長者而已矣、當是舉也、桓公得之
矣、故老子曰、天大地大道大王亦大域中有四大而王
處其一焉、以言其能包裹之也、

△莊子天道篇、天不產而萬物化、地不長而萬物育、帝王
無為而天下功成、故曰莫神于天、莫富于地、莫大于帝
王、故曰帝王之德配天地、此乘天地、馳萬物、而用人羣
之道也、○又云、夫天地者、古之所大也、而黃帝堯舜之
所共美也、故古之王天下者奚為哉、天地而已矣、

△莊子在宥篇、不明於天者、不純於德、郭象注、不明自然、則有為、有為而撓
也、不純不通於道者、無自而可、不能虛已以待物、則事事失會、不明於道
者悲夫、何謂道、有天道、有人道、無為而尊者、天道也、[illegible]
而任萬物之自為也。有為而累者、人道也、以有為為累者。不能率其自德也。
△莊子庚桑楚篇、庚桑子曰、夫春氣發而百草生、正得秋
而萬寶成、夫春與秋、豈無得而然哉、天道已行矣、郭象注
春秋生成、皆得自然之道、故不為也、
△逸禮三正記曰、質法天、文法地、張惠言說卦坤為文注、
△逸周書武順篇、天道尚左、日月西移、陽趨于陰、地道尚右、水
道東流、陰趨于陽、人道尚中、耳目役心、耳目為心所役也、心有四佐、
不和曰發、四佐、脾腎肺肝也、不發、發疾也、地有五行、不通曰惡、水木火土金不
生則氣化絕、相勝則功用匱、天有四時、不時曰凶、凶災也、春秋傳曰、天反時為災、天

道曰祥、祥、象也、天事恒象、地道曰義、義、宜也、高卑燦陳、各有宜也、人道曰禮、知祥則壽、人知天之無為則壽、知義則立、知禮則行、禮義順祥曰吉。

△逸周書周祝解、天為蓋、地為軫、善用道者終無盡。地為軫、天為蓋、善用道者終無害。天地之間有滄熱、善用道者終不竭。朱右曾注、天覆地載、君臣之職、其道則健順、勤害為也、滄熱、滄猶寒熱也、孔曰滄寒、竭、盡也、○滄音創、陳彼五行必有勝、天之所覆盡可稱、故萬物之所生也、性於從、萬物之所及也、性於同、故惡姑幽、惡姑明、惡姑陰陽、惡姑短長、惡姑柔剛、五行以生為體、以勝為用、萬物生成、皆五行之妙用、悉可消息而尋繹也、從、順也、飛潛動植、各具一性、而原始要終、莫非氣化之自然、川流迹淡、敦化則同、故幽明、陰陽、短長、柔剛、執一而言者、不知道者也、孔曰、姑、且也、言幽明之相代、陰陽之變易、短長之相形、剛柔之相生、無始無終之道也、故海之大也、而魚何為可得、山之深也、

虎豹貔貅何為可服、人智之邃也、奚為可測、跂動嘰息、

而奚為可牧、玉石之堅也、奚為可刻、陰陽之號也、孰使

之牝牡之合也、孰交之、君子不發、福不來、凡此皆自然之理、君子之

為跂亦因其自然者而已、爾雅曰、貔白狐、注云、一名執

奚、陸璣云、似虎、或云似熊、遼東人謂之白羆、貅亦鷙獸、

一名貔、邃深也、跂舉踵也、嘰氣出之聲、息喘也、牧、敬、

刻、雕琢也、陰陽之號、若風雷之聲、口嘰、許猿反、文選注

引作跂行喙息、故忌而不得是生事、故欲而不得是生詐、欲伐

而不得生斧柯、欲鳥而不得生網羅、欲被天下、是生為、

此言生民有欲、故下多故也、為取也、天維被幽心是生包、維被文心是生謀、

維、維被忌心是生勝、此所謂為也、孔曰、包、謂包藏陰謀、雖、謂雄桀子人也、勝、謂勝所忌、

哉天為高、地為下、察汝躬奚為喜怒、天為高、地為久、察

被萬物名於始、有名有、有名有、視彼萬物數為紀、天下之亂、

皆生於不安分、分生于名、循其名而察之、則天高地下

固其所也、奚為喜怒樂、是故名以名者非人也、物始而

上篇第二十五章

名始矣、以名立紀者亦非人也、名定而分定、分定而紀立矣紀之行也、利而無方、行而無止、以觀人情利有等、維彼大道成而弗敗、人情無不嗜利、聖人制其等、天子一圻、列國一同、卿大夫采不過百乘、士農工商各有差等、其宮室車旗衣服器用、閎不明章別盛、蓋欲其以道制欲、故其紀一成而弗改也、用彼大道、知其趣、加諸事則萬物服、用其則必有章、加諸物則為之君、舉其脩則有理、加諸物則為天下、孔曰、大道、天道也、趣、中也、事、業也、愚謂則者、道之表也、王念孫曰、脩與條通、條必有理、故曰舉其條則有理、

叢曰、成、生、古音在十一部。敗、殆、毋、古音一部。道、以三部合韵一部。大、逝、古音十五部。遠、反、然、古音十四部。一、天、古音十二部。

二十六章

重為輕根、靜為趮君、韻根君是以聖人終日行不離輜重、雖

有榮觀燕處超然、韻觀然奈何萬乘之主、而以身輕天下主下

韻輕則失本、趮則失君、韻本君

△韓非子喻老云、制在己曰重、不離位曰靜、重則能使輕、

靜則能使趮、故曰重為輕根、靜為趮君、故曰君子終日

行不離輜重也、邦者、人君之輜重也、主父生傳其邦、此

離其輜重者也、故雖有代雲中之樂、超然已無趙矣、主

父萬乘之主、而以身輕於天下、無勢之謂輕、離位之謂

趮、是以生幽而死、故曰輕則失本、趮則失君、主父之謂

也、

△莊子天道篇、一心定而萬物服、成玄英疏、一心凝寂、有

類死灰、而靜◎為◎躁◎君◎、故萬物歸服、

△周易恒卦上六、振恒凶、象曰、振恒在上、大无功也、王弼注、夫靜◎為◎躁◎君◎、安為動主、故安者上之所處也、靜者可久之道也、處卦之上、居動之極、以此為恒、无施而得也、

△莊子徐無鬼篇、武侯超◎然◎不對、司馬彪云、超然、猶悵然也、

△襄十八年左傳、社稷之主、不可以輕、輕◎則◎失◎眾◎、

△莊子人間世、尅核太至、則必有不肖之心應之、成玄英疏、夫尅切責核、逼迫太甚、則不善之心、欻然自應、情事相感、物理自然、是知躁◎則◎失◎衰◎、覺則得眾也、

篆曰、根、君、本、君、古音在十三部。觀、然、古音在十四部。文、下、四五部合韻。

二十七章

善行無轍迹、善言無瑕讁、善數不用籌策、善閉無關楗而不可開、善結無繩約而不可解。迹讁策解韵 是以聖人常善救人、故無棄人、常善救物故無棄物、是謂襲明。故善人者不善人之師、不善人者善人之資、不貴其師、不愛其資、雖智大迷、是謂要眇。棄物師資迷眇韵

△韓非子喩老云、周有玉版、紂令膠鬲索之、文王不予、費仲來求因予之、是膠鬲賢而費仲無道也、周惡賢者之得志也、故予費仲、文王擧太公於渭濱者貴之也、而資費仲玉版者是愛之也、故曰不貴其師、不愛其資、雖知大迷、是謂要妙、

△淮南子道應訓、秦皇帝得天下恐不能守、發邊戍築長

城、修關梁、設障塞、具傳車、置邊吏、然劉氏奪之、若轉閉錘、高誘注、閉錘、格也、上之錘所以綸薄厚皮纏之易　昔武王伐紂、破之牧野、乃紂死、箕子亡之朝鮮、舊居空、故封比干之墓、表商容之閭、柴箕子之門、柴護之也。遠吉按柴護之者、設軍士護之也、柴即俗寨字、朝成湯之廟、發鉅橋之粟、散鹿臺之錢、破鼓折枹、弛弓絕絃、去舍露宿、以示平易、解劍帶笏、以示無仇、於此天下歌謠而樂之、諸侯執幣相朝、三十四世不奪、故老子曰、善閉者無關鍵而不可開也、善結者無繩約而不可解也、

△莊子駢拇篇、待繩約膠漆而固者、是侵其德者也、

△莊子徐无鬼篇、管仲曰、隰朋愧不若黃帝、而哀不己若者、郭象注、故無棄人、

△文子自然篇、故聖人舉事、未嘗不因其資而用之也、有

一功者處一位、有一能者服一事、力勝其任、即舉者不重也、能稱其事、即爲者不難也、聖人兼而用之、故人無棄人、物無棄材。

△淮南子道應訓、昔者公孫龍在趙之時、謂弟子曰、人而無能者、龍不能與游、有客衣褐帶索而見曰、臣能呼、公孫龍顧謂弟子曰、門下故有能呼者乎、對曰、無有、公孫龍曰、與之弟子之籍、後數日、往說燕王、至於河上、而航在一汜、高誘注、汜、水涯也、使善呼者呼之、一呼而航來、故曰、聖人之處世、不逆有伎能之士、故老子曰、人無棄人、物無棄物、是謂襲明。

△梁元帝金樓子立言篇云、夫石田不生五穀、構山不游麋鹿、何哉、以其無所因也、故龍藉風而飛、龜由火而兆、

有其資焉、常善利物、無棄人也、當賓不可以傲賓、賢明不可以輕暗、夷吾後而鮑叔慶、其性不同也、張堞潔而陳遵污、其行不齊也、然而終能相善者、蓋無棄人之謂也。又云、菁茅薪草也、書尊其貴、王雎野鳥也、詩重其辭、羊雁賤畜也、禮見其質、蔡蔡鄰木也、易以定刑、所謂常善救物、故無棄財、而況人身、取人識如是也、

△說苑君道篇、燕昭王問於郭隗曰、寡人地狹人寡、齊人削取八城、匈奴驅馳樓煩之下、以孤之不肖、得承宗廟、恐危社稷、存之有道乎、郭隗曰、有、然恐王之不能用也、昭王避席、願請聞之、郭隗曰、帝者之臣、其名臣也、其實師也、王者之臣、其名臣也、其實友也、霸者之臣、其名臣也、其實賓也、危國之臣、其名臣也、其實虜也、今王將東

面目指氣使以求臣則廝役之材至矣南面聽朝不失揖讓之禮以求臣則人臣之材至矣西面等禮相亢下之以色不乘勢以求臣則朋友之材至矣北面拘指逡巡而退以求臣則師傅之材至矣如此則上可以王下可以霸唯王擇焉燕王曰寡人願學而無師郭隗曰王誠欲興道隗請為天下之士開路於是燕王常置郭隗上坐南面居三年蘇子聞之從周歸燕鄒衍聞之從齊歸燕樂毅聞之從趙歸燕屈景聞之從楚歸燕四子畢至果以弱燕并彊齊夫燕齊非均權敵戰之國也所以然者四子之力也詩曰濟濟多士文王以寧此之謂也

○又云楚莊王既服鄭伯敗晉師將軍子重三言而不當莊王歸過申侯之邑申侯進飯日中而王不食申侯

請罪、莊王喟然嘆曰、吾聞之、其君賢者也、而又有師者王、其君中君也、而又有師者霸、其君下君也、而群臣又莫若君者亡、今我下君也、而群臣又莫若、不穀、不穀恐亡、且世不絶聖、國不絶賢、天下有賢、而我獨不得、若吾生者、何以食爲、故戰服大國、義從諸侯、戚然憂恐、聖知不在乎身、自惜不肖、思得賢佐、日中忘飯、可謂明君矣、

△淮南子道應訓、楚將子發、好求技道之士、逵吉按太平御覽此下有注云、士有術者無不養、楚有善爲偷者、往見曰、聞君求技道之士、臣偷也、逵吉按太平御覽作臣楚市偷也、願以技齎一卒、逵吉按太平御覽作技該一卒、注、該備也、卒、一人、子發聞之、衣不給帶、冠不暇正、出見而禮之、左右諫曰、偷者天下之盜也、何爲之禮、君曰、此非左右之所得與、後無幾何、齊興兵伐楚、子發將師以當之、

兵三部、楚賢良大夫皆盡其計而悉其誠、齊師愈強、於是市偷進請曰、臣有薄技、願為君行之、子發曰、諾、不問其辭而遣之、偷則夜解齊將軍之幬帳而獻之、遠吉按太平御覽作偷則夜出子發因使人歸之、曰、卒有出薪者、得將軍之帷、使歸之於執事、明又復往、取其枕、遠吉按太平御覽作明久無文字下明日今日、皆作久子發又使人歸之、明日又復往、取其簪、子發又使歸之、齊師聞之、遠吉按太平御覽作於是齊師聞之大駭、將軍與軍吏謀曰、今日不去、楚君恐取吾頭、乃還師而去、故曰、無細而能薄、遠吉按太平御覽作故技無細薄在人君用之耳、故老子曰、不◎善◎人◎善◎人◎之◎資◎也、

△尹文子、大道治者、則名法儒墨自廢、以名法儒墨治者、則不得離道、老子曰、道者萬物之奧、善人之寶、不善人

之所係，是道治者謂之善人，藉名法儒墨治者謂之不善人。善人與不善人，名分自離，不待審察而得也。又云，道行於世，則貧賤者不怨富貴，富貴者不驕，愚弱者不懾，智勇者不陵，定於分也。法行於世，則貧賤者不敢怨富貴，富貴者不敢陵貧賤，愚弱者不敢冀智勇，智勇者不敢鄙愚弱。此法之不及道也。

篆曰，老子本經第二章云，天下皆知善之為善，斯不善已。然則不善二字應以天下皆知善之為善詮解。夫儒墨名法皆出於道，而皆得道家之一端，不能混道家之大體。此蓋本章所謂不善人歟。試以論語證之，子謂韶盡美矣，又盡善也。謂武盡美矣，未盡善也。本章所說善人，即盡美又盡善之義。所說不善人，即

盡美未盡善之義。且老子謂不善人能保道。則非指

惡人可知。莊子所謂盜亦有道、假係譜論、並非莊語。韓非子謂賁仲、淮南

子謂偷者、其說皆局於一偏、似應以此文予之說為

長。

篆同、迹、讁、十六部。曹聲字在策、解、古音在十六部。橐、物、師、賀、

迷、古音十五部。眇、迷、協韻。劉師培云、以眇協迷、則以眇靡非雙聲、謂眇若靡、猶蛾

眉、蛾、媌之通轉也。

二十八章

知其雄、守其雌、為天下谿、為天下谿、常悳不離、復歸於嬰兒、雌谿離兒韻　知其白、守其黷、為天下谷、為天下谷、常悳乃足、復歸於樸、黷谷足樸韻。纂曰、辱黷同字、廣雅釋詁、辱、汙也、儀禮士昏禮、今吾子辱、鄭注、以白造緇曰辱、本經四十一章、傅奕本大白若黷、莊子天下篇知其白、守其辱、纂敢斷定此章、守其黑、為天下式、為天下式、常德不忒、復歸於無極、知其榮、二十三字、為後人所加、黷字、廣韻注黑、垢、玉篇注垢、黑、是以本經云受國之垢、天下篇云受天下之垢、且本章及他書皆谿谷連文、內羼入為天下式句、則不類、嬰兒與樸、皆實質、內羼入復歸於無極句、則不稱、吾求其致譏之故、蓋因古作辱、今作黷、傳寫者分而為黑辱二字、儳入乃師心自用、以為白黑對待、榮辱對待、妄增此二十三字矣、

樸散則為器、聖人因之則為官長、故大制無割、器制割韻。纂曰、因字無字、依王弼注文、

△莊子天下篇、老聃曰、知其雄◎、守其雌◎、為天下谿◎、知其白◎、守其辱◎、為天下谷◎、郭象注、物各自守其分、則靜默而已、無雄白也、夫雄白者、非尚勝自顯者

老子古說　上篇第二十八章　一五一

耶、尚勝自顯、其非遂知過分以殆其生耶、故古人不隨
無崖之知守其分內而已、故其性全、其性全然後能及
天下、能及天下然、
後歸之、如谿谷也、
人皆取先、己獨取後
不與萬物爭鋒、
然後天下樂推
而不厭、故後其身○疏、俗人皆尚勝趨先、大聖
獨謙卑處後、故道經云、後其身而身先、故也、
曰受天下之坿、
雌辱後下之類、皆物之所謂坿、○疏、
退身居後、推物在先、斯愛坿辱之者、

△淮南子道應訓、趙簡子以襄子為後、董閼于曰、無邮賤、
今以為後、何也、
高誘注、董閼于、趙氏臣、無邮
襄子之名、簡子之庶子也、
簡子曰、是
為人也、能為社稷忍羞、
襄子能柔、
能忍恥也、
異日知伯與襄子飲、
而批襄子之首、大夫請殺之、襄子曰、先君之立我也、曰
能為社稷忍羞、豈曰能刺人哉、處十月、知伯圍襄子於
晉陽、襄子疏隊而擊之、
疏、分也、隊、卒二百人為
一隊、分斯隊卒擊之、
大敗知
伯、破其首以為飲器、
飲、溺器、椑榼也、○逵吉按左傳行
人執榼承飲造于子重、褚少孫補
大宛傳曰、飲器、韋昭說飲器椑榼也、
皆為酒器、非溺器也、疑此酒字譌溺、
故老子曰、知其雄、

一二一

守其雌、其為天下谿、

△莊子馬蹄篇、夫至德之世、同乎无知、其德不離、郭象注、知則離道以善也、同乎无欲、是謂素樸、欲則離性以飾也、

△淮南子道應訓、文王砥德修政三年、而天下二垂歸之、高誘注、砥、厲也、三分天下有其二、文王 紂聞而患之、曰、余夙興夜寐與之競行、則苦心勞形、縱而置之、恐伐余一人、崇侯虎曰、周伯昌行仁義而善謀、太子發勇敢而不疑、中子旦恭儉而知時、若與之從、則不堪其殃、縱而赦之、身必危亡、冠雖弊、必加於頭、及未成、請圖之、屈商乃拘文王於羑里、屈商、紂臣也、羑里、地名、在河内湯陰、於是散宜生乃以千金求天下之珍怪、得騶虞雞斯之乘、騶虞、白虎黑文而仁、食自死之獸、日行千里、雞斯、神馬也、玄玉百工、三玉為一工也、大貝百朋、五貝為一朋也、玄豹黃羆青豻、豻、胡地野犬、

[illegible] 上篇第二十八章 一五二

白虎文皮千合、以獻於紂、因費仲而通、費仲、紂佞臣也、紂見而說之、乃免其身、殺牛而賜之、文王歸、乃為玉門、築靈臺、相女童、擊鐘鼓、玉門、以玉飾門、為柱樞也、相女童、相視之、一曰相匠也、以待紂之失也、紂聞之、曰、周伯昌改道易行、吾無憂矣、乃為炮烙、剖比干、剔孕婦、殺諫者、文王乃遂其謀、故老子曰、知其榮、篆曰、應作白、後人改為榮、守其辱、為天下谷、

△逸周書佚文、既彫既琢、還歸其樸、韓非子外儲說左上

△莊子山木篇、北宮奢曰、既雕既琢、復歸於朴、郭象注、還用其本性也、侗乎其無識、任其純朴而已、儻乎其怠疑、無所趣也、萃乎芒乎、其送往而迎來、無所欣說、來者勿禁、往者勿止、任彼也、

△莊子應帝王、列子彫琢復朴、郭象注、去華取實

△淮南子原道訓、已彫已琢、還反於樸、

△文子下德篇、雷霆之聲、可以鐘鼓象也、風雨之變、可以音律知也、大可睹者可得而量也、明可見者可得而蔽也、聲可聞者可得而調也、色可察者可得而別也、舊註以在際限内之夫至大、天地不能函也、至微、神明不能領也、舊註謂太古之時道體混茫德用機竅也及至建律歷、別五色、異清濁、味甘苦、即樸散而為器矣。舊註將有五色之雜、六律之差、遂立仁義、散混茫之中各周器域之用也、修禮樂、即德遷而為偽矣舊註自得為德、今因物修非偽何也德民飾智以驚愚、設詐以攻上、天下有能持之、而未能有治之者也、舊註言雖能持之未能有沒矣夫智能彌多、而德滋衰、是以至人淳樸而不散纘義聖人剖大樸、法天地、觀象以制器、若雷霆之于鐘鼓。風雨之于音律。皆得象而為之至若天地之大、神明之微則有所不能盡究也、惟至人淳樸不散而可以為萬世之師。

△莊子馬蹄篇、夫殘樸以為器、工匠之罪也、毀道德以為

上篇第二十八章

仁義、聖◎人◎之過也、郭象注工匠則有規矩之制、聖人則有可尚之迹

△莊子繕性篇、德又下衰、及唐虞始為天下、興治化之流、澆淳散◎朴◎、

△莊子天運篇、以物為量、郭象注、大◎制◎不◎割◎

篆曰、雌、段玉裁六書音均表云、雌、本音在第十五部、詩小弁合韵伎枝知字、為此聲字入十六部

之始谿、離、段玉裁云、離、古音在第十七部、屈賦少司
矣、命合韵知字、老子第十章載營魄抱一能
無離采、合兒流為雌知韵、又常德不兒、古音在十六
離、合雌、谿、兒韵離字入支韻蓋久矣、
部。騱、谷、足、樸、古音三部。器、制、割、古音十五部。

二十九章

將欲取天下而爲之、吾見其不得已、韻之已 天下神器、不可爲也、爲者敗之、執者失之、韻器敗 凡物或行或隨、或噤或吹、或彊或羸、或培或隳、隳俗作 是以聖人去甚去奢去泰、韻隨吹羸隳

△太公六韜順啓篇、文王問太公曰、何如而可以爲天下、太公曰、大蓋天下、然後能容天下、信蓋天下、然後能約天下、仁蓋天下、然後能懷天下、恩蓋天下、然後能保天下、權蓋天下、然後能不失天下、事而不疑、則天運不能移、時變不能遷、此六者備、然後可以爲天下政、故利天下者天下啓之、害天下者天下閉之、生天下者天下德之、殺天下者天下賊之、徹天下者天下通之、窮天下者

天下仇之、安天下者天下恃之、危天下者天下災之、天下者非一人之天下、惟有道者處之、

△莊子人間世、一宅而寓於不得已、郭象注、不得已者、理之必然者也、體至一之宅、而會乎必然之符者也、○又云、託不得已以養中、至矣、郭象注、任理之必然者、中庸之符全矣、斯接物之至者也、

△莊子大宗師、古之真人、崔乎其不得已乎、郭象注、動靜行止、常居必然之極、○崔、動貌、成玄英疏、崔、動也、已、止也、真人凝寂、應物無方、迫而後動、非關先唱、故不得已而應之者也、○又云、以知為時、知者自時動、非我唱之、以知為時者、不得已於事也、夫高下相受、不可逆之流也、小大相羣、不得已之勢也、曠然無情、羣知之府也、承百流之會、居師人之極者、奚為哉、任時世之知、委必然之事、付之天下而已、

△莊子在宥篇、故君子不得已而臨莅天下、莫若無為、無為也、而後安其性命之情、郭象注、無為者、非拱默之謂也、直各任其自為、則性命安

矣、不得已者、非迫於威刑也、直抱道懷朴、任乎必然之極、而天下自安也、

△莊子刻意篇、聖人感而後應、郭象注無所唱也、迫而後動、會至乃動、不得已而後起、任理而起、吾不得已也、成玄英疏、已止也、機感逼至、事不得止、而後起應、非預謀也、

△莊子庚桑楚篇、性之動謂之為、郭象注、以性自動、故稱為耳、此乃真為、非有為也、動以不得已之謂德、若得已而動、則為彊動者、所以先也、欲靜則平氣、欲神則順心、有為也欲當、則緣於不得已、不得已之類、聖人之道、平氣則靜理足、順心則神功至、緣於不得已、則所為皆當、故聖人以斯為道、豈求無為於恍惚之外哉、

△莊子徐无鬼篇、是以神人惡眾至、眾至則不比、不比則不利也、郭象注、明舜之所以有天下、蓋出於不得已耳、豈比而利之、

老子攷[illegible]　上篇第二十九章　一五五

△莊子駢拇篇、郭象注、自三代以上、實有無爲之迹、無爲之迹、亦有爲㊀者之所尚也、尚之則失其自然之素、故雖聖人有不㊀得㊁已㊂、或以槃夷之事、成玄英疏、槃夷、猶創傷也、易垂拱之性、言夏禹以風櫛雨沐、手足胼胝、以此辛昔之稟、易於無爲之業、而流悠悠者哉、既爾、居上下民亦然也、

△淮南子原道訓、越王翳、高誘注、翳、越太子也、逃山穴、越人熏而出之、遂不㊀得㊁已㊂

▲、楊子法言問道篇、或問天、曰、吾於天歟、見無㊀爲㊁之爲矣、咸曰、謂不言而四時行、萬物生、或問、彫刻衆形者匪天歟、秘曰、莊子曰、彫刻衆形而不爲巧、曰、以其不彫刻也、如物刻而彫之、焉得力而給諸、咸曰、言萬國業紛錯、持之自然、一一而刻之、何力能給、○光曰、所以有爲者、救時之失耳、時不失道、又何爲哉、或問、無爲、曰、奚爲哉、而應已、批在昔虞夏襲堯之爵、行堯

之道、法度彰、禮樂著、垂拱而視天下民之阜也、成曰、阜、盛也、當也、無為矣、秘曰、阜、厚也、垂衣拱手、視天民之厚盛、何為哉、紹桀之後、纂紂之餘、法度廢、禮樂虧、安坐而視天下民之死、無為乎、紹桀者、成湯也、纂紂者、周武也、當此之時、湯武不可得安坐視天下民之死而欲無為也、所謂可則因、否則革矣、應變順時、故迹不同、致理而言、皆非為也、○秘曰、湯武革命、應天順人、自然有為之時、

△莊子天地篇、天下無道、則修德就閒、郭象注、雖湯武之事、苟順天應人、未為不閒也、故無為而無不為者、非不閒也、

△莊子繕性篇、逮德下衰、郭象注、夫德之所以下衰者、由聖人不繼世、則在上者不能無為、而羨無為之迹、故致斯弊也、及燧人伏戲、始為天下、是故順而不一、世已失一、或不可解、故釋而不推、順之而已、德又下衰、及神農黃帝、始為天下、是故安而不順、安之於其所安而已、德又下衰、及唐虞、始為天

下◎興治化之流、澆淳散朴、聖人無心、任世之自成、成之淳薄、皆非聖也、聖能任世之
自得耳、豈能使世得聖哉、故皇王之迹、與世俱遷、而聖人之道未始不全也◦澆古堯反、夫亦作澆、淳本亦作
醇音純、離道以善、善者過於適之稱、故有善而道不全、險德以行、行者違性而行之故
行立而德不夷、然後去性而從於心、以心自役、則性去也、心與心識彼我之心
競為先識無復任性也、知而不足以定天下、忘知任性、斯乃定也、然後附之
以文、益之以博、文滅質、博溺心、文博者心質之飾也、然後民始惑
亂、無以反其性情而復其初、初謂性命之本、
△莊子應帝王篇、天根遊於殷陽、至蓼水之上、適遭無名
人、而問焉、曰、請問為◎天◎下◎、無名人曰、去、汝鄙人也、何問
之不豫也、郭象注問為天下、則非起於人初、止於玄冥也、予方將與造物者為
人、任人之自為、厭則又乘夫莽眇之鳥、以出六極之外、而遊
無何有之鄉、以處壙埌之野、莽眇、群碎之謂耳、乘群碎、馳萬物、故能出處常通、而

無狹滯之地、○寥膠、聽虛之狀也。壙埌、崔云、猶曠蕩也。汝又何為以治天下感予之心為、言皆放之自得之場、則不治而自治也、又復問、無名人曰、汝遊心於淡、任其性而無所餘焉、則淡矣、合氣於漠、漠然靜於性而止、順物自然、而無容私焉、而天下治矣、任性自生、公也、心欲益之、私也、容私果不足以生生、而順公乃全也、

△子華子虎會問篇、子華子見齊景公、公問所以為國、奈何而治、子華子對曰、臣愚以為國不足為也、事不足治也、有意於為則狹矣、有意於治則隘矣、夫有國者有大物也、所以持之者大矣、狹且隘者果不足以有為也、臣愚以為國不足為也、事不足治也、公曰、然則國不可以為矣乎、子華子曰、非然也、臣之所治者道也、道之為治、厚而不博、敬守其一、正性內足、羣衆不周、而務成一能、

盡能既成，四境以平，唯彼天符，不周而周，此神農氏之所以長也，堯舜氏之所以章也，夏后氏之所以勤也。夫人主自智而愚人，自巧而拙人，若此則愚拙者請矣，巧智者詔矣，詔多則請者加多矣，請者加多，則是無不請也，主雖巧智，未無不知也，以未無不知，應無不請，其道固窮，為人主而數窮於其下，將何以君人乎？窮而不知其窮，又將自以為多，夫是之謂重塞之國。上有諱言之君，下有苟且之俗，其禍起於欲為也，其禍起于願治也，夫有欲為願治之心，而獲重塞之禍，是以臣愚以為國不是為也，事不足治也，昔者有道之世，因而不為，責而不詔，去想去意，靜虛以待，不伐之言，不奪之事，循名責實，官庇其司，以不知為道，以奈何為寶。神農曰：若何而和百物謂三光、堯曰、若何而爲日月之所燭、舜曰、若何而服四荒之外、禹曰、若何而治青北九陽奇怪之所際、是故此王者天下以爲功、後世以爲能、以故記之所道、而君之所知也、臣聾慝而不知方、始而至於朝也、竊有疑焉、齊之所以爲齊者、抑以異矣、鍾鼓梲園、日以掄孝而和聲不聞、司空之力鍩、斷斷如也、而罪罟滋長、諸侯之賓客、膏其唇吻而爭進謏言、左右在廷之人、主爲蔽蒙、僮夫豎隸、曉然皆知公上之有惱心也、造爲謠諑、以蠱君心、君曾不之知也、冕旒清晨、位宁以聽、愁焉以言人自竊、君之心則泰矣、夫其誰而顧肯以其一介之節、試嘗君之嗜好、而以干其不測之禍、臣聾慝而不知方、始而至於朝也、竊有疑焉、爽考所由來、以君之心勝故也、心

勝則道不集矣、羣臣之不肖者、又隨而揚之、故其辭曰
以深其國如性、而君曽不之知也、夫以君之明、疏瀹其
所底滯、而開之以鄉道、夫孰能禦之、抑臣聞之、萬物之
變也、萬事之化也、不可爲也、不可究也、因其然而推之、
則無不得其要者矣、故臣愚以爲國不足爲也、事不足
治也、公曰、洋洋乎而之所以言、吾欲以有諾而無所措
吾辭、而之道博大而無倪、吾所不能爲也、嘗自有以掃
吾之陋心、子華子退而食於晏氏、

△莊子天道篇夫帝王之德、以天地爲宗、以道德爲主、以
無爲爲常、

△淮南子原道訓是故天下之事、不可爲也、高誘注、爲治也、因其
自然而推之、推求也、擧也、萬物之變、不可究也、秉其要歸之、

趣〻。趣、亦歸也、
△鶡冠子備知篇、天高而可知、地大而可察、萬物安之、人
情安取、伯夷叔齊能無盜、而不能使人不意已、陸佃注、橫逆豈
可必哉、申徒狄、殷之末世枯槁者也、以為世溷濁不可居、故負石自
投于河、不知水中之亂有逆甚者、德之盛、山無徑迹、澤
無橋梁、不相往來、舟車不通、何者、其民猶赤子也、老子曰、含
德之厚比于赤子、有知者不以相欺役也、有力者不以相臣主
也、是以鳥鵲之巢可俯而窺也、麋鹿羣居、可從而係也、
鳥鵲性猜瞿、麋鹿性驚決、故比主言之、至世之衰、父子相圖、兄弟相疑、夫父
子天性也、兄弟天倫也、恩信素足、非自外至、故蹍市人之足、則辭以驍、悞兄則以嫗、大親而已矣、今德下衰、而
至于父子相猶、兄弟相濟者、豈其性固異于古也哉、蓋治之之過也、何者、其化薄、而然於
相以有為也、此言不能相與于無相與、相為于無相為、故其弊至此、郭象曰、夫體天地冥變化者、

上篇第二十九章

雖手足異任、五藏殊管、未嘗相與、而百節同和、斯相與
于無相與也、未嘗相為、而表裏俱濟、斯相為于無相為
也、若乃役其心志以恤手足、遺其股肱以營
五藏則相營愈篤而內外愈困矣、盡如此也、故為◎者◎敗◎
之◎治者亂之、敗則備、也備、黨、亂則阿、阿則理廢、備則義不
立、
△莊子應帝王篇、日鑿一竅、七日而渾沌死、郭象注、為◎者◎
敗◎之◎、
△莊子則陽篇、是故丘山積卑而為高、江河合水而為大、
大人合并而為公、郭象注、無私於天下、則天下之風一
也◎ ○釋文合并而為公、合羣小之稱、
以為至公 是以自外入者、有主而不◎執◎、由中出者、有正
之一也、自外入者、大人之化也、由中出者、民物之性也、
而不距、性各得正、故民無違心、化至公、故王無所執、
斯以能合丘里而并天
下一萬物而夷羣異也◎
△文子道德篇、文子問曰、古之王者以道蒞天下、為之奈

何、老子曰、執一無爲、因天地與之變化、天下大器也、不可執也、不可爲也、爲者敗之、執者失之、執者見小也、見小故不能成其大也、無爲者守靜也、守靜能爲天下正、

△莊子天道篇、知巧而睹於泰、（郭象注、泰者、多於本性之謂也、巧於見泰、則拙於抱）朴、

△韓非子揚權篇、天有大命、人有大命、（晝夜四時之候、天之大命、君臣上下之節、人之大命也、）夫香美脆味、厚酒肥肉、甘口而病形。曼理皓齒、說情而損精。（香肥所以甘口也、用之失中則病形皓　曼所以說情也、眺之過度則損精賢才　所以助理也、用之失宜則危者也、）故去甚、去泰、身乃無害、

△韓非子外儲說云、季孫好士、終身莊、居處衣服、常如朝廷、而季孫適懈有過失、（暫廢其矜莊也）而不能長爲也、故客以爲厭易己、相與怨之、遂殺季孫、故君子去泰去甚、

蒙曰、允、巳、古音在一部。器、敗、古音十五部。隨、吹、段玉裁六
書音均表云、吹聲在十七部、詩擇分一應作說大
見老子、或呴或吹、與隨羸墮韻、今入支、隳墮詩正月
箋輸墮也、疏、
定本、隳作墮、古音十七部。羸、以十六部合韻十七部。
詩經及羣經所
無、僅見老子、

三十章

以道作（案曰、原是佐字、依俞樾說）人主者、不以兵強天下、其事好還。師之所處、荊棘生焉。（還焉韻）大軍之後、必有凶年。善有果而已、不以取強（案曰、原有敢字、從俞樾去）、果而勿矜。（年矜韻）果而勿伐、果而勿驕、果而不得已、果而勿強。物壯則老、是謂不道、（老道韻）不道早已、

△宣公二年左傳、宋及鄭戰、宋師敗績、獲宋華元、君子曰、失禮違命、宜其為禽也、戎昭果毅以聽之之謂禮、（聽、謂常存於耳者、於心、想聞其政令、殺敵為果、致果為毅、易之戮也、易、易反）

△王弼易略例云、大壯未有違謙越禮能全其壯者也、故陽爻皆以處陰位為美、用壯處謙、壯乃全也、用壯處壯、則觸藩矣、

老耆壽嵗
篆曰、還、焉、古音在十四部。年、矜、應從說文作矜、从矛
令聲、古音讀如鄰、廣
韵十七真、禋、古
作矜、巨巾切、
古音十二部。老、道、古音三部。

三十一章

夫佳兵者不祥之器、物或惡之、故有道者不處、韻惡處君子居則貴左、用兵則貴右、兵者不祥之器、非君子之器、不得已而用之、恬淡爲上、勝而不美、韻器美而美之者、是樂殺人、夫樂殺人者、則不可以得志於天下矣、吉事尚左、凶事尚右、韻矣右偏將軍居左、上將軍居右、言以喪禮處之、殺人之衆、以哀悲泣之、戰勝、以喪禮處之、

△文子道德篇、文子問曰、王道有幾、老子曰、一而已矣、文子曰、古有以道王者、有以兵王者、何其一也、曰、以道王者德也、以兵王者亦德也、用兵者五、有義兵、有應兵、有忿兵、有貪兵、有驕兵、誅暴救弱謂之義、敵來加己、不得已而用之謂之應、爭小故不勝其心謂之忿、利人土地

欲人財貨謂之貪、恃其國家之大、矜其人民之衆、欲見賢于敵國者、謂之驕、義兵王、應兵勝、忿兵敗、貪兵死、驕兵滅、此天道也、

△文子上仁篇、上德者天下歸之、上仁者海內歸之、上義者一國歸之、上禮者一鄉歸之、無此四者、民不歸也、不歸用兵、即危道也、故曰兵者不祥之器、不得已而用之、殺傷人勝而勿美、故曰死地、荊棘生焉、以悲哀泣之、以喪禮居之、是以君子務于道德、不重用兵也、

△史記越王句踐世家、三年、句踐欲先伐吳、范蠡諫曰、不可、臣聞兵者、凶器也、戰者、逆德也、爭者、事之末也、陰謀逆德、好用凶器、試身于所末、上帝禁之、行者不利、

△呂氏春秋論威篇、凡兵、天下之凶器也、勇、天下之凶德

也、高誘注、兵者戰鬪有負敗、者淺懺有死亡、故皆謂之凶、舉凶器、行凶德、猶不得

已也、也止、舉凶器必殺、殺所以生之也、殺無道所以生有道也、武焉法

曰、有故殺人、雖殺人可也、行凶德必盛、盛所以懾之也、盛畏也、懾懾也、以盛畏讎

人、使之畏懼已也、敵懾民生、此義兵之所以隆也、隆盛也、故古之

至兵、士民未合、合、交也、而盛已諭矣、諭、行、猶敵已服矣、服、降、豈

必用枹鼓干戈戟、鼓以進士、下、桴也、戈、戟也、故善諭盛者、於其未發

也、於其未適也、皆皆乎冥冥、莫知其情、皆、勤、者此之謂至

盛之誠、誠、實也、

△

太公三略云、聖王之用兵、非樂之也、將以誅暴討亂也、

夫以義誅不義、若決江河而溉爝火、臨不測而擠欲墜、

其克必矣、所以優游恬淡而不進、黃石公法、不䜛進、者重傷人

物也、夫兵者不祥之器、天道惡之、不得已而用之、是天

道也、（秋冬收斂肅殺之道）夫人之在道、若魚之在水、得水而生、失水而死、故君子常懼而不敢失道、（法天道以用兵、而不敢違失、）

△太公六韜、武王問太公曰兵道何如、太公曰凡兵之道、莫過乎一、一者能獨往獨來、黃帝曰一者階於道幾於神、用之在於幾顯之在於勢成之在於君、故聖王號兵爲凶器、不得已而用之

△莊子列御寇篇、兵恃之則亡、郭象注、不得已而用之、以恬淡爲上者、未之亡也、

△春秋繁露、董仲舒曰、春秋之於偏戰也、善其偏不善其戰、春秋愛人、而戰者殺人、君子奚說善殺其所愛哉。

△周易師卦、六四、師左次、无咎、（王弼注、行師之法、欲右背高、故左次之）象曰、左次无咎、未失常也、

△逸周書武順篇、天道尚左、日月西移、地道尚右、水道東流、人道尚中、耳目役心、吉禮左還、順天以利本、本謂治國之本武禮右旋、順地以利兵、陽左生陰右殺、故喪禮亦尚右也將居中軍順人以利陳、

△桓範政要論兵要篇、聖人之用兵也、將以利物、不以害物也、將以救亡非以危存也、故不得已而用之耳、然以戰者危事、兵者凶器、不欲人之好用之、故制法遺後、命將出師、雖勝敵而反、猶以喪禮處之、明弗樂也、故曰、好戰者亡、忘戰者危、不好不忘、天下之王也、夫兵之要在於修政、修政之要、在於得民心、得民心在於利之、利之之要、在於仁以愛之、義以理之也、故六馬不和、造父不能以致遠、臣民不附、湯武不能以立功、故兵之要在得

衆者善政之謂也、善政者、恤民之患、除民之害也、故政善於内、兵强於外、歷觀古今、用兵之敗、非鼓之日也、民心離散、素行豫敗也、用兵之勝、非陣之朝也、民心親附、素行豫勝也、故法天之道、履地之德、盡人之和、君臣輯穆、上下一心、盟誓不用、賞罰未施、消奸慝於未萌、折凶邪於殊俗、此帝者之兵也、德以爲卒、威以爲輔、修仁義之行、行愷悌之令、闢地殖穀、國富民豐、賞罰明、約誓信、民樂爲之死、將樂爲之亡、師不越境、旅不涉場、而敵人稽顙、此王者之兵也（日本尾張本摹書 治要卷四十七）

篆曰、惡、處、古音在五部。器、美、古音十五部。矣、在、古音一部。

三十二章

道常無名、樸雖小、天下莫能臣也、矦王若能守之、萬物將自賓、天地相合以降甘露、民莫之令而自均、臣賓均韵始制有名、名亦既有、夫亦將知止、知止可以不殆、譬道之在天下猶川谷之於江海、止殆海韵

△莊子知北遊篇、無始曰、道不可聞、聞而非也、道不可見、見而非也、道不可言、言而非也、郭象注、故默成乎不聞不見之域、而後至焉、知形形之不形乎、形自形耳、形形者竟無物也、道◎不◎當名◎有道名而竟無物、故名之不能當也

△莊子則陽篇、聖人達綢繆、郭象注、所謂玄通◦周盡一體矣、無內外而皆洞照◦周盡一體、所鑿綢繆、精麤洞盡、故言周盡一體、一體、天也、而不知其然、性也、不知其然、而自然者、非性如何、復命搖作、而以天為師、搖者自搖、作者自作、莫不復命而師

其天然也、天。搖、動也、萬物動作、人則從而命之也。此非
生長、各有師然、則是復其命也、赴名
而高、其迹、不性而動、其迹、生而美者、人與之鑑、不告則
自高、故人能下其名也、無私、故人美之、今夫鑑
鑑鏡也、鑑物鑑邪、生而可鑑、則人謂
不知其美於人也、者豈知鑑而美於人、譬之聖人人與
之鑑耳、若人不相告、則莫知其見物之美、而為無心人
之名則不知其美於人、生便有
與作名、言鏡耳、故人美之、若知之若不知之閑之
不相告、即莫知其美於人、若光知鑑與不可喜由其無情不
若不聞之、其可喜也終無已、聞知與不知閑與不閑來
即鑑之、故終無已。若鑑人之好之亦無已、性也、不若不好豈
由聞知、則有時而廢也、
能久照
聖人之愛人也、人與之名、不告則不知其愛人也、人也
聖人無愛、若鏡耳、然而事濟於物、故人
與之名。若人不相告、則莫知其愛人也、若知之若不知
之若聞之、若不聞之、其愛人也終無已、
蕩然以百姓為
獨猶而道合於
愛人、故能無已。若愛人由人之安之亦無已、性也、性之
乎聞知、則有時而衰也、所安
故能久

△文子道原篇、夫無形大、有形細、無形多、有形少、無形強、有形弱、無形實、有形虛、有形者遂事也、無形者作始也、遂事者成器也、作始者樸也、有形則有聲、無形則無聲。有形產于無形、故無形者有形之始也。廣厚有名、有名者貴全也。儉薄無名、無名者賤輕也。殷富有名、有名者尊寵也。貧寡無名、無名者卑辱也。雄牡有名、有名者章明也。雌牝無名、無名者隱約也。有餘者有名、有名者、高賢也。不足者無名、無名者任下也。有功即有名、無功即無名、有名產于無名、無名者有名之母也。

篆曰、臣、賞、均古音在十二部。止、殆、海、古音一部。藝又按此

章分二節、道常無名句起為一節、始制有名句起為一節、

三十三章

知人者智、自知者明、勝人者有力、自勝者彊、明彊韻知足者
富、彊行者有志、不失其所者久、死而不亡者壽、富志久壽韻

△韓非子喻老云、楚莊王欲伐越、楊倞注引無莊字、按莊王與莊蹻不同時、或此莊王亦謂威王也、古今人表下有嚴蹻與威王相接、杜子諫曰、王之伐越何也、曰、政亂兵弱、杜子曰、臣愚、患王蒸按應增王字、之智如目也、能見百步之外、而不能自見其睫、王之兵自敗於秦晉、喪地數百里、此兵之弱也、莊蹻為盜於境內、而吏不能禁、本有蹻字、當衍、荀子議兵篇、莊蹻起、楚分為三四、楊倞注引此無蹻字、史記西南夷列傳、始楚威王時、使將軍莊蹻將兵、又云莊蹻者、故楚莊王苗裔也、索隱曰、楚莊王弟為盜者、當是據此耳、呂氏春秋介立云、莊蹻之暴郢也、高誘注、莊蹻楚成王之大盜、成當作威、又異用云、跖與企足、高誘注、企足、莊蹻也、皆大盜人名、此致之亂也、王之弱亂非越之下也、欲伐越、此智之如目也、王

乃止、故知◎之難不在見人、在自見、故曰自◎見◎之◎謂◎明◎ ○
又云、子夏見曾子、曾子曰何肥也、對曰戰勝、故肥也、曾
子曰何謂也、子夏曰吾入見先王之義則榮之、出見富
貴之樂又榮之、兩者戰於胸中、未知勝負、故臞、今先王
之義勝、故肥、是以志之難也、不在勝人、在自勝也、故曰
自◎勝◎之◎謂◎強◎

△呂氏春秋、自◎知◎篇、欲知平直則必準繩、高誘注、準平、繩直也、欲知
方圓則必規矩、規圓矩方也、人主欲自◎知◎則必直士、唯直士能正言
也、故天子立輔弼、設師保、所以舉過也、舉猶正也、夫人固不
能自知、人主獨甚、揔搽棭存亡安危、勿求於外、言皆在己也務
在自知、堯有欲諫之鼓、欲諫者擊其鼓也 ○淮南主術訓作堯置敢諫之鼓、舜有
誹謗之木、書其過失於表木也湯有司過之士、司主也、主正也、正其過闕也、武

王有戒慎之鞀、欲戒者搖其鞀鼓之猶恐不能自知、猶尚恐己不能自知其過失也今賢非堯舜湯武也、而有掩蔽之道、奚繇自知哉、荊成、齊莊不自知而殺、荊成王為公子商臣所殺、齊莊公為崔杼所殺、皆不自知之咎也吳王智伯不自知而亡、吳王夫差也、智伯、晉卿智襄子也、夫差為越所破、死於干隧、智伯為趙襄子所破死於高梁之東、故因而亡也宋中山不自知而滅、宋康王無道、為齊所滅、中山亂男女之別、為魏所滅也、晉惠公趙括不自知而虜、惠公為秦所虜、趙括以軍降秦、坑其卒四十萬於長平、也鑽茶龐涓太子申不自知而死、鑽茶龐涓、魏惠王之將、申、魏惠王之太子也、與龐涓東伐齊、戰於馬陵、齊人盡殺之、故惠王謂孟子曰、晉國天下莫強焉、叟之所知也、及寡人身、東敗於齊、長子死、此之謂也、敗莫大於不自知、莫、無也、

荀子云東晉荀朗情魯忠入道家心能善知人者如明鏡、善能知者

七、如淵蚌、鏡以曬明故鑒人、蚌以含珠故內照、太平御覽卷七百十

△易繫辭下曰、顏氏之子、其殆庶幾乎、有不善未嘗不知、虞翻注、幾者神妙也、顏子知微、故殆庶幾、復以自知、老子曰、能知者明、

△易乾卦、象曰、天行健、君子以自強不息、虞翻注、君子謂三、案按九三君子終日乾乾、夕惕若厲、无咎、乾健故強、天一日一夜、過周一度、故自強不息、老子曰、自勝者強、

△易坤卦、象曰、地勢坤、君子以厚德載物、虞翻注、勢、力也、君子謂乾、陽為德、動在坤下、君子之德車、故厚德載物、老子曰、勝人者有力也、張惠言兩卦皆云、勝、任也、

△逸周書王佩篇曰、大在自克、

△文子下德篇、老子曰、勝人者有力、自勝者強、能強者必用人力者也、舊注謂德服之、能變其用、能用人力者、必得人心者也、

能得人心者、必自得者也、未有得已而失人者也、未有
失已而得人者也、
△莊子讓王篇、孔子謂顏回曰、回來、家貧居卑、胡不仕乎、
顏回對曰、不願仕、回有郭外之田五十畝、足以給飦粥、
郭内之田十畝、足以為絲麻、鼓琴足以自娛、所學夫子
之道者、足以自樂也、回不願仕、孔子愀然變容曰、善哉
回之意、丘聞之、知足者不以利自累也、審自得者、失之
而不懼、行脩於内者、無位而不怍、丘誦之久矣、今於回
而後見之、是丘之得也、
△莊子則陽篇、貨財聚然後睹所爭、郭象注、若以知足為
富、將何爭乎。又天運篇、至富國財并焉、郭象注、并、除
弃之謂也、成玄英疏、至富者、知足者也、知足之人、以不
老子古說　上篇第三十三章　（一六乙

貪爲寶、縱令傾國資財、亦弃而不用、故老經云、知足者富、斯之謂也、

△莊子大宗師、古之真人、其心志、郭象注、所居而安爲志、成玄英疏、上文不以心捐道、不以人助天、是心懷志力而能致然也、故老經云、強行者有志、

篆同、明強、應作說文彊、古音在十部。富志久、古音一部。彖以三部合韵一部。

三十四章

大道汎汎兮其可左右、應作ナ又、萬物恃之以生而不辭、功成不名有。衣養萬物而不爲主、常無欲可名於小、萬物歸焉而不知主、可名於大、是以聖人終不自爲大、故能成其大。

纂曰、右、辭、應作繞文、辤有、古音在一部。纂又按大道汎至不名有句。衣養萬至名於小、句。萬物歸至成其大、句、

老子古[illegible]

三十五章

執大像、天下往、韻像往　往而不害、安平太、韻害太　樂與餌、過客止、韻餌止　道之出言、淡乎其無味、視之不足見、聽之不足聞、用之不可既、韻味既

△傅玄書、古之明君、簡天下之良材、舉天下之賢人、豈家至而戶闚之乎、開至公之路、東至平之心、勸大象而致之、亦云誠而已矣、夫任誠天地可感、而況於人乎、日本尾張本羣書治要卷四十九

箋曰、象、往、古音在十部。害、大、古音十五部。餌、耳聲字在一部止、古音一部。味、既、古音十五部。

三十六章

將欲歙之、必固張之、將欲弱之、必固彊之、韻張彊 將欲廢之、必固興之、將欲奪之、必固與之、韻廢奪 是謂微明、損弱勝彊、明彊韻。叢曰、從喻老、損即自皋、魚不可脫於深淵、從喻老 國之利器、不可以示人、淵人韻

△韓非子喻老云、越王入宦於吳、而勸叢曰、吳汝綸校作勸之伐齊、以弊吳、吳兵既勝齊人於艾陵、張之於江濟、強之於黃池、故可制於五湖、故曰將欲歙之、必固張之、將欲弱之、必固強之、

晉獻公將欲襲虞、遺之以璧馬、知伯將襲仇由、遺之以廣車、故曰將欲取之、必固與之、

起事於無形、而要大功於天下、是謂微明、

楚小弱而重自卑、損弱勝強也、
勢重者、人君之淵也、君人者、勢重於人臣之間、失則不
可復得也、簡公失之於田成、晉公失之於六卿、而邦亡
身死、故曰魚不可脫於深淵、
賞罰者、邦之利器也、在君則制臣、在臣則勝君、君見賞、
臣則損之以為德、君見罰、臣則益之以為威、人君見賞、
而人臣用其勢、人君見罰而人臣乘其威、故曰邦之利
器不可以示人、
△韓非子內儲說云、勢重者、人主之淵也、臣者、勢重之魚
也、魚失于淵而不可復得也、人主失其勢重于臣而不
可復收也、古之人難正言、故託之于魚、
賞罰者、利器也、君操之以制臣、臣得之以擁主、故君先

見所賞則臣鬻之以爲德、君先見所罰則臣鬻之以爲威、故曰、國之利器、不可以示人

△戰國策魏策云、知伯索地於魏桓子、蒙按、韓非子說林上、說苑權謀作宣、魏桓子弗予、任章曰、何故弗予、桓子曰、無故索地、故弗予、任章曰、無故索地、鄰國必恐、重欲無厭、天下必懼、君予之地、知伯必憍、憍而輕敵、鄰國懼而相親、以相親之兵、待輕敵之國、知氏之命不長矣、周書曰、將欲敗之、必姑輔之、將欲取之、必姑與之、君不如與之以驕知伯、君何釋以天下圖知氏、而獨以吾國爲知氏質乎、君曰、善、乃與之萬家之邑一、知伯大說、因索蔡皋狼于趙、趙弗與、因圍晉陽、韓魏反于外、趙氏應之于內、知氏遂亡、韓非說林上同

△太公三略云、軍讖曰、柔能制剛、弱能制強、黃石公注亦人以柔者能制人之剛、亦人以弱者能制人之強、柔者德也、剛者賊也、弱者人之所助、強者人之所攻、此釋其故、言柔有所設、剛有所施、弱有所用、強有所加、此中言四者各有所宜、兼此四者而制其宜、言主將當兼四者而制宜其端末未見、人莫能知、事機之始終未見、而吾剛柔強弱之用、人莫能測、

△太公六韜守土篇文王謂太公曰、守土奈何、太公曰、無疏其親、無怠其衆、撫其左右、御其四旁、無借人國柄、借人國柄則失其權、無掘壑而附丘、人已有勢、而又借國柄以益之、是壑已深而又掘之、丘已高而又附之也、無舍本而治末、國本在權柄、若借人國柄、是舍其本而從治其末矣、日中必彗、操力必割、執斧必伐、日中不彗、是謂失時、操力不割、失利之期、執斧不伐、賊人將來、涓涓不塞、將為江河、熒熒不救、炎炎若何、兩葉不去、將用斧柯、是故

人者必從事於當、不當無以為仁、不施無以合親、疏其
親則害、失其衆則敗、無借人利器、借人利器、而為人所
害而不終其世、

△莊子胠篋篇、故嘗試論之、世俗之所謂知者、有不為大
盜積者乎、所謂聖者、有不為大盜守者乎、何以知其然
邪、昔者齊國、鄰邑相望、雞狗之音相聞、罔罟之所布、耒
耨之所刺、方二千餘里、成玄英疏、齊即太公之後、封於營丘之地、遠桓公九合諸侯、一
匡天下、百姓殷實、無出三齊、是以雞犬鳴吠相聞鄰邑棟宇相望、罔罟布以事畋漁、耒耨刺以修農業、境土寬
大、二千餘里、論其盛美、實冠諸侯
闔四竟之內、所以立宗廟社稷、治邑
屋州閭鄉曲者、曷嘗不法聖人哉、○疏、夫人非土不立、非穀不食、故邑封土
祠曰社、封稷祠曰稷、稷、五穀之長也、社、吐也、言能吐生萬物也、司馬法、六尺為步、步百為畝、畝百為夫、夫三為
屋、屋三為井、井四為邑、又云、五家為比、五比為閭、五閭為族、五族為黨、五黨為州、五州為鄰、鄭玄云、二十五家

老子古數　上篇第三十六章　一〇〇

為閭、二千五百家為州、萬二千五百家為鄉也、閭、合也、
邑、何也、閭四境之內、三齊之中、置此宗廟等事者、皆放
效堯舜、以下聖人
立邦國之法則也、
然而田成子、一旦殺齊君而盜其國、
郭象注、法聖人者、法其迹耳、夫迹者、已去之物、非應變
之具也、奚足尚而執之哉、執成迹以御乎無方、無方至
而迹滯矣、所以守國而為人守之也。○疏、田成子、齊大
夫陳恆也、是敬仲七世孫、初敬仲適齊、食采於田、故改
為田氏、魯哀公十四年、陳恆弒其君、君即簡公也、割安
邑至於郎邪、自為封邑、至恆曾孫太公和、遷齊康公於
海上、乃自立為齊侯、自敬仲至莊公、凡九世知齊政、自
太公和至威王、三世為齊侯、通計為十二世、莊子宣王
時人、今不數宣王、
故言十二世也、
所盜者豈獨其國邪、并與其聖知之
法而盜之、
不盜其聖法、乃無以取其國也。○疏、田恆所
盜豈唯齊國、先盜聖智、故得諸侯、是知仁義
陳迹、適為
盜本也、
故田成子有乎盜賊之名、而身處堯舜之安、
小國不敢非、大國不敢誅、十二世有齊國、則是不乃竊
齊國并與其聖知之法、以守其盜賊之身乎、
言聖法唯
人所用。求
足以為全
當之具。
嘗試論之、世俗之所謂至知者、有不為大盜

積者乎、所謂至聖者、有不爲大盜守者乎、何以知其然邪、昔者龍逢斬、比干剖、萇弘胣、子胥靡、故四子之賢、而身不免乎戮、

言暴亂之君、亦得據君人之威以戮賢人、而莫之敢亢者、皆聖法之由也、向無聖法、則桀紂焉得守斯位而放其毒、使天下側目哉、○疏、龍逢、姓關、夏桀之賢臣、爲桀所殺、比干王子進、諫紂、紂剖其心而視之、萇弘、周靈王賢臣、說苑云、晉叔向之殺萇弘也、萇弘數見於周、因群遺書萇弘、謂叔向曰、子起晉國之兵以攻周、以發劉氏以立單氏、劉子謂君曰、此萇弘也、乃殺之、胣、裂也、衣言胣、刳腸、靡爛也、碎也、言子胥遭戮、浮屍於江、令靡爛也、言此四子、共有忠賢之行、而不免於戮刑者、爲無道之人、特君人之埶、類桀迹之威、故得踐頻忠良、肆其毒害、○淮南子曰。萇弘鈹裂而死、司馬云、胣。剔也。萇弘。周靈王賢臣也。案左傳是周景王敬王之大夫、魯哀公三年六月。周人殺萇弘。一云、刳腸曰胣。子胥靡、崔云、爛之於江中也。案子胥、伍員也、諫夫差、夫差不從、賜之屬鏤以死、投之江也、

故跖之徒問於跖曰、盜亦有道乎、跖曰、何適而無有道邪、夫妄意室中之藏、聖也、入先、勇也、出後、義也、知可否、知也、分均、仁也、五者不備而能成

大盜者天下未之有也、五者所以禁盜而反為盜資也。由是觀之。善人不得聖人之道不立。跖不得聖人之道不行。天下之善人少而不善人多。則聖人之利天下也少而害天下也多。信哉斯言、斯言雖信、而猶不可亡聖者由天下之知未能都亡、故須聖道以鎮之也、羣知不亡而獨亡聖知、則天下之害又多於有聖矣、然則有聖之害雖多、猶愈於亡聖之無治也、雖愈於亡聖、故未若都亡之無害也、甚矣、天下莫不求利而不能一亡其知、何其迷而失致哉、故曰脣竭則齒寒、魯酒薄而邯鄲圍、聖人生而大盜起夫竭脣非以寒齒、而齒寒、魯酒薄非以圍邯鄲、而邯鄲圍、聖人生非以起大盜而大盜起、此自然相生、必至之勢也、夫聖人雖不立尚於物、而亦不能使物不尚也、故人無貴賤、事無真偽、苟效聖法、則天下吞聲而闇服之、斯乃桀跖之所至賴而以成其大盜者也、○邯鄲、趙都也、昔楚宣王朝諸侯、魯恭公後至而酒薄、宣王怒、欲辱之、恭公不受命、乃曰、我周公之胤、長於諸侯、行天子禮樂、勳在周室、今送酒已失禮、方責其薄、無乃太甚、遂不辭而還、宣王怒、乃發兵與齊攻魯、梁惠王常欲擊趙而畏楚救、楚以魯為事、故梁得圍邯鄲、言事相由也、亦是感應、宣王名熊良夫、悼王之子、恭公名奮、穆公之未許慎注淮南云楚會諸侯魯趙俱獻酒於楚王魯酒薄而趙酒厚楚之主酒吏求酒於趙趙不與吏怒乃以趙厚酒易魯薄酒奏之楚王以趙酒薄故圍邯鄲也

掊擊聖人縱舍盜賊而天下始治矣

夫聖人者天下之所尚也若乃絕其所尚而守其素朴棄其禁令而代以寡欲此所以掊擊聖人而我素朴自全縱舍盜賊而彼姦自息也故古人有言曰閑邪存誠不在善察息淫去華不在嚴刑此之謂也

夫川竭而谷虛丘夷而淵實聖人已死則大盜不起

竭川非以虛谷而谷虛夷丘非以實淵而淵實絕聖非以止盜而盜止故止盜在去欲不在彰聖知○聖人已死則大盜不起向云常業日新新者為生故者為死故曰聖人已死也責天地之玉御日新之變得寶而循其名歸真而忘其迹則大盜息矣

天下平而無故矣

非惟息盜爭尚亦迷故鄙去矣

聖人不死大盜不止雖重聖人而治天下則是重利盜跖也

將重聖人以治天下而緣跖之技亦資其法所資者重故所剝不得暇也○聖人不死大盜不止向云聖人不死言守故而不日新豪名而不遂寶也大盜不止不亦宜矣

為之斗斛以量之則并與斗斛而竊之為之權衡以稱之則并與權衡而竊

之、為之符璽以信之、則并與符璽而竊之、為之仁義以矯之、則并與仁義而竊之、小盜之所困、乃大盜之所資而剝也。為之斗斛以量之、向云自此以下、皆所以明苟非其人雖法無益何以知其然邪、彼竊鉤者誅、竊國者為諸侯、諸侯之門、而仁義存焉、則是非竊仁義聖知邪、故逐於大盜、揭諸侯、竊仁義并斗斛權衡符璽之利者、雖有軒冕之賞弗能勸、斧鉞之威弗能禁、夫軒冕斧鉞、賞罰之重者也、重賞罰以禁盜、然大盜者又遂而竊之、則反為盜用矣、所用者重、乃所以成其大盜也、大盜也者、必行以仁義、平以權衡、信以符璽、勸以軒冕、威以斧鉞、盜此公器、然後諸侯可得而揭也。是故仁義賞罰者適足以誅竊鉤者也。此重利盜跖而使不可禁者、是乃聖人之過也、夫跖之不可禁、由所盜之利重也、利之所以重、由聖人之不輕也、故絕盜在賤貨、不在重聖也、故曰魚不可脫於淵、國之利器不可以示人、魚失淵則為人禽、利器明則為盜資、故不可示人、彼聖人者、天下之利器也、夫聖人者、誠能絕聖棄知而反寡物類物極各異、則其迹利物之迹也、器猶迹耳、可執而用曰器、非所以明天下也、示利器於天下、所以資其盜賊、故絕聖棄知、大盜乃止、去其所資、則未施禁而自止也、擿玉毀珠、小盜不起、賤其所寶、則不加刑而自息也、焚符破璽、而民朴鄙、除矯詐之所賴者、則無以行其姦巧、掊斗折衡、而民不爭、夫小平乃大不平之所用也、殫殘天下之聖法、而民始可與論議。於外無所矯。則內全我而無自失之言也。

△尹文子大道上篇、勢者、制法之利器、群下不可妄為、

△韓詩外傳七卷云、昔者司城子罕相宋、謂宋君曰、夫國家之安危、百姓之治亂、在君之行、夫爵祿賞賜、舉人之所好也、君自行之、殺戮刑罰、民之所惡也、臣請當之、君曰、善、寡人當其美、子受其惡、寡人自知不為諸侯笑矣、國人知殺戮之刑專在子罕也、大臣親之、百姓畏之、居不期年、子罕遂去宋君而專其政、故老子曰、魚不可脫

於淵國之利器不可以示人、詩曰、胡爲我作、不即我謀、

△淮南子道應訓、昔者司城子罕相宋、謂宋君曰、夫國家之安危、百姓之治亂、在君行賞罰、夫爵賞賜予、民之所好也、君自行之、殺戮刑罰、民之所怨也、臣請當之、宋君曰、善、寡人當其美、子受其怨、寡人自知不爲諸侯笑矣、國人皆知殺戮之專制在子罕也、大臣親之、百姓畏之、居不至期年、子罕遂卻宋君而專其政、故老子曰、魚不可脫於淵、國之利器、不可以示人、

△說苑君道篇、司城子罕相宋、謂宋君曰、國家之危定、百姓之治亂、在君行之賞罰也、賞當則賢人勸、罰得則姦人止、賞罰不當、則賢人不勸、姦人不止、姦邪比周、欺上蔽主、以爭爵祿、不可不慎也、夫賞賜讓與者、人之所好

也。君自行之。刑罰殺戮者，人之所惡也，臣請當之。君曰
諾，子主其惡，寡人行其善，吾知不爲諸侯笑矣。於是宋
君行賞賜，而與子罕刑罰，國人知刑戮之威專在子罕
也，大臣親之，百姓附之，居期年，子罕逐其君而專其政。
故曰：無弱君而彊大臣。老子曰：魚不可脱於淵，國之利
器不可以借人。此之謂也。

孫詒讓著墨子傳略云：宋昭公末年，司城皇喜專政
劫君，而囚墨子。自注云：韓非子內儲説下篇云：戴驩
爲宋大宰，皇喜重於君，二人爭事而相害也，皇喜遂
殺宋君而奪其政。又外儲説右下篇云：司城子罕殺
宋君而奪政。説疑篇云：司城子罕取宋。又二柄篇云：
子罕劫宋君。韓詩外傳七、史記李斯傳
上二世書、淮南子道應訓、説並同説苑君道
篇亦云：司城子罕相宋，逐其君而專其政。
司城子

罕當即皇喜、本梁履繩左通說、春秋時名喜者、多以罕為字、見王引之春秋名字解詁、王應麟謂即左傳之樂喜、則非也、樂喜、宋賢臣、無劫君之事、且與墨子時不相直、史記索隱已辯之矣、呂氏春秋召類篇說、前子罕相宋平元景三公、亦不逮昭公、梁玉繩史記志疑、謂後子罕、蓋子罕之後、以字為氏、非是、其事史記宋世家不載、史記鄒陽傳稱子罕囚墨子、以墨子年代校之、前不逮景公、後不逮辟公、所相直者惟昭公悼公休公三君、呂氏春秋召類篇高注云、春秋子罕殺昭公、攷宋有兩昭公、一在魯文公時、與墨子相去遠甚、一在春秋後魯悼公時、與墨子時代正相當、子罕所殺、宜為後之昭公。惟高云春秋時、則誤并兩昭公為一耳、宋世家雖不云昭公被弒、然秦漢古籍所紀匪一、高說不為無徵、賈子新書先醒篇、韓詩外傳六、並云昭公出亡而復國、而說苑云、子

罕遂君專政，或昭公費爲子罕所逐而失國因誤傳
爲被殺，李斯韓嬰淮南王書并云劫君，劫亦即謂逐也，亦未可知，宋世家於
春秋後事，頗多疏略，如宋辟公被弒，見索隱引紀年，而史亦
不載，是其例矣。○史記鄒陽傳云，宋信子罕之計而
囚墨翟，索隱云，漢書作子冉，不知子冉是何人，文穎
云，子冉子罕也。文選鄒陽獄中上書自明亦作子冉
注引文穎說同，又云，冉音任，善云，未詳，冉不得有任
案漢書文選并作任，此或校異　音，錢史記信
文云信作任，謀作冉音任也，　新序三亦作子冉，蓋
皆子罕之誤。
篆曰，張，彊，古音在十部。發，奪，古音十五部。明，彊，古音
十部。淵，人，古音十二部。

老子古微

一卷 大

三十七章

道常無爲而無不爲矣。王若能守之，萬物將自化。韵爲化化 而欲作，吾將鎮之以無名之樸。無名之樸，夫亦將無欲。韵樸欲 不欲以靜，天下將自定。韵靜定

△莊子則陽篇、四時殊氣、天不賜、故歲成、郭象注殊氣自有、故能常有、若本無之而由天賜、則有時而廢、五官殊職、君不私、故國治、殊職自有其才、故任之耳、非私而文武大人不賜、故德備、文者自文、武者自武、非大人所賜也、若由賜而與之、則有時而闕矣、豈唯文武、凡性皆然、萬物殊理、道不私、故無名、無名故無爲、無爲而無不爲、名止於實、故無爲、實各自爲、故無不爲、

△莊子庚桑楚篇、徹志之勃、解心之謬、去德之累、達道之塞、貴富顯嚴名利、六者勃志也、容動色理氣意、六者謬心也、惡欲喜怒哀樂、六者累德也、去就取與知能、六者

塞道也、此四六者、不盪胷中則正、正則靜、靜則明、明則虛、虛則無為而無不為也、

△呂氏春秋有度篇、故曰、通意之悖、茲發意應作志解心之繆、去德之累、通道之塞、高誘注、悖繆累塞四者所以為人病也、唯執一者能解去道之塞、不壅閉也、貴富顯嚴名利、六者悖意者也、此六者、人情所欲也、孔子曰、富與貴人之所欲也、不以其道得之、不處、故曰悖意、悖、亂也、容動色理氣意、六者繆心者也、此六者不節、所以惑人心者也、惡欲喜怒哀樂、六者累德者也、此六者不節、所以為德累者也、智能去就取舍、六者塞道者也、此六者宜通難宋所以室塞道、使不通者也、此四六者、不蕩乎胷中則正、蕩、動也、此四六者皆得其通、不傾邪、蕩動於胷臆之中則正矣、詩云、靜恭爾位、正直是與、此之謂也、正則靜、靜則清明、清明則虛、虛則無為而無不為也、虛者道也、道尚空虛、無為而無不為、人能行之、亦無不為也、

△晉孫綽（字興公）老子贊云、李老無為而無不為、道一生死、

從錄晉郭元祖列仙傳贊跡入從錄郭靈奇、塞兌從錄郭內境、冥神絕涯、德從錄郭合元氣、壽同從錄郭兩儀、初學記二十二

△莊子秋水篇物之生也、若驟若馳、郭象注但當就用耳無動而不變、無時而不移、故不可執而守何為乎、何不為乎、夫固將自化、若有為不為於其間、則敗其自化矣。

△淮南子道應訓、武王問太公曰、寡人伐紂天下、是臣殺其主而下伐其上也、吾恐後世之用兵不休、鬭爭不已、為之奈何、太公曰、甚善王之問也、夫未得獸者、唯恐其創之小也、高誘注、獵禽恐不能殺、故恐其創小也、已得之、唯恐傷肉之多也。王若欲久持之、則塞民於兌、兌、耳目鼻口也、老子曰塞其兌是也、道全為無用之事、煩擾之教、彼皆樂其業、佚其情、昭昭而道

冥冥、於是乃去其督而載之木、督、拔鬚也、木、鷸鳥也、知天文者冠鷸、解
其劍而帶之笏、為三年之喪令類不蕃、高辭卑讓使民
不爭、酒肉以通之、竽瑟以娛之、鬼神以畏之、繁文滋禮
以弇其質、厚葬久喪以亶篆按劉寫李有注音丹、其家、含珠鱗施
綸組以貧其財、深鑿高壟以盡其力、家貧族少、慮患者
貧、篆按劉寫李作寡以此移風、可以持天下弗失、故老子曰化
而欲作、吾將鎮之以無名之樸也、
△史記曹相國世家、孝惠帝元年、參為齊丞相、參盡召長
老諸生、問所以安集百姓、聞膠西有蓋公、善治黃老言、
厚幣請之、蓋公為言治道貴清靜而民自定、推此類具
言之、參於是避正堂舍蓋公焉、其治要用黃老術、故相
齊九年、齊國安集、大稱賢相、

篆曰、為、化、訛、讀若古音在十七部。樸、欲、古音三部。靜、定、古音十一部。

上篇第三十七章（老子古韻上篇完）

老子古微上篇附錄

江蘇泰縣繆篆子才輯

一章

△荆漢微言說窺諸子內心道諸子名相云某儒言、天理性命識有未諦、尋諸名言、要以表其所見、未可執著、且此土玄談多用假名、立破所持或非一實、即老易諸書尚當以此會之、所謂非常名也、

△王筠說文釋例卷十六存疑篇云、玄字之在經文者、祇天玄而地黃一義。許慎於字形不能得此意、乃以後世幽深玄遠之義冠之。而其解字形也、第曰象幽而入覆之、作仿佛之詞。蓋幽從丝、丝從二幺、展轉以適其義、甚迂曲也。又不直言從入從幺、其亦不安於心矣。古義失

傳、當從蓋闕。問從入會二、亦似此、

二章

△劉漢徽言曰、以道蒞天下者、貴乎微眇玄深、不排異己、不知其說、而提倡一類之學、鼓舞泰甚、雖善道亦以滋眩、李斯之法律、平津之經術、兩晉之老莊、晚明之王學、是已、易代以後、任用如故、而不見其害、則知所失不在道術、鼓舞甚而偏詖者多也、且以琴瑟專一、失其調均、亦未有不立弊者、遠乎易代、隨材授任、百技眾能、同時登用、未嘗偏於一藝、故列害相及矣、閻曰、晉氏中朝敗壞如此、何以言非老莊之咎邪、答曰、莊生言齊物、老明言無為而無不為、而晉初公輔卿尹、率是一類之人、豈所謂齊物乎、望白署空、唯是無為、所謂無不為者安在

矣、此乃正與老莊相反、而偏託其名耳、不然、江東改建、王導謝安、亦師老莊之術、何以能支持不敗也、而世或言黃老致治、老莊致亂、不悟鼓舞泰甚、其害相均、標榻黃老、削除保身持操無所短長之人、奄連彙而至矣、曾參孝文、用黃老致治者、以來、嘗題名號也、

三章

△羅運賢老子餘誼云、不見可欲、使民心不亂、案見現古今字、記中庸、體物而不可遺、鄭注、可猶所也、不見。可。欲。、猶毋。現。所。欲。、蓋爭治人者言、與上文不尚賢不貴難得之貨一律、兩不字並同衍、韓非子主道篇所云、君毋見所欲、君見其所欲、臣將自雕琢、從盧校說、即此意也、

△羅運賢老子餘誼云、使夫知者不敢為也、案知。者。謂。巧。

詐。之人。莊子胠篋篇、知詐漸毒、知詐連文、韓非子詭使篇、躁跳反覆謂之智、淮南本經訓、飾智以驚愚、設詐以巧上、智詐互文、均可證也、又智故古多並言、管子心術、去智與故、莊子刻意篇、去知與故、呂覽論人、釋智謀、去巧故是已、晉語二、多爲之故、韋解、故謂多計術、淮南覽冥訓高注、智故、巧詐也、益足徵矣、爲與僞通、

△史記汲黯列傳、汲黯字長孺、濮陽人也、爲東海太守、黯學黄老之言、治官理民好清靜、擇丞史而任之、其治責大指而已、不苛小、黯多病、臥閨閤內不出、歲餘、東海大治、稱之、上聞、召以爲主爵都尉、列于九卿、治務在無爲而已、弘大體、不拘文法、

四章

△羅運賢老子餘誼云、道沖、而用之或不盈、案道沖句、沖當從說文所引作盅、易明夷象傳曰、用晦而明、虞注、而、如也、說文、盅、滿也、滿則極、極盡義同、故引伸得為盡、此言道體盅虛、如用之又不窮盡、與五章虛而不屈、動而愈出、六章綿綿若存、用之不勤、四十五章其用不窮同意、或猶又也、淮南道應訓引此文、或正作又、

△羅運賢老子餘誼云、吾不知誰之子、象帝之先、案象猶似也、擬度之詞、帝於文从上、至高無上謂天也、白虎通、德合天者稱帝、故帝从上、因是帝得訓天、祭義唯聖人為能饗帝、鄭注帝天也、後漢書黨錮傳章懷注帝謂天也、是其證、象帝之先、言似在有天以前也、舉天以晐地、即未有天地之時、二十五章、有物混成、先天地生、物指道言、

則帝之先即道矣、誰之子即誰子、猶古人亦稱古之人、天道亦稱天之道也、誰子謂誰氏、荀子哀公篇、定公問於顏淵曰、東野子之駁善矣(从王先謙校作)楊注、東野氏也、此子氏同稱之例、初學記二十三引作誰氏之子、猶今言誰人矣、二語蓋自為問答、

五章

△荀漢微言曰、莊子天運篇說孔子見老聃、自言論先王之道明周召之迹、一君無所鉤用、老子答以六經先王之陳迹、時不可止、道不可壅、此言世務日移、不可守故也、孔子三月不出、復見曰、丘得之矣、烏鵲孺、魚傅沫、細要者化、有弟而兄嗁、久矣夫丘不與化為人、不與化為人、安能化人、老子曰、可、丘得之矣、此正今之進化論爾、先說羣生孳乳、次有弟而兄嗁者、自然洮汰、後來居上、

即所謂天地不仁◎以萬物為芻狗◎以此推證、而故述之
不可守明矣、故曰非得之矣、

△羅運賢老子餘誼云、天地不仁。以萬物為芻狗。聖人不
仁、以百姓為芻狗。案老子三贊。慈居其一。此言不仁何
與。蓋仁當訓親。記經解上下相親謂之仁、不無誼適。不仁與七十九
章無親同意。言無私阿也。無私阿則其視萬物百姓也
如己陳芻狗。而無偏黨於其間、

△篆曰、橐籥、王弼注、橐、排橐也、籥、樂籥也、釋文、排、扶拜反。
然則籥係借字、龠為本字明矣、說文、龠、樂之竹管、三孔、
所以和衆聲也。王弼所謂排橐、乃今世所謂鞲鞴也、西
名Piston 凡風箱、唧筒、抽氣機、簡浣機之浣筒內均有
之、鞴字在玉篇作鞴、步壞切 謂韋囊、可以吹火令熾者。求

之說文、則段氏王氏於瓴字下詳言之矣、段玉裁說文注瓦部瓴字云、瓴、治橐幹也、治橐、謂排囊、排、讀普拜切、其字或作韛、或作橐、治者以韋囊鼓火、老子之所謂橐也、其所執之柄曰瓴、幹、猶柄也、排囊之柄、古用瓦爲之、故字从瓦、後乃以木爲之、故集韻作棆、从木、王筠曰、冶橐者、鍛者所用風匣也、幹其柄也、今以木爲之、古以韋爲之、排是正字、衆經音義有排橐韛鞁鞴五形、借字、餘皆後作、又有火排鼓橐鼓鞁排筒四名、云鍛家用吹火令熾者也、

△羅運賢老子餘誼云、多言數窮、不如守中、案數窮、速窮。也。記祭義。其行也趨趨以數。注。數之言速也。可證。守中。猶執中。即七十九章之司契。章炳麟文始七曰。中本冊

之類。故春官天府，凡官府鄉州及都鄙之治中，受而藏之。鄭司農曰：治中，謂其治職簿書之要。秋官小司寇：以三刺斷民獄訟之中。歲終則令羣士計獄弊訟，登中於天府。記禮器曰：因名山升中於天。升中，猶登中。謂獻民數政要之籍也。堯典：允執厥中。謂握圖籍也。由此觀之，中亦契也。爲政不在多言，但司法以輔天下耳。所謂無爲正此意也。故曰：多言數窮，不如守中。

六章

△羅運賢老子餘誼云：谷神不死，是謂玄牝。案谷以況下，神與神器之神同義，重也。爾雅釋詁：神，重也。重有直隴、直龍二切。重者下況，故重下意近。本書重爲輕根，靜爲躁君，是明老子貴重。重者，謙下之意。然則谷神猶言濡弱謙下也。七十六章：柔弱者生之徒。故云谷神

老子古義　上篇附錄　五章　六章　一八二

不死。此亦損之而益之義。牝有容義。周官、司門掌授管鍵以啟閉國門、鄭司農云、管謂籥也、鍵謂牡、賈公彥疏云、鍵為牡者、以入者為牡、容者為牝也、此牝有容義之證、虛乃有容。故容虛義近。因是牝得訓虛。文選二十二。殷仲文南州桓公九井詩云、哀壑叩虛牝。以虛牝連文、可證。此則玄牝猶玄虛也。與谷神相應。凡老子言虛、言靜、言沖、言玄、言牝、言雌、言柔弱、言處下、言無為、言自然等、其本意皆不甚相遠、正司馬談所謂其詞難知也、

八章

△羅運賢老子餘誼云、居善地。心善淵。與善仁。言善信。正善治。事善能。動善時。案諸善字皆當解作尚。釋名地、底也。其體底下。說文、與、黨與也。正政古通。能讀為大雅柔遠能邇。鄭箋、能、猶侞如也。王念孫曰。侞如古通。是能為如順之意。見王引之經義述聞所引

九章

△王筠說文釋例異部重文篇云、手部揣與木部椯同、許慎曰、揣、捶之、段玉裁曰、捶者、以杖擊也、椯訓箠、揣訓捶、其意一也、

△羅運賢老子餘誼云、功遂身退、天之道、案功遂身退、河上公注羣書治要並作功成名遂身退、淮南道應訓文子上德篇所引並同、理惑論兩引此文、一同河上、一同王弼、尋十七章功成事遂、百姓皆謂我自然、彼雖無身退之文、亦未舉名遂一語、聖人引退豈以名遂、名遂之說與老子特四十四章、名與身孰親可證、與 故漢書疏廣傳用此文正作功遂身退、知王本固不誤也、蓋後人因十七章功成事遂之文、乃於此章功下增成字、遂上益事字、或以功

成事遂、於義无別、因改事為名、而不知其失也、淮南沿譌、豈不誖哉。釋文云、遂、本又作成、考異云、又名作事、是以明其竄易之跡、

十章

△羅運賢老子餘誼云、載營魄抱一、能無離乎、案遠游、載營魄登霞兮、王注、抱我靈魄而上升也、載無抱義、其訓抱者、蓋借為識、郝疏爾雅釋詁云、詩文王初載、傳箋並訓載為識、古讀載為菑、蓋借載為識、可證、知識誼同、說文、知、識詞也、知有合誼、詩、樂子之無知、箋、知、匹也、匹即合、離騷湯禹儼而求合兮、注、合、匹也、是已、識亦同之、然則載營魄者、猶言搏合魂魄、即抱一也、此與下文專氣致柔詞气一律、

△羅運賢老子餘誼云、專氣致柔、能嬰兒乎、案氣气古通、气以況柔、與言水同、專借為嫥、嫥氣與致柔同義、

△說文水部、滌、洒也。皿部、盪、滌器也。水部、濮、除去也。

△覺社叢書第四期載近人時明行所著知見難化篇曰、善知識云除煩惱易。除知見難。何爲煩惱聲色貨利是以起人惑者是。凡至賢人地位。皆可除絕。惟知見則非至無我無意之聖人地位。不克化除。何者。以知。見。實。有是。多。者。在。也。凡古今中外開物成務之大學者。創造一國文明。一家學說。莫不由知見而來。則知見似不當除。然吾國自伏犧畫卦。天尊地卑學說以定。遂爲君臣主僕階級主義。中國雖由之陶鑄成國。人民似受其益。然君位之利所在。其篡奪殘殺。四千五百年歷史。自堯舜後。幾無百年不因爭一人之位。殺民無數者。先據君位者。持君臣學說。以篡我者爲亂臣。用力抵抗。奪君位者。

出其知見。又創一說。以先據君位者。若一失德。即謂之獨夫。我即當取而代之。於是百年一帝。五十年一王。殘殺萬姓。以供二三奸雄犧牲。此惡現象。試問是知見造成之否乎。由此觀之。知見當化除否乎。歐洲自培根笛卡耳。出其知見。用演繹歸納推理。盡革希臘來學人窮高騖遠。無益人事虛想。果也物質文明。大加進步。科學雲興。然富商大賈。據利器生產。盡奪一國財利。致使社會間。富者田連陌阡。貧者地無立錐。各國政治家。極力提倡國家社會主義。猶不足以救其弊。今且禍水滔天。俄國官僚因之絕根。匈奧大亂。且無已時。前之培笛二氏。因重實利而禍。後之社會學者。因社會受禍。創學說以抵制之。遂演為今日世界大恐慌。試問此二事者。是知見成之乎。抑非知見成之乎。由此觀之。知見當化除之否乎。今世界最新思潮。為克魯巴特金氏之互助主義。克氏以社會互助能進化。競爭則阻進化。乃反對天演論競爭進化主義者。今歐洲大戰協約國用互助主義。以戰勝德國。究其原始。德之敢於侵陵各國。實因優勝劣敗之說。深中德人心理。德人恃其科學之精。駕各國上。故敢輕於發難。蹂躪各國。摧殘人道。歐洲一戰。死傷人至兩千萬。損財物至無量數。生民來未有之大慘劇也。由此觀之。知見當化除否乎。互助說。天演論。是知見否乎。然除去知見。則世界必退原始。無文明進化之。可。言。則。知。見。又。何。可。盡。除。乎。然如之何則可。曰是惟有。知。見。而。不。執。著。則。始。受。知。見。之。利。而。不。受。知。見。之。害。不見夫我中國大哲人黃老氏稱非不能使物質大明進化也。非不知物質文明進化與生民有利也。然過進化則反生害。使之止。合於人生利用之程度而止。不使過進。化致奸民利用之以制羣生也。故見桔槔。則斥爲有機事者有機心。文物過人生利用之程度。則鄙之爲奇技淫巧。黃老以來無論帝王學者。俱奉斯說以爲心理。故四千年來物質文明不爲激烈之進化。亦不爲停滯之不進化。何以見之。夫火藥非我有宋時所發明者乎。活字印刷。非我有明時所發明者乎。磁氣針。非我有周時所發明者乎。舟用飛輪。非我南宋時楊么所發明之者乎。在吾國非不能因之以積極改良。使如今歐洲之火砲輪舟也。正惟不執著知見。不爲物質激烈之進化止合生民利用程度而止。故不愛物質文明之害。歐洲學人。文化思想甚濃。止知其利。不知其弊。故愛大利。亦愛大害。戰之吾國止愛利不愛害者。孰得孰失。孰智孰愚。天下事不求究竟。而惟驚目前者。皆不足與於真文明之列也。

十一章

△說文、車、輿輪之總名也、段玉裁注云車之事多矣、獨言輿輪者、以轂、輻、牙皆統於輪。軾較軫軹轛皆統於輿。輈與軸則所以行此輿輪者也。故倉頡之制字。但象其一輿兩輪一軸。許君之說字。謂之輿輪之總名。言輪而軸見矣。渾言之則輿輪之總名、析言之則惟輿偁車、以人所居也、故考工記曰輿人為車。○說文車部云、轂、輻、所

湊也、○木部云、樑、車轂中空也、○金部云、釭、車轂中鐵也、○車部云、輨、轂耑錔也、軑、車輨也、軝、長轂之軝也、以朱約之、輥、轂齊等皃也、周禮曰望其轂欲其輥、

△說文、輪、輪轑也、轑、輻也、○轑、車网也、段玉裁云考工記謂之牙、○輪、有輻曰輪、無輻曰輇、○輇、讀若饌、無輻也、○軸、持輪也、○軎、車軸耑也、○輹、車軸縛也、

△說文手部云、挻、長也、段玉裁云、若老子挻埴以為器、其訓和也、柔也、其音始然反、音羶、其俗字作埏、見於老子音義甚明、而今本譌舛、

△戴東原集答秦蕙田書云、考工記、摶埴之工、鄭注云摶之言拍也、張參五經文字、拍、音摶、劉熙釋名云、拍、搏也、手搏其上也、又云、摶、博也、以指廣博、亦似擊之也、○說文瓦部云、

旊、周家搏埴之工也。○段玉裁說文注缶部匋字云、呂
覽昆吾作陶、高誘昆吾顓頊之後、吳回黎之孫、陸終之
子、己姓也、爲夏伯制作陶冶埏埴爲器○按顓頊產老童、
老童產黎、左傳云顓頊氏有子曰黎爲祝融是也、帝嚳
誅黎而以其弟吳回爲黎後、奉黎之祀、故高誘吳回黎
之孫、實則吳回之孫也、

十三章

△王念孫曰、及吾無身、及字與若同義、
△禮檀弓下、久矣予之不託於音也、鄭玄注、託寄也、
△經傳釋詞曰、焉與則同義、老子故貴以身爲天下則可
寄天下、淮南道應訓引此、則作焉。○文曰、於天下、卽爲
天下也、老子、故貴以身爲天下、若可寄天下、愛以身爲

天下若可託天下、莊子在宥篇作貴以身於天下則可以託天下、愛以身於天下則可以寄天下、

十四章

△羅運賢老子餘誼云、繩繩不可名、復歸於無物、是謂無狀之狀、無物之象、是謂惚恍。案兩物字、僕與象同誼、蓋有物則有象、無物則無象也、無物之象、即無象之象、焦竑考異云、蘇本作無象之象、與無狀之狀同誼、老子之文、有數字一義者、三十五章、安平太是也。有數句一義者、二章、天下皆知美之為美斯惡已、皆知善之為善斯不善已。或以美指譬言、此釋為分別也、二十一章、惚兮恍兮其中有象、恍兮惚兮、其中有物、象物同誼、四十四章、知足不辱、知止不殆、足止同誼、是已。不明此例而强為解說者、非也。

十五章

△周易、豫、九四、猶豫。釋文、由豫、馬作猶 馬融注云、猶豫、疑也。釋文○
段玉裁說文注犬部猶字云、曲禮曰、使民決嫌疑定猶
豫。正義云、說文猶玃屬。豫、象屬。此二獸皆進退多疑。人
多疑惑者似之。故謂之猶豫。按古有以聲不以義者。如
猶豫雙聲。亦作猶與。亦作冘豫。皆遲疑之皃。老子豫兮
如冬涉川。猶兮若畏四鄰。離騷、心猶豫而狐疑。以猶豫
二字皃其狐疑耳。李善注洛神賦、乃以猶獸多豫、狐獸
多疑對說、王逸注離騷、絕不如此。禮記正義、則又以猶
與豫二獸對說。皆郢書燕說也。如九歌君不行兮夷猶。
王逸即以猶豫解之。要亦是雙聲。春秋經猶三望。猶
鼂于蒯、猶繹、今謂可已而不已者曰猶。即猶豫夷猶之

意也、

△繆爾繆老子新法云、成、謂完備、凡物敝則缺、新則成、敝而缺者、不盈也。新而成者、盈也。保守此道之人、不欲其盈、故能敝缺而不爲新成、章内七家、皆敝缺而不新成者。

△蔣漢徵言曰、老莊盛言緣起内證、少言涅槃、唯莊子說卜梁倚不死不生、老子說保此道者不欲盈、夫唯不盈、故能蔽不新成、皆涅槃義、盈者贏也、蔽者、畢也、天地之如壽蔽蔽不盈者所謂無餘依、能畢不新成者、所謂我生已盡、不受後有、

十六章

△蔣漢徵言曰、關尹老聃、以空虛不毀萬物爲實、篇天下空

虚何以不毀萬物空虚何以為實耶此義當思空虚不毀萬物者不壞相而即滅也即此為實者滅相顯實也周顒之難張融曰即色非有佛絕群家諸法真性老無其旨何不取斯語觀之空虚非謂鄰幾之空鄰幾之空今所謂真空

△南豐劉孚京鎬仲答受命篇云人之所以為人者何也曰受形於父受命於天是人之所以為人也形者何身是也人之所尸也命者何死生壽夭貧富貴賤知愚強弱學之至不至道之成虧是也天之所司也非人之所能為也曰死生富貴則信有命矣道之在天吾惑焉曰行道在人成之在天天固人也人亦固天也知其在人可以無倦矣知其在天不可以有妄矣無妄焉之謂誠誠乃成也故君子脩諸身而俟諸天且子獨不見夫人

子之於父母、二十而可以冠矣、三十而可以有室矣、居重者可以爲後矣、然而不命則不敢居其位行其禮、君之於臣也、亦然、自公卿大夫士下至府史胥徒、無所受命而自爲之者、未之有也、至於道、則曰無所受命、則是道爲輕於冠昏爲後而卑於公卿大夫士耶、故有天爵、有人爵、人爵者、人命之、天爵者、天命之、雖襲其位、命不至則不尊、雖習其貌、命不至則不成、不成何以亦曰命也。曰人之始皆命所謂性也、始命而後不繼、君子以爲亦命也、庶人之賢則君進之以爲士、士以爲大夫、大夫以爲卿、卿以爲公、不賢者反是、若夫適可以爲士焉而已者、則士焉而已耳、適可以爲大夫焉而已者、則大夫焉而已耳、故其進之、命也、退之、亦命也、止而不命、亦命

也。曰始命之、性也、率而行之、則道也、脩而去之、與行之
而不至皆非道而已矣、於是焉又再命三命而不已乎。
曰奇以天為瞢然止乎上、人則得其甚乎默乎者於始
生之時而後無事乎、是自至者也、天積陽也、地積陰也、
陰陽之沖是為人、負陰而抱陽、以處乎陰陽之中者也、
耳目之所入、口鼻之所出、手之所觸、足之所踦、無適而
非天也、天無往而不臨、故命無時而不至、且夫天之愛
人也、甚於其愛道也、其急擇人而畀之道也、甚於人之
自擇也、故壹有足以勝是道者、則命立至矣、故智愚非
人也、強弱非人也、自嬰兒以至成人、日益也、或益或損、
故或始愚而智、或始智而愚、或始弱而強、或始強而弱、
悲夫、人直自為天所愛而不自知耳、故嬰兒成人智愚

十八章

強弱之殊狀、衆人以為異、君子以為命。其有不異何也、曰、天無所不命、人則有不受、不受則烏乎至、江海之大也、鱣鯨之巨、鯤鮪之細、莫不適然、而不足以甦枯魚、時雨既降、平原大野、靡不霑潤、而陵者猶病旱、故以道為不在天者、不知命者也、知道之在天、而受命之在己、而不免於不受焉者、為自絕於天乎、自絕於父乎。然則受之奈何、曰脩身、

十八章

△漢陸賈撰、新語 漢志儒家、劉勰云若夫陸賈典語、賈誼新書、揚雄法言、劉向說苑、咸敎經典、或明政術、雜標論名、歸乎諸子、何者、博明萬事、為子、適辯一理為論、彼皆蔓延雜說、故入諸子之流、　有道基篇、篆同、陸賈史於漢初、所學必有所受、九流書中賈誼外應推此為為律作其文曰、傳曰、

天生萬物、以地養之、聖人成之、功德參合、而道術生焉、

故天張日月、列星辰、序四時、調陰陽、布氣治性、次置五行、春生夏長、秋收冬藏、陽生雷電、陰成雪霜、養育群生、一茂一亡、潤之以風雨、暴之以日光、溫之以節氣、降之以殞霜、位之以衆星、制之以斗衡、苞之以六合、羅之以紀綱、改之以災變、告之以禎祥、動之以生殺、悟之以文章、故在天者可見、在地者可量、在物者可紀、在人者可相故地封五嶽、畫四瀆、規洿澤、通水泉、樹物養類、苞殖萬根、暴形養精、以立群生、不違天時、不奪物性、不藏其情、不匿其詐、故知天者仰觀天文、知地者俯察地理、跂行喘息、蜎飛蠕動之類、水生陸行、根著葉長之屬、為盈其心而安其性蓋天地相承、氣感相應而成者也於是先聖乃仰觀天文、俯察地理、圖畫乾坤、以定人道、民始

開悟、知有父子之親、君臣之義、夫婦之道、長幼之序、於
是立百官、王道乃生。民人食肉飲血、衣皮毛、至於神農、
以為行蟲走獸、難以養民、乃求可食之物、嘗百草之實、
察酸苦之味、教民食五穀。天下人民、野居穴處、未有室
屋、則與禽獸同域。於是黃帝乃伐木構材、築作宮室、上
棟下宇、以避風雨。民知居室食穀、而未知功力、於是后
稷、乃列封疆、畫畔界、以分土地之所宜、闢土植穀、以用
養民、種桑麻、致絲枲、以蔽形體。當斯之時、四瀆未道、洪
水為害、禹乃決江疏河、通之四瀆、致之於海、大小相引、
高下相受、百川順流、各歸其所、然後人民得去高險、處
平土。川谷交錯、風化未通、九州絕隔、未有舟車之用、以
濟深致遠、於是奚仲、乃橈曲為輪、因直為轅、駕馬服牛、

浮舟杖檝、以代人力、鑠金鏤木、分苞燒埴、以備器械。民知輕重、好利惡難、避勞就逸、於是臯陶、乃立獄制罪、縣賞設罰、異是非、明好惡、檢奸邪、消佚亂。民知畏法、而無禮義。於是中聖乃設辟雍庠序之教、以正上下之儀、明父子之禮、君臣之義、使強不陵弱、衆不暴寡、棄貪鄙之心、興清潔之行。禮義獨行、綱紀不立、後世衰廢。於是後聖乃定五經、明六藝、承天統地、窮事（缺一字）微、原情立本、以緒人倫、宗諸天地、（缺一字）修篇章、垂諸來世、被諸鳥獸、以匡衰亂、天人合策、原道悉備。智者達其心、百工窮其巧、乃調之以管絃絲竹之音、設鐘鼓歌舞之樂、以節奢侈、正風俗、通文雅。後世淫邪、增之以鄭衛之音、民棄本趨末、技巧横出、用意各殊、則加雕文刻鏤、傅致膠漆丹青玄黃錡瑋之色、以窮耳目之好、極工匠之巧。夫驢騾駱駝犀象瑇瑁、琥珀珊瑚、翠羽珠玉、山生水藏、擇地而居、潔清明朗、潤澤而濡、磨而不磷、涅而不淄、天氣所生、神靈所治、幽閒清靜、與神浮沈、莫不效力為用、盡情為器。故曰聖人成之、所以能統物通變、治情性、顯仁義也、（纂曰、自此至篇末、以仁義為道基本、）夫人者（纂按、人疑是仁字、）寬博浩大、恢廓密微、附遠寧近、懷來萬邦、故聖人懷仁仗義、分明纖微、忖度天地、危而不傾、佚而不亂者、仁義之所治也。行之於親近而疏遠悅、脩之於閨門之內而名譽馳於外、故仁無隱而不著、無幽而不彰者、虞舜蒸蒸於父母、光耀於天地、伯夷叔齊餓於首陽、功美垂於萬代、太公自布衣升三公之位、累世享千乘之爵。知伯仗威任力、兼三晉

而亡。是以君子握道而治，字缺一德而行，席仁而坐，杖義
而彊，虚無寂寞，通洞無量，故制事因短，而動益長，以圓
制規，以矩立方。聖人王世，賢者建功，湯舉伊尹，周任呂
望，行合天地，德配陰陽，承天誅惡，剋暴除殃，將氣養物，
明字缺一設光，耳聽八極，目睹四方，忠進讒退，直立邪亡，
道行姦止，不得而張。字缺二本理，杜漸消萌。夫謀事不並
仁義者後必敗，殖本不固而立高基者後必崩。故聖防
亂以經藝，工正曲以準繩。德盛者威廣，力盛者驕衆。齊
桓公尚德以霸，秦二世尚刑而亡，故虐行則怨積，德布
則功興。百姓以德附，骨肉以仁親，夫婦以義合，朋友以
義信，君臣以義序，百官以義承，曾閔以仁成大孝，伯姬
以義建至貞，守國者以仁堅固，佐君者以義不傾，君以
上篇附録十八章　一〇七
哲予古跋

仁治、臣以義平、鄉黨以仁恂恂、朝廷以義便便、美女以貞顯其行、烈士以義彰其名、陽氣以仁生、陰節以義降、鹿鳴以仁求其羣、關雎以義鳴其雄、春秋以仁義貶絶、詩以仁義存亡、乾坤以仁和合、八卦以義相承、書以仁敘九族、君臣以義制忠、禮以仁盡節、樂以禮升降、仁者道之紀、義者聖之學、學之者明、失之者昏、背之者亡、陳力就列、以義建功、師旅行陣、得仁而固、仗義而彊、調氣養性、仁者壽長、美才次德、義者行方、君子以義相褒、小人以利相欺、愚者以力相亂、賢者以義相治、穀梁傳曰、仁者以治親、義者以利尊、萬世不亂、仁義之所治也、

△賈誼新書六術篇、人之戚屬、以六為法、人有六親、六親始曰父、父有二子、二子為昆弟、昆弟又有子、子從父而

昆弟故為從父昆弟、從父昆弟又有子、子從祖而昆弟、故為從祖昆弟、從祖昆弟又有子、子從曾祖而昆弟、故為從曾祖昆弟、曾祖昆弟又有子、子為族兄弟、備於六、此之謂六親、親之始于一人、世世別離、分為六親、親戚非六、則失本末之度、是故六為制而止矣、六親有次、不可相踰、相踰則宗族擾亂、不能相親、是故先王設為昭穆三廟以禁其亂、「乃至賈說」

十九章

△章氏叢書原道篇、絕聖棄智者、事有本末、物有本觀、不以小慧隱度也、詳見三十八章前識下

△說文木部、樸、木素也、

△羅運賢老子餘誼云、見素抱樸、少私寡欲、素見是誼近

老子古微　上篇附錄十八章十九章　（七九）

趙世家踰年歷歲未得一城、趙策得作見、可證。說文、㝵、取也。見素與抱樸、少私與寡欲、其證一也。

二十章

△章氏叢書原道篇絕學無憂者、方策足以識梗槩、古今異、方國異、詳略異、則方策不獨任也、章前識下 詳見三十八

△羅運賢老子餘證云、荒兮其未央哉。案荒借爲巟說文引易包巟。今泰卦作包荒。釋文云。荒本亦作巟。此荒巟古通之證也。說文。巟、水廣也。引伸爲凡大之稱。周頌。太王荒之傳荒大也。荒兮廣漠之貌。未央。言無主也。即下文無所歸之意。

△段玉裁說文注女部云、嬰、說樂也、老子及史記天下熙熙字、皆當爲嬰嬰、熙者燥也、謂暴燥也、其義別、

△段玉裁說文注人部云、儽、垂皃、从人纍聲、一曰嬾懈、老子曰儽儽兮若無所歸、王弼陸希聲本同今按此儽儽之誤。河上公本作乘乘、儽從積纍之纍、與乘義相近、廣雅曰儽儽疲也、是嬾懈義也、今廣雅字尚从纍不誤、史記纍纍若喪家之狗、韓詩外傳作羸乎若喪家之狗、然則正當作儽也、

△徐鍇說文解字通論說真字云、匕者化也、反人爲匕。人熙熙如登春臺、纍按徐氏所見係古本老子、我獨泊兮如無所歸、衆人戚戚好惡積憶、真人恬漠、獨與道息、人皆趨顯、我獨守默、人皆與彼、我獨守此、故異於人也。

△羅運賢老子餘誼云、我愚人之心也哉、沌沌兮、案我愚人之心也哉讀。沌沌兮句、經傳釋詞、哉、疑而量度之詞。

言我之心蓋若愚人之沌沌然也、

△釋文、忽兮若晦、王弼本作澹兮其若海、畢沅云釋名云、海晦也、義同莊子知北遊淵淵乎其若海、

△俞樾云、似當讀為以、古似以二字通用、頑似鄙、即頑且鄙也、

△劉師培云、而貴食母、以下文得其母相例、則食母即得母、食德古恒互訛、如周書王食、孫氏斠補易為王德是、老子書又德得互用、

二十一章

△王筠說文釋例卷二十存疑篇云、古人用連語、但取其聲、故老子曰恍兮惚兮其中有物、惚兮恍兮其中有象、又曰、與兮若冬涉川、猶兮若畏四鄰、恍惚猶與皆雙聲

也、可顛倒用之、亦可分於兩句用之、

△繆篆曰、芒芴窈冥、老莊列子淮南、反覆推闡、而世人視若道家八面鋒之游談、不復求其所謂、篆以為著科之極、即是玄科、具體大明、乃解抽象、著科莫若醫、而素問徵四失論則云窈窈冥冥、孰知其道、刺體莫若鍼、而靈樞外揣篇則云芒芴無窮、流溢無極、此皆近取諸身、實事求是、尚能以玄言概之耶、篆以內經寶命全形論八正神明論證之、而芒芴窈冥之精意躍如也、岐伯論刺鍼曰、人有虛實、五虛勿近、五實勿遠、至其當發、間不容瞚、手動若務、鍼耀而勻、靜意視義、觀適之變、是謂冥冥、莫知其形、見其烏烏、見其稷稷、從見其飛、不知其誰、伏如橫弩、起如發機、又曰、觀其冥冥者、言形氣榮衛之不

形於外，而工獨知之，以日之寒溫、月之虛盛、四時氣之浮沈，參伍相合而調之，工常先見之，然而不形於外，故曰觀其冥冥焉。又曰：請言形，形乎形，目冥冥，問其所病，索之於經，慧然在前，按之不得，不知其情，故曰形。請言神，神乎神，耳不聞，目明心開而志先，慧然獨悟，口弗能言，俱視獨見，適若昏，昭然獨明，若風吹雲，故曰神。三部九候為之原，九鍼之論不必存也。觀岐伯之說，及王冰之注，則知莊子庖丁解牛，賞智神欲之說，實為芒芴窈冥而言也。諸書云神而明之，存乎其人，大而化之之謂聖，聖而不可知之謂神，陰陽不測謂之神，神用無方謂之聖。見內經天元紀大論。昭昭生於冥冥，有生於無，以不知知之，不知即知也。又如佛書云不思議業，惟佛窮了，悉皆聖

智所行境界、初非無根影響之談也、

二十三章

△洪頤煊讀書叢錄云、禾部、稀、疏也、从禾、希聲、徐鍇曰、說文無希字、錢氏大昕答問說文稀莃睎皆取希聲、明有希字、周禮司服、祭社稷五祀則希冕、鄭氏讀希爲絺、希、即古文絺也、頤煊案系部、系蠡也、讀與絺同、古文布、此即希字、

△劉漢徽言曰、唐世沙門皆謂老莊純執自然、（篆按如唐沙門宗密原人論作迷執篇文類）斯乃輔嗣子玄一偏之論、非老莊本旨、然也、一切皆因緣生、故無自然、而真如本識非因緣生、則安得不言自然。且自然猶言法爾、佛書亦言法爾道理、何以無所議彈乎。王郭之論、一切皆是自然。今即老子

本文觀之、知其不爾。老子云「希言自然。飄風不終朝、驟雨不終日。孰為此者、天地。天地尚不能久、而況于人乎」此言風雨乃天地所為、業用既有生滅、本體即是無常、諸生滅者、並以前念後念遞積而成、此為等無間緣、非自然也。希言自然者、正見一切法皆有緣起耳。而真如本識無有緣起、是以希言自然、而非不言自然也。又云、則陽篇「少知曰、四方之內、六合之裏、萬物之所生惡起、太公調曰、陰陽相照相蓋相治、四時相代相生相殺、欲惡去就、於是橋起、雌雄片合、於是庸有、少知曰、季真之莫為、接子之或使、孰正於其情、孰偏於其理、太公調曰、或使莫為、在物一曲、夫胡為於大方」、案其所言、或使則有作者、莫為則純自然、而萬物之生、皆其自化、則無

二〇二

作者。不覺故動而非自然。莫為之論猶在一曲、況言或使邪。世以莊生為天乘者、何不就則陽篇觀之。

△爾雅、回風爲飄。詩卷阿篇、飄風自南、毛傳、廻風也。詩何人斯篇毛傳、飄風暴起之風。詩蝃蝀毛傳、崇、終也、從旦至食時爲終朝。

△嚴復云、凡讀易老諸書、遇天地字、只當作物化觀、不可死向蒼蒼摶摶者作想。苟如是、必不可通矣。如還聖人字、亦只作聰明睿智有道之人觀。

△嚴復云、道者同道、德者同德、失者同失、皆主客觀之以同物相感者。又曰、信不足者、主客觀之事。有不信者、客觀。

二十四章

上篇附錄二十三章二十四章 [illegible]

△劉師培云、食、疑作德、與行對文、說見二十章食母下、

二十五章

△嚴復曰、老謂之道。周易謂之太極。佛謂之自在。西哲謂之第一因。佛又謂之不二法門。萬化所由起訖、而學問之歸墟也、

△劉沅止唐氏子問篇云、老子為孔子之師、孔子適周問禮。問禮者問道也。十六字心傳。先儒所謂聖學之源也。然特猜想一語。一心也。何以分為人心道心。人心從何而來。道心從何而來。先儒不知也。老子則已與孔子言之。老子曰。我為汝遂於大明之上矣。至彼至陽之原也。為汝入於窈冥之門矣。至彼至陰之原也。莊子在宥篇至陰肅肅。至陽赫赫。肅肅出乎天。赫赫出乎地。莊子田子方篇此先

天後天之義。天地人同此一理。性命心性。伏羲文王先後天圖。皆統於此。宋儒以理學自命。而謂知覺之心。即天命之性。竝不知人心道心。從何而分。今數千年矣。若再不明辨。存心養性之功。何以實踐。伏羲八卦。乾坤定子午之位。坎離立日月之門。西北方多山。故艮居西北。東南方多水。故兌居東南。風起於西南。爲巽之位。雷動於東北。則震之位。自有天地。便有此理。故爲先天。文王八卦。乾老而長男用事。坤老而兌女乘權。乾退處於西北。坤退處於西南。坎離獨得乾坤中氣。天地無功。以日月爲功。故以坎離代乾坤。東方之木。生南方之火。已生之機。患其阻滯。故巽居東南鼓動之。北方之水。生東方之木。方生之陽。患其太穉。故艮以止之。且木火金水。一

上篇附錄二十五章　[illegible]

年之春夏秋冬。艮土蓄止生氣。終一年之歲功。養次年之春氣。故曰艮也者。成始而成終。天地未分。太極渾然耳。太極分為兩儀。天位乎上。地位乎下。上下雖分。仍然一太極。夫子曰。闔戶謂之坤。闢戶謂之乾。陰陽闔闢而有天地。天地未分。天地在太極之中。天地既分。天地仍太極之體。此太極所以無始無終。不可得而名狀也。老子曰。有物渾成。先天地生。吾不知其名。強名之曰道。謂太極也。而不以太極名。夫子衍其義曰。易有太極。是生兩儀。兩儀生四象。四象生八卦。是孔子始言太極。然天地雖分。實無時不合。闔戶而天下交於地。坤當孕了真陽。闢戶而地上交於天。乾宮孕了真陰。乾坤變為坎離。是天地所以和合。而生生不息。但純陽變為中女。純陰變為中男。陰陽顛倒。陰性浮而不守。陽性沈而不起。人物秉天地而生。實秉坎離而生。心多浮妄。為其至陰也。腎常沈伏。為其至陽也。然陰陽本一氣。天有闔闢。人有呼吸。人身呼吸。即天地之闔闢。一吸而離火下降。心交於腎。一呼而坎水上升。腎交於心。心腎交而後百病不生。若再能使心腎歸於中黃。完全太極。則可卻病延年。長生住世。人於未生以前為先天。既生以後為後天。先天精氣神。渾然無名。一個太極。純陽為性。純陰為命。性命合一。太極全體。故孟子曰。人性皆善。既生以後。乾下交於坤。而真陽入乎其中。變為坎卦。故坎中有性。坤上交於乾。而真陰入乎其中。變為離卦。故離中真陰不為性。文王繫易。曰習坎有孚。惟心亨。周公艮爻。曰。列其夤。厲薰心。先天後天。天地人同此一理。人心道心。分合本由乎此。天地既分。輕清者上浮。重濁者下凝。天地幾成死物。惟乾坤無日不交。故乾變而為離。而有日。坤變而為坎。而有月。日月往來。天地無日不交。然後生生化化於不窮。心在先天乾。性也。後天變為離卦。性轉而為情。先天坤。命也。後天變為坎卦。命轉而為性。聖人復性。使水火會於天地之中。傳曰。民受天地之中以生。所謂命也。常人呼吸以喉。聖人呼必至根。吸必至蒂。根蒂者。即天地之中也。書曰。安女止。易曰。艮其止。止其所。君子以思不出其位。大學言止至善。中庸言喜怒哀樂之未發謂之中。止其所。謂中也。致中。則天地位。萬物育。以至虛至靜之神。養至剛至大之氣。久久心純乎性。故孟子曰。養浩然之氣。則不動心。語其要。則存心養性之功。所謂靜存而已。止此靜存之功。佛曰禪。道曰玄。夫子言大學之道。止於至善。知止而後定靜安。即此。今將發明孔子之道。則必實行存心養性之學。心如何存。性如何養。心性如何分。不知至陰肅肅。至陽赫赫之理。不惟不知人身之理。即天地萬物所以然亦不能知。故至陰肅肅數語。括天人性命之奧。

△羅運賢老子餘誼云、周行而不殆、案殆佁同聲通用、司馬相如傳佁儗、張揖訓為不前、不前凝止之意也、故不殆猶不止、與周行義相成、

二十六章

△僖公三十三年左傳、秦師過周北門、左右免胄而下、超

乘者三百乘、王孫滿言於王曰、秦師輕而無禮、必敗、輕則寡謀、無禮則脫、入險而脫、又不能謀、能無敗乎、

△謚法、好變動民曰躁、

△嚴復云、蜀相誡子書、淡泊明志、寧靜致遠二語、蓋得諸老、

二十七章

△王筠說文句讀戶部扃字注云、木部楗、戶部扃、蓋內外相對、皆關閉之器、在門內者謂之楗、在門外者謂之扃也、然老子曰無關楗而不可開、則楗在門內可知、乃莊子從手作揵、其庚桑楚曰、外韄者不可繁而捉、將內揵、內韄者不可繆而捉、將外揵、注云、揵、閉塞也、案云內揵外揵、散文則通也、

△周禮秋官掌戮云、墨者使守門、劓者使守關、宮者使守內、刖者使守囿、髡者使守積、。蒙曰、以下四條、可以為無棄人之證、。國語晉語四云、胥臣曰、蘧蒢不可使俯、韋昭解、蘧蒢直者謂疾、戚施不可使仰、戚施、瘁者、僬僥長三尺、不能舉動、侏儒不可援、侏儒、短者、不能抗援、矇瞍不可使視、有眸而無見曰矇、有眸子而不見曰瞍、嚚瘖不可使言、口不道忠信之言為嚚、瘖、不能言者、聾聵不可使聽、耳不別五聲之和曰聾、生而聾曰聵、童昏不可使謀、童、無智、昏、闇亂、官師之所材也、師、長也、材、古裁字、戚施直鎛、直、直擊鎛、鎛鐘也、蘧蒢蒙璆、蒙、戴也、璆、玉磬、不能俯、故使戴磬、侏儒扶盧、扶、緣也、盧、矛戟之柲、緣之以為戲、矇瞍循聲、無目、於音聲審、故使循之、義曰、循、李作修、茲從經義述聞、聾聵司火、耳無聞、於視則審、故使司火、童昏嚚瘖僬僥官師之所不材也、所不能材用、以實裔土、裔、荒裔、夫教者、因體能質而利之者也、能質、性能、若川然、有原以卬浦而後大、卬、迎也、言川有原、因閒利

跟之以滿然後大、　○淮南子齊俗訓、伊尹之興土功也、修脛者
使之蹠钁、強脊者使之負土、眇者使之準、傴者使之塗、
各有所宜、而人性齊矣、○劉晝適才篇、伊尹之興土功
也、長頸者使之蹋鍤、強脊者使之負土、眇目者使之準
繩、傴僂者使之塗地、因事施用、仍便效才、各盡其分而
立功焉、

△莊子天道篇、仁賢不肖襲情、成玄英疏、襲用也、○王筠
說文句讀云、襲因也、篆按依莊子齊物論作以明、

△晉書張華傳、陸機兄弟誌華德範、如師資之禮焉、○成
唯識論卷五云、如畫師資作模填彩、

二十八章

△爾雅釋水、水注川曰谿、注谿曰谷、郝懿行義疏云、此別

水所注入之名、舊注云、以小注大、大小異名、谿者、蓋謂谿澗之水、能自達於通川、故左氏隱三年正義李巡曰水出於山入於川爲谿也、谷者、說文云泉出通川爲谷、从水半見出於口、公羊傳三年傳無障谷、蓋谷口出水無障斷矣、使適於谿、故疏引李巡云水相屬曰谷、然則谷者屬也、水流相屬灌輸也、

二十九章

△張照云、舊注、取、治也、取天下常以無事、卽無爲而治之意、故又云及其有事不足以取天下、廣雅釋詁、取、爲也、爲治義近、故得以治訓取、

△嚴復曰、老子以天下爲神器、斯賓塞爾以國羣爲有機體、眞有識者、固不異人意、

以二字含洗　上篇輯錄二十八章下二十九章

△爾雅釋詁、神、重也、

三十章

△嚴複曰、人主、凡一國之主權者皆是、

△羅運賢老子餘誼云、善者果而已、不敢以取強、果而勿矜、果而勿伐、果而勿驕、果而不得、已果而勿強、案果而勿強、俞樾以為總承之語、與上文善者果而已、不敢以取強相應、是也、惟讀果而不得已為句、謂果而勿強上當从傅弈本增是字、非也、蓋當於果而不得斷句、不得即勿得、與上三句異文同誼、聃書自有此例、已屬下讀、爾雅、已、此也、此是同誼、已果而勿強、即是果而勿強也、

三十一章

△佳、王念孫讀書雜志謂佳為唯之誤、

△偏將軍上將軍係後世之制度前人已考知是註誤入正文者、

△嚴復云此章與孟德斯鳩法意論攻兵一篇之旨相同、

三十四章

△嚴復云、大道、常道也、氾、無繫著也、常道無所不在、左右之名、起於觀道者之所居、譬如立表、東人謂西、西人謂東、非表之有東西、非道之可左右也、可辭可名可指爲主者、皆非大道、大小之名、起於比較、起於觀者、道之本體、無小大也、語小莫破、語大無外、且無分體、何有比較、一本既立、則萬象昭回、所謂吹萬不同、咸其自已、使自以爲大、孰復爲之小哉、

△羅運賢老子餘誼云、大道氾兮、其可左右、案經傳釋詞、

一人之義　上篇將系三十八頁　三十四章

其猶篇也、左右當作少又、言一曲也、此謂大道磅礴、篇得一曲以為道也、莊子天下篇、得一察焉以自好、不賅不徧、一曲之士、荀子解蔽篇、曲知之人、觀於道之一隅、並與此同義、

△又云、可名於小、可名為大、終不自為大、案於小為大、對文、於小、猶為小也、史記張儀傳、韓、梁稱為東藩之臣、趙策為作於、是已。自為即自謂、為謂古通、墨經下、謂、命也。

△菿漢微言、因內聖外王之道、莊生兼之、即齊物一篇、內以疏觀萬物、持閱眾甫、破名相之封執、等酸鹹於一味。外以治國保民、不立中德、論有正負、無異門之釁、人無愚智、盡一曲之用。所謂衣養萬物而不為主者也。

三十五章

△羅運賢老子餘誼云、執大象、天下往、往而不害、安平太、案道本無形。故十四章說之曰。繩繩不可名。復歸於無物。是謂無狀之狀。無物之象。四十一章。大象无形。明大象即道也。故執大象猶執道。以道蒞天下者。譬川谷之於江海。三十二章。不召而自歸矣。故曰執大象天下往。釋名。害、割也。不害與無爲同誼。往而不害。所謂長而不宰也。

△嚴復曰、安自由、平平等、太合羣、

△說文、淡。薄味。也、

三十六章

△莊子山木篇、有一人在其上、則呼張歙之、

△閔公元年左傳、齊仲孫湫曰、親有禮、因重固、間攜貳、覆昏亂、霸王之器。也、

三十七章

△嚴復云、文明之進、民物熙熙、而文物聲明皆大盛、此欲作之宜防也、老子之意、以為亦鎮之以無名之樸而已、此旨與盧梭正同、而與他教家作用稍異、又云、老子言作用、輙稱侯王、故知道德經是言治之書、然孟德斯鳩法意中言民主乃用道德、君主則用禮、至于專制乃用刑、中國未嘗有民主之制也、雖老子亦不能為未見其物之思想、於是道德之治、亦于君主中求之、不能得、乃遊心於黃農以上、意以為太古有之、蓋太古君不甚尊、民不甚賤、事本與民主為近也、此所以下篇八十章有小國寡民之說、夫甘食美服、安居樂俗、鄰國相望、雞犬相聞、民老死不相往來、如是之世、正孟德斯鳩法意

篇中所指爲民主之真相也、世有善讀二書者、必將以我爲知言矣、嗚呼、老子者、民主之治之所用也、

△繆篆曰、萬物將自化、化而欲作、自化云者、齊物論說天籟云、夫吹萬不同、而使其自已也、咸其自取、怒者其誰耶、又說地籟云、夫大塊噫氣、其名爲風、是唯無作、作則萬竅怒呺、彼篇所說、悉本老子此章意也、

（老子古微上篇附錄七）